영산대학교 주택 · 도시연구소 부동산 연구 시리즈

빈집 및 소규모주택 정비사업의 이해와 실무

양윤호 · 서정렬 공저

문운당

발 간 사

이 책은 '개발의 시대'가 아니라 '재생의 시대'에 필요한 주제를 다루고 있습니다. 특히, 도시재정비 차원에서 나타나고 있는 문제점들 가운데 해결해야할 중요한 '이슈(issue)'를 해소할 목적으로 집필되었습니다. 인구감소와 고령화 등 제반 사회여건 변화로 콤팩트한 개발이 불가피한 도심 주택부족 현상 완화에 기여할 목적으로 추진되고 있는 '빈집 및 소규모주택 정비사업'을 이해하고 실제 정비사업 사례 등을 통해 관련 사업 추진관련 실무 역량을 제고시키는데 기여하고자 하는 것이 그것입니다.

이 책은 '빈집 및 소규모주택 정비사업'이 왜, 필요한지?, 사업이 가능한 곳은 어디고 어떤 기준과 과정을 거쳐 추진되는지?, 사업을 추진하면 어떤 효과가 있는지?, 사업의 참여자들은 누구이고 사업 추진 시 '토지 등 소유자 등' 조합원들에게는 자산과 관련해 어떤 변화가 일어나는지? 어떤 득과 실이 있을 수 있는지? 등과 같은 질문에 대해 쉽게 설명하고 있습니다. 또한, 실제 사업 추진 사례 등을 통해 사업의 추진 과정과 예상되는 결과를 보여줍니다. 따라서 목차의 내용대로 따라서 학습하다보면 실무적으로 필요한 내용이 무엇이고 사업추진에 어떤 필요 역량이 요구되는지 등을 확인 할 수 있습니다. 이 책을 집필하게 된 첫 번째 이유입니다.

이 책은 부동산학을 전공으로 하는 성인학습자들을 위해 집필되었습니다. 실물 경제로서의 '부동산(real estate)'은 성인들에게는 일상으로 참여하고 접하는 아파트, 주택, 상가 등으로서의 상품이자, 부동산 개발, 부동산 중개 등으로서의 '업(業)'이고 '산업(産業)'으로서의 개인 및 국가 단위의 경제(적) 활동입니다. 성인 대부분은 부동산시장에 참여하는 마켓 플레이어(market players) 들임과 동시에 실수요자이기도 합니다. 부동산은 학제 간 융합으로서의 컨버전스(convergence)가 필요한 실용 학문 분야입니다. 따라서 경제 활동으로서의 부동산 상품을 소비하는 소비자의 입장, 관련 실무 역량을 키우려는 실무자 입장 그리고 소비자이면서 실무를 익히려는 학생들의 입장에서 '빈집 및 소규모 도시정비사업'을 쉽게 이해할 수 있는 교재로 집필하고자 하였습니다.

이 책은 영산대학교 부설 주택·도시연구소에서 부동산 관련 시리즈로 출간하고 있는 출판물 가운데 하나입니다. 부동산시장은 바야흐로 '지역 중심'으로 빠르게 재편되고 있습니

발 간 사

다. 그 중심에 영산대학교 부동산학과가 있습니다. 성인 대상의 학부와 부동산대학원(석사) 그리고 박사과정에 이르기까지 부동산관련 학부, 석사, 박사과정이 수직계열화 된 학과를 중심으로 주택·도시연구소, 부동산연구소 등을 통한 산(産)·학(學)·연(硏) 협업의 연구·시장분석·컨설팅 등을 통해 명실상부하게 부산·울산·경남 '지역 중심'으로 축적된 자료와 지식들을 이제 책과 보고서 등의 성과물로 출간하고 있습니다.

앞으로의 부동산시장은 우리나라 전체 시장도 중요하지만 지역별 이슈들에 따라 보다 세분화된 지역시장으로서의 '하위시장(sub-market)' 중심으로 전개될 것이라 판단됩니다. 이제 부동산 문제는 '총량(amount)'의 문제라기보다는 '질(quality)'의 문제로 빠르게 패러다임 시프트(paradigm shift) 되고 있습니다. 지역 정보의 축적과 분석의 필요성이 강조되는 이유입니다. 이 책은 지역에 대한 이해를 위한 부동산 관련 정보의 필요성과 요구에 부응하기 위한 것입니다.

책이 출간되기까지는 많은 분들의 인내와 노력이 요구되었습니다. 이 책은 부산시 최초의 가로주택정비사업을 어려운 여건 속에서 추진해 온 양윤호 박사의 헌신적인 시간의 누적이 있었기에 가능했습니다. 또한, 지역 중심의 부동산 시장 분석 및 개발 관련 싱크탱크(think tank)인 영산대학교 주택·도시연구소 연구위원들의 열의와 서로를 배려하는 관계 속에서 이 책은 잉태되었습니다. 더불어 좋은 책으로 편집해준 문운당출판사 관계자 분들의 노고에 감사의 말씀 드립니다.

2020년 3월

영산대학교 부동산대학원장

주택·도시연구소장 서정렬

머 리 말

저자는 2014년 영산대학교 부동산대학원에 진학하여 공동저자인 서정렬교수와 인연을 맺었습니다. 서정렬교수의 가르침으로 도시재생사업과 소규모주택 정비사업에 관심을 갖던 중 2015년도에 거제동 주민들과도 인연을 맺게 되었습니다.

당시 거제동 가로주택정비사업 시행구역의 주민들은 거제1재개발정비구역으로부터 제척된 후 한동안 갈 길을 잃고 있었고 저자와 함께 주거환경개선의 방법을 찾던 중 「부산광역시 도시 및 주거환경정비 조례」에서 제2종일반주거지역에서 가로주택정비사업으로 건설하는 건축물의 층수를 15층 이하로 완화하는 규정이 생기면서 소규모주택 정비를 통한 주거환경개선의 실낱같은 희망을 가지게 되었습니다.

이후 거제동 주민들과 행정자문 계약을 맺고 함께 부산광역시 최초로 가로주택정비사업 조합의 설립을 위한 창립총회를 2016년 2월에 개최하기에 이르렀으나 가로구역의 요건 중 한 면의 도로가 신설고시가 된 도시계획도로였으나 설치된 도로로 한다는 규정에 대한 해당관청과의 이견으로 조합설립인가를 받지 못하였습니다.

이에 저자는 국토교통부 및 관계부처를 수차례 방문하여 신설 및 변경 고시가 된 도시계획도로도 가로주택정비사업에서 도로의 요건으로 인정받고자 적극적으로 관련법 개정을 위해 노력하였으며 2016년 7월 28일 「도시 및 주거환경정비법 시행령」의 개정으로 신설·변경에 관한 고시가 된 도로를 포함하는 내용으로 가로구역의 요건이 완화 되었으며 그 결과 2016년 11월 17일에 조합설립인가를 받을 수 있었습니다.

조합이 설립 되면 탄탄대로를 걸을 수 있을 것 같았지만 2017년 시공자 선정과정에서 또 한 번 고난을 겪어야 했습니다. 주택도시보증공사(HUG)의 가로주택정비사업에 대한 정비사업비 보증 및 대출이 아직은 서울특별시에 한정이 되어 있어 소규모주택 정비사업의 특성상 분양성과 자금적인 이유로 시공사들이 참여를 꺼리던 상황이었습니다.

저자는 지역 언론사들과 방송사들을 통해 부산광역시의 가로주택정비사업에 대한 활성화를 위한 노력을 촉구하였고 우여곡절 끝에 부산광역시는 주택도시보증공사(HUG)와 미분양주택에 대한 매입 확약 및 대출보증협약을 맺게 되었고 이 과정을 통해 조합은 시공자를 선정할 수 있었습니다.

제2종일반주거지역에서 시행하는 사업의 특성상 비례율이 낮음에도 불구하고 2018년에 4개동 15층 180세대의 설계안으로 건축심의를 신청하려고 준비하던 중 「빈집 및 소규모주택 정비에 관한 특례법」이 2월 9일자로 새로이 시행되면서 법 제27조에 따라 통합심의를 통하여 용도지역을 변경하여 사업을 추진할 수 있는 법적근거를 확보하였고 이에 조합에서는 조합원총회를 열어 용도지역을 제3종일반주거지역으로 변경하고 2개동 28층 199세대의 설계안으로 통합심의를 신청할 것을 의결하였습니다.

그러나 조합의 뜻대로 통합심의는 진행되지 못하였습니다. 부산광역시에서는 다른 사업구역과의 형평성문제, 전국에서 처음으로 시도되는 용도지역의 변경에 따른 관련 규정의 미비, 「빈집 및 소규모주택 정비에 관한 특례법」의 다른 법률의 인·허가 등 의제처리의 한계를 이유로 통합심의 행정절차를 더 이상 진행할 수 없다고 통보하였습니다.

누구나 맨 처음 하는 사업에 시행착오를 겪듯이 부산광역시에서 처음 진행한 가로주택정비사업도 마찬가지로 시행착오를 겪으며 결국 저자와 조합은 또 1년이라는 시간과 비용을 지불하게 되었습니다.

다행히 이 과정을 겪으면서 국토교통부로부터 가로주택정비사업의 층수를 시·도조례로 제한하지 않을 경우 제2종일반주거지역에서도「국토의 계획 및 이용에 관한 법률」에 따라 건축할 수 있다는 유권해석을 받으면서「부산광역시 빈집 및 소규모주택 정비조례」에 제한규정이 없는 점을 근거로 조합은 2개동 27층 192세대의 설계안으로 건축심의를 신청하고 의결을 받을 수 있었습니다.

2019년 9월과 10월에 조합은 조합원을 대상으로 분양신청을 받았으며 분양신청 결과 총 90명의 조합원 중에서 분양신청대상에서 제외된 자 등을 제외하고 87명이 분양신청을 하여 96.6%라는 높은 분양신청률을 기록하여 소규모주택 정비사업을 통한 원주민 재정착률을 다시 한 번 확인할 수 있었습니다.

거제동 가로주택정비사업조합은 2020년 5월 현재 사업시행인가를 신청하고 교육환경보호 등 관련 심의만을 남겨 놓고 올해 안에 이주·철거 및 착공을 준비하고 있습니다.

돌이켜 보면 지난 5년 가까운 시간동안 주민들과 함께하며 부산광역시 최초 가로주택정비사업의 결실을 맺기 위하여 겪어온 시련과 고난이 오늘의 이『빈집 및 소규모주택 정비사업의 이해와 실무』를 발간하는 토대와 근간이 아니었나싶습니다.

본 책은「빈집 및 소규모주택 정비에 관한 특례법」을 중심으로 저자가 가로주택정비사업의 현장에서 조합의 행정자문역할 및 정비사업전문관리업자로서 실무에서 느끼고 경험한 내용을 포함하여 서술하였습니다.

집필과정에서 실무적 도움을 주신 부산광역시 정비사업전문관리업 등록업체인 주식회사 스마트도시정비의 실장님들께도 감사를 드립니다.

또한 공동저자로서 거제동 가로주택정비사업조합의 창립총회로부터 사업시행계획인가 총회까지 그리고 동성하이타운 가로주택정비사업조합창립총회 등 모든 과정에 참석하여서 조언과 격려를 아끼지 않아 주신 서정렬 영산대학교 부동산대학원장님께도 다시 한 번 감사를 드립니다.

미흡하나마 이번에 발간되는『빈집 및 소규모주택 정비사업의 이해와 실무』가 부동산을 전공하는 학생들에게, 소규모주택 정비사업을 준비하는 주민들에게, 소규모주택 정비사업의 주민합의체와 조합을 운영하고 계신 분들에게 노후저층 주거지를 정비하고 주거환경의 개선을 통해 삶의 질을 향상시키고 마을공동체를 복원시키는 작은 밑거름이 되기를 바랍니다.

2020년 3월

양윤호·서정렬

차 례

Chapter 1 빈집정비사업의 이해와 실무

1-1 빈집정비사업이란 2

[1] 빈집의 개념 _ 2

[2] 빈집정비사업의 시행절차 _ 8

1-2 빈집관리 정책 및 활용방안 19

[1] 빈집관리 정책 _ 19

[2] 빈집관리 및 활용방안 사례 _ 23

1-3 빈집정비사업의 전문기관 28

[1] 한국국토정보공사(LX) _ 28

[2] 한국감정원 _ 31

[3] 한국토지주택공사(LH) _ 37

Chapter 2 소규모주택정비사업의 이해

2-1 소규모주택정비사업이란 42

[1] 소규모주택정비사업의 개념 _ 42

[2] 소규모주택정비사업의 연혁 _ 48

2-2 도시재생 뉴딜사업과 소규모주택정비 52

[1] 도시재생의 추진방향 _ 52

[2] 도시재생 뉴딜사업의 주요과제와 소규모주택정비 _ 57

Chapter 3 소규모주택정비사업의 종류

3-1 자율주택정비사업 ―――― 72

[1] 자율주택정비사업의 개념 _ 72

[2] 자율주택정비사업의 시행 _ 78

[3] 자율주택정비사업의 지원 _ 81

3-2 가로주택정비사업 ―――― 88

[1] 가로주택정비사업의 개념 _ 88

[2] 가로주택정비사업의 장점 _ 92

3-3 소규모재건축사업 ―――― 94

[1] 소규모재건축사업의 개념 _ 94

[2] 소규모재건축사업의 요건 _ 95

Chapter 4 가로주택정비사업· 소규모재건축사업 시행 절차

4-1 시행자 및 시공자 등 ―――― 98

[1] 가로주택정비사업·소규모재건축사업의 시행자 _ 98

[2] 시공자 _ 102

[3] 정비사업전문관리업자 _ 110

[4] 일반 계약 처리기준 _ 110

[5] 전자조달시스템 _ 113

차 례

4-2 주민합의체의 구성 및 조합의 설립 123

[1] 주민합의체의 구성 _ 123

[2] 조합의 설립과 설립인가 _ 126

[3] 조합원의 자격 _ 131

[4] 토지등소유자의 동의방법 _ 132

[5] 조합의 운영 _ 139

4-3 사업시행계획 149

[1] 건축심의와 통합심의 _ 149

[2] 분양공고 및 분양신청 _ 152

[3] 사업시행계획인가 _ 156

[4] 주택의 규모 및 건설비율 _ 166

[5] 관리처분계획의 내용 및 수립기준 _ 166

[6] 사업시행계획인가에 따른 처분 _ 175

4-4 사업시행을 위한 조치 177

[1] 매도청구 _ 177

[2] 분양신청을 하지 아니한 자 등에 대한 조치 _ 177

[3] 건축물의 사용·수익의 중지 및 철거 _ 178

[4] 지상권 등 계약의 해지 _ 179

4-5 공사완료에 따른 조치 181

[1] 준공인가 및 공사완료 고시 _ 181

[2] 이전고시 및 권리변동의 제한 _ 183

[3] 청산금 _ 186

Chapter 5 소규모주택정비사업의 활성화를 위한 지원

5-1 특례법에 따른 특례 — 190

[1] 비용의 부담 및 정비기반시설의 설치 등 _ 190

[2] 사업 활성화를 위한 지원 _ 191

5-2 소규모주택정비 기금지원 — 195

[1] 소규모주택 정비사업자금 대출보증 _ 195

[2] 자율주택정비사업의 융자 _ 197

[3] 가로주택정비사업의 융자 _ 199

Chapter 6 소규모주택정비사업의 공공참여

6-1 LH참여형 가로주택정비사업 — 204

[1] LH참여형 가로주택정비사업의 사업구조 _ 204

[2] LH참여형 가로주택정비사업의 확대방안 _ 205

[3] LH참여형 가로주택정비사업 사례 _ 207

6-2 가로주택정비사업의 공공시행 — 211

[1] 공공시행자방식 가로주택정비사업 _ 211

차 례

Chapter 7 소규모주택정비사업의 추진현황 및 사례

7-1 자율주택정비사업 추진현황 및 사례 214

[1] 자율주택정비사업 추진현황 _ 214

[2] 자율주택정비사업 사례 _ 214

7-2 가로주택정비사업 추진현황 및 사례 218

[1] 가로주택정비사업 추진현황 _ 218

[2] 가로주택정비사업 사례 _ 219

7-3 소규모재건축사업 추진현황 및 사례 223

[1] 소규모재건축사업 추진현황 _ 223

[2] 소규모재건축사업 사례 _ 223

참고자료 _ 227

표 차례

〈표 1-1〉 각 법률 등에 따른 빈집의 정의 ········ 2
〈표 1-2〉 빈집 발생요인별 유형화 방안 ········ 6
〈표 1-3〉 인천광역시 미추홀구 빈집빌집구역 지정결과 ········ 8
〈표 1-4〉 각 법률 등에 따른 빈집정비 방법의 차이 ········ 13
〈표 1-5〉 소규모주택정비법의 빈집밀집구역 주요내용 ········ 19
〈표 1-6〉 빈집정비계획의 내용 ········ 34
〈표 2-1〉 노후·불량건축물 기준 ········ 43
〈표 2-2〉 자율주택정비사업의 대상지역 ········ 44
〈표 2-3〉 자율주택정비사업의 기존주택 호수 ········ 44
〈표 2-4〉 가로주택정비사업의 요건 ········ 45
〈표 2-5〉 가로주택정비사업의 사업시행구역면적 2만제곱미터 확대요건 ········ 46
〈표 2-6〉 소규모재건축사업 대상지역 ········ 46
〈표 2-7〉 소규모재건축사업의 요건 ········ 46
〈표 2-8〉 가로구역의 요건 ········ 47
〈표 2-9〉 가로주택정비사업의 최초 규정 ········ 48
〈표 2-10〉 가로주택정비사업의 변천과정 ········ 48
〈표 2-11〉 소규모주택 정비사업의 주요개정 내용 ········ 50
〈표 2-12〉 도시재생에서 각 주체별 역할 ········ 55
〈표 2-13〉 도시재생 뉴딜의 목표 ········ 60
〈표 2-14〉 도시재생 뉴딜사업의 유형 ········ 62
〈표 2-15〉 도시재생 뉴딜사업의 유형별 특징 ········ 65
〈표 2-16〉 터새로이 사업범위(안) ········ 67
〈표 2-17〉 사회경제조직 유형별 특징 ········ 67
〈표 2-18〉 터새로이 사업자 범위(유형별) ········ 68
〈표 3-1〉 주택도시보증공사 자율주택정비사업 융자상품 ········ 85
〈표 3-2〉 자율주택정비사업의 통합지원 절차 ········ 86
〈표 4-1〉 주민대표회의 또는 토지등소유자 전체회의 시공자 추천 경쟁입찰 요건 ········ 102
〈표 4-2〉 정비사업 계약업무 처리기준 시공사 선정 기준 ········ 105
〈표 4-3〉 일반 계약 처리기준 ········ 111

표 차 례

〈표 4-4〉 지명경쟁이나 수의계약 입찰 조건 ······ 113
〈표 4-5〉 가로주택정비사업·소규모재건축사업 동의요건 비교표 ······ 126
〈표 4-6〉 도로예정지를 입증하는 서류 ······ 127
〈표 4-7〉 신고 가능한 경미한 사항 ······ 128
〈표 4-8〉 투기과열지구 양도인의 경우에 따른 조합원 인정 조건 ······ 131
〈표 4-9〉 여러 명을 대표하는 조합원 ······ 132
〈표 4-10〉 가로주택정비사업의 토지등소유자의 동의자 수 산정 방법 ······ 133
〈표 4-11〉 소규모재건축사업의 토지등소유자의 동의자 수 산정 방법 ······ 134
〈표 4-12〉 조합정관의 주요 기재사항 ······ 139
〈표 4-13〉 조합정관의 경미한 변경사항 ······ 141
〈표 4-14〉 전문조합관리인 요건 ······ 142
〈표 4-15〉 총회의 의결 요건 ······ 145
〈표 4-16〉 대의원회가 총회의 권한을 대행할 수 없는 사항 ······ 147
〈표 4-17〉 분양공고의 통지 및 공고 사항 ······ 152
〈표 4-18〉 사업시행계획인가의 경미한 변경 ······ 154
〈표 4-19〉 공보에 고시 시 포함되어야 할 사항 ······ 157
〈표 4-20〉 소규모주택정비사업 관리처분의 방법 ······ 169
〈표 4-21〉 가로주택정비사업 및 소규모재건축사업 공통 기준 ······ 170
〈표 4-22〉 가로주택정비사업 및 소규모재건축사업 부대시설·복리시설의 공급방법 ······ 170
〈표 4-23〉 소규모재건축사업 부대시설 및 복리시설 소유자 주택 공급 가능 조건 ······ 171
〈표 4-24〉 시·도조례에 따른 분양신청 기준 예시 ······ 171
〈표 4-25〉 시·도조례에 따른 가로주택정비사업 분양대상자 산정 기준 비교 ······ 172
〈표 4-26〉 여러 명의 분양신청자를 1인의 분양대상자로 보는 경우 ······ 173
〈표 4-27〉 지연일수에 따른 이율 ······ 178
〈표 4-28〉 소규모주택정비 등기규칙 ······ 184
〈표 4-29〉 소규모주택정비 소유권보존 등 등기규칙 ······ 185
〈표 5-1〉 시·도조례로 정하는 공동이용시설 예시 ······ 190
〈표 5-2〉 건축법에 따른 건축규제 완화 기준 ······ 192
〈표 5-3〉 시설 설치에 따른 용적률의 특례 ······ 193

〈표 5-4〉 자율주택정비사업 본사업비 융자한도 ······ 198
〈표 5-5〉 자율주택정비사업 본사업비 융자기간 ······ 198
〈표 5-6〉 가로주택정비사업 본사업비 융자한도 ······ 199
〈표 7-1〉 동도연립가로주택정비사업 사업개요 ······ 220
〈표 7-2〉 거제동 가로주택정비사업 사업개요 ······ 221
〈표 7-3〉 동성하이타운 가로주택정비사업 조합설립인가 당시 사업개요 ······ 222

그 림 차 례

[그림 1-1] 빈집 및 소규모주택 정비에 관한 특례법에서 정의하는 빈집 ······ 2
[그림 1-2] 정비구역 해제에 따른 빈집 발생 과정 ······ 3
[그림 1-3] 대구광역시 빈집이 많은 관할구역의 빈집 발생 주요 원인(%) ······ 4
[그림 1-4] 빈집의 판별기준 예시 ······ 5
[그림 1-5] 빈집 사례지역 실태분석 및 유형화 흐름도 ······ 5
[그림 1-6] 빈집 실태 심층파악을 위한 조사 항목 ······ 7
[그림 1-7] 빈집정비사업의 시행절차 ······ 8
[그림 1-8] 인천광역시 미추홀구 빈집정비계획의 비전 및 목표 ······ 9
[그림 1-9] 인천광역시 미추홀구 빈집정비계획의 추진전략 ······ 10
[그림 1-10] 인천광역시 미추홀구 빈집정비계획의 재원조달계획 ······ 10
[그림 1-11] 인천광역시 미추홀구 빈집실태조사 결과 ······ 11
[그림 1-12] 빈집 출입통지서 및 출입허가증 ······ 12
[그림 1-13] 빈집 유형별 대응방향 예시 ······ 13
[그림 1-14] 빈집의 철거절차 ······ 14
[그림 1-15] 빈집매입청구서 ······ 15
[그림 1-16] 빈집의 매입절차 ······ 16
[그림 1-17] 사업시행계획서에 포함되어야 할 내용 ······ 16
[그림 1-18] 마을재생 수요와 빈집의 물리적 상태를 고려한 활용방안 예시 ······ 20
[그림 1-19] 지자체별 빈집 관련 정책 및 사업 ······ 21
[그림 1-20] 빈집 관리 및 활용과 관련된 주요 민관협력 사례 ······ 22
[그림 1-21] 해외의 빈집 관리 및 활용 관련 민관협력 사례 ······ 22
[그림 1-22] 수익형 마을재생기업(NRC)을 활용한 빈집정비사업 구조(안) ······ 23
[그림 1-23] 미추홀구 도시재생협동조합에서 수행한 중앙부처 공모사업 ······ 24
[그림 1-24] 인천광역시 미추홀구에 위치한 빈집은행(옛 용현1·4동 주민센터) ······ 25
[그림 1-25] 빈집은행의 활동모습(빈집수리, 도시농장 조성, 집수리 교육, 해커톤 개최) ······ 26
[그림 1-26] 빈집은행의 민관협력 구조 ······ 27
[그림 1-27] LX빈집정보시스템 홈페이지(https : //gongga.lx.or.kr) ······ 28
[그림 1-28] 공가랑의 업무프로세스 ······ 28
[그림 1-29] 공간정보기반의 빈집정보시스템의 필요성 ······ 29

[그림 1-30] 한국국토정보공사(LX)의 주요업무 ······ 29
[그림 1-31] 한국국토정보공사(LX)의 빈집 추정방법 ······ 30
[그림 1-32] 공가랑(LX빈집정보시스템) 업무대행방법 ······ 30
[그림 1-33] 광역지지체 MOU 및 기초지자체 실태조사 FLOW ······ 31
[그림 1-34] GIS기반의 공간정보와 감정원의 가격정보 등 다양한 부동산 DB 연동 ······ 32
[그림 1-35] 한국감정원 빈집정보시스템 ······ 32
[그림 1-36] 빈집실태조사절차 ······ 33
[그림 1-37] 빈집정비계획 수립절차 ······ 34
[그림 1-38] 한국감정원 빈집정비사업 사업개요 ······ 35
[그림 1-39] 빈집은행등록 절차 ······ 36
[그림 1-40] 빈집플랫폼 개념 ······ 36
[그림 1-41] 빈집플랫폼의 기능 ······ 37
[그림 1-42] 빈집밀집구역 정비사업 개요 ······ 38
[그림 1-43] 빈집밀집구역 정비사업 구조 ······ 38
[그림 1-44] 빈집밀집구역 정비사업 장점과 사업참여자별 역할 ······ 39
[그림 1-45] 빈집밀집구역 정비사업 사업효과 ······ 39
[그림 2-1] 노후·불량건축물 밀집구역 ······ 42
[그림 2-2] 자율주택정비사업 사업요건 ······ 45
[그림 2-3] 자율주택정비사업에 포함 가능한 나대지 ······ 45
[그림 2-4] 도시쇠퇴지표 기준 ······ 52
[그림 2-5] 도시재생 추진절차 ······ 53
[그림 2-6] 도시재생 전략계획 수립절차 ······ 56
[그림 2-7] 도시재생 활성화계획 수립절차 ······ 57
[그림 2-8] 도시재생뉴딜 전략 도출 ······ 57
[그림 2-9] 기존 도시재생의 한계 및 도시재생뉴딜 방향 ······ 58
[그림 2-10] 도시재생뉴딜 추진선략 빛 과제 ······ 60
[그림 2-11] 도시재생 성공키워드 ······ 61
[그림 2-12] 도시재생 뉴딜 사업 유형 ······ 62
[그림 2-13] 도시재생 뉴딜 사업유형별 예시 ······ 63

그 림 차 례

[그림 2-14] 도시재생 뉴딜사업 추진단계별 관리체계 ······ 64
[그림 2-15] 터새로이 사업의 서비스 전달 체계 ······ 68
[그림 3-1] 자율주택정비사업의 정의 ······ 72
[그림 3-2] 주민합의체 ······ 73
[그림 3-3] 주민합의체 신고서 양식 ······ 73
[그림 3-4] 자율주택정비사업 + 합필형 ······ 74
[그림 3-5] 자율주택정비사업 + 구획정리 ······ 74
[그림 3-6] 자율주택정비사업 + 건축협정 ······ 75
[그림 3-7] 건축협정 : 하나의 대지 ······ 75
[그림 3-8] 건축협정 : 하수처리시설 통합 설치 ······ 76
[그림 3-9] 건축협정 : 토지분할 ······ 76
[그림 3-10] 건축협정 : 맞벽, 합벽건축 ······ 77
[그림 3-11] 건축협정 특례 : 조경면적 완화 ······ 78
[그림 3-12] 건축협정 특례 : 건폐율, 용적률 완화 ······ 78
[그림 3-13] 건축협정 특례 : 가로구역 높이 기준 완화 ······ 78
[그림 3-14] 주민합의체에서 시공자, 설계자, 감리자 선정 ······ 79
[그림 3-15] 건축협정형 자율주택정비사업 추진절차 ······ 80
[그림 3-16] 자율주택정비사업 사업시행계획인가 ······ 80
[그림 3-17] 자율주택정비사업 준공인가 ······ 81
[그림 3-18] 자율주택정비사업 용적률 인센티브 ······ 81
[그림 3-19] 자율주택정비사업 주차장 설치기준 완화 ······ 82
[그림 3-20] 자율주택정비사업 공동이용시설 설치에 따른 용적률 추가 적용 ······ 82
[그림 3-21] 자율주택정비사업 진행 공공지원 ······ 83
[그림 3-22] 자율주택정비사업 금융, 매입 및 임차인 지원 ······ 84
[그림 3-23] 한국감정원 통합지원 절차 ······ 85
[그림 3-24] 한국감정원 서류검토 및 사업성분석 신청서 ······ 87
[그림 3-25] 필지단위 주택정비사업인 가로주택정비사업 ······ 88
[그림 3-26] 저층주택(단독·다가구) 중심의 가로주택정비사업 ······ 88
[그림 3-27] 가로구역의 전부 또는 일부에서 시행 예시 ······ 89

[그림 3-28] 사업 찬성 및 반대에 따른 시행구역 확정 …… 89
[그림 3-29] 가로구역의 요건 …… 90
[그림 3-30] 가로구역의 범위 확대 …… 91
[그림 3-31] 규제완화를 통한 사업성 분석 예시 …… 91
[그림 3-32] 가로주택정비사업의 장점 …… 92
[그림 3-33] 정비사업 시행절차 비교 …… 92
[그림 3-34] 가로주택정비사업의 특징 …… 93
[그림 3-35] 소규모재건축사업의 시행 …… 94
[그림 3-36] 소규모재건축 예정 단지 …… 95
[그림 4-1] 주민이 시행 …… 98
[그림 4-2] 주민이 타 기관과 공동으로 시행 …… 98
[그림 4-3] 공공이 시행 …… 99
[그림 4-4] 지정개발자 …… 101
[그림 4-5] 주민이 시행하던 사업을 타 기관이 대신 시행 …… 102
[그림 4-6] 시공자 선정방법 …… 104
[그림 4-7] 한국감정원 정비사업 공사비 검증 절차 …… 108
[그림 4-8] 한국감정원 정비사업 공사비 검증 수수료 …… 109
[그림 4-9] 나라장터의 역할 …… 114
[그림 4-10] 나라장터의 3가지 표준연계 방식 …… 115
[그림 4-11] 시스템 연계를 통한 ONE-Stop 서비스 …… 116
[그림 4-12] 나라장터의 다양한 기능 …… 117
[그림 4-13] 나라장터 3.0 …… 117
[그림 4-14] 나라장터 홈페이지 …… 118
[그림 4-15] 나라장터 입찰공고 검색 화면 …… 118
[그림 4-16] 나라장터 입찰공고 상세 조회 화면 …… 119
[그림 4-17] 주민합의체 해산 신고서 …… 124
[그림 4-18] 조합설립(변경)인가 신청서 …… 130
[그림 4-19] 조합설립동의서 …… 135
[그림 4-20] 조합원 분양신청 공고 및 분양신청 연장공고 예시 …… 153

그 림 차 례

[그림 4-21] 조합원 분양신청서 예시 ······ 155
[그림 4-22] 사업시행계획인가 절차 ······ 157
[그림 4-23] 사업시행계획인가(변경인가) 신청서 ······ 161
[그림 4-24] 계약상 금전의 반환청구권 구상 절차 ······ 179
[그림 4-25] 준공인가신청서 ······ 182
[그림 4-26] 준공인가 신청 절차 ······ 183
[그림 4-27] 소규모주택정비사업의 주요 절차 ······ 187
[그림 5-1] 소규모주택정비사업 보증 상품개요 ······ 195
[그림 5-2] 소규모주택정비사업 보증 이용절차 ······ 196
[그림 5-3] 소규모주택정비사업 보증 제출서류 ······ 196
[그림 5-4] 자율주택정비사업 본사업비 융자상품 개요 ······ 197
[그림 5-5] 가로주택정비사업 본사업비 융자상품 개요 ······ 200
[그림 5-6] 자율주택정비사업 및 가주택정비사업 융자상품 이용절차 ······ 200
[그림 6-1] LH참여형 가로주택정비사업 사업구조 ······ 204
[그림 6-2] LH가 참여한 다양한 사업방식의 개발 ······ 205
[그림 6-3] 근린형 생활권 계획 수반 가로주택정비사업 예시 ······ 205
[그림 6-4] 공공거점 역할을 위한 기본구상 범례 ······ 206
[그림 6-5] 공공거점 역할 사업추진 프로세스 ······ 207
[그림 6-6] 인천석정 가로주택정비사업 조감도 ······ 208
[그림 6-7] 인천석정 가로주택정비사업 마을흔적남기기 계획안 ······ 209
[그림 6-8] 대구동인시영 가로주택정비사업 조감도 ······ 210
[그림 6-9] 인천만수1 가로주택정비사업 조감도 ······ 210
[그림 6-10] 인천만수1 가로주택정비사업 조감도 ······ 211
[그림 7-1] 당산동 자율주택정비사업 착공 전과 착공 후 사진 ······ 215
[그림 7-2] 당산동 자율주택정비사업 준공 후 사진 ······ 215
[그림 7-3] 재기하라! 고대앞 마을 사업총괄도 ······ 217
[그림 7-4] 제기동 자율주택정비사업 사업 전과 사업 후 ······ 218
[그림 7-5] 동도연립 가로주택정비사업 사업 전과 사업 후 ······ 219
[그림 7-6] 거제동 가로주택정비사업 조감도 ······ 221

[그림 7-7] 대구 반월당 행복마을 가로주택정비사업과 수성동1가 가로주택정비사업 ············ 222
[그림 7-8] 서울 동대문구 제기동 892-65번지 일대 공성아파트 소규모재건축사업 ············ 223
[그림 7-9] 부산 연제구 연산동 새연산아파트 소규모재건축사업 ············ 224
[그림 7-10] 부산 부산진구 양정동 산호맨션 소규모재건축사업 ············ 224

Chapter 1

빈집정비사업의 이해와 실무

1-1 빈집정비사업이란

1-2 빈집관리 정책 및 활용방안

1-3 빈집정비사업의 전문기관

1-1 빈집정비사업이란

[1] 빈집의 개념

(1) 빈집의 정의

"빈집"이란 특별자치시장·특별자치도지사·시장·군수 또는 자치구의 구청장(이하 "시장·군수등"이라 한다)이 거주 또는 사용 여부를 확인한 날부터 1년 이상 아무도 거주 또는 사용하지 아니하는 주택을 말한다. [1)]

〈표 1-1〉 각 법률 등에 따른 빈집의 정의

해당법률	기간	대상	상태
빈집 특례법	1년	주택(미분양주택 등)	아무도 거주 또는 사용하지 않는 상태
건축법	1년	주택이나 건축물	아무도 거주 또는 사용하지 않는 상태
농어촌정비법	1년	농어촌 주택이나 건축물	아무도 거주 또는 사용하지 않는 상태
인구주택 총조사	조사 기간	주택	사람이 살지 않는 주택, 신축 미입주 주택 포함 (폐가 제외)
지자체 조례	1년	주택이나 건축물	아무도 거주 또는 사용하지 않는 상태

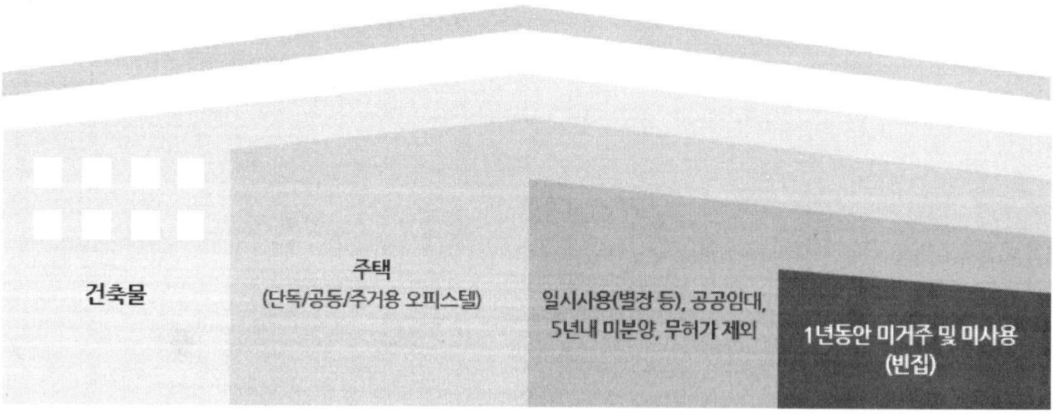

[그림 1-1] 빈집 및 소규모주택 정비에 관한 특례법에서 정의하는 빈집

자료 : 공가랑(https://gongga.lx.or.kr)

1) 빈집 및 소규모주택정비에 관한 특례법 제2조(정의) 제1항 제1호

(2) 빈집에서 제외되는 집

1. 「공공주택 특별법」에 따른 공공임대주택
2. 「건축법」 따른 건축허가 또는 「주택법」 따른 사업계획승인을 받은 자가 건축하여 보유하고 있는 미분양주택으로서 「건축법」 에 따른 사용승인 또는 「주택법」에 따른 사용검사를 받은 후 5년이 경과하지 아니한 주택
3. 「건축법」에 따른 사용승인 또는 「주택법」에 따른 사용검사를 받지 아니한 주택
4. 「주택법 시행령」에 따른 준주택. 다만, 오피스텔은 제외한다.
5. 별장 등 일시적 거주 또는 사용을 목적으로 하는 주택

(3) 빈집의 발생원인

1. 물리적인 원인 : 지역쇠퇴 및 주택의 노후화
   - 도시생애주기 모델에 따른 지역쇠퇴
   - 지역 내 신규개발에 따른 인구이동과 주요 도시기능 이동
   - 신규개발지의 새로운 인구의 유입이 없음
   - 정비사업의 무산으로 인한 빈집의 발생
   - 기반시설이 열악한 주거지의 주택자체의 노후화 및 노후주택의 낮은 수요

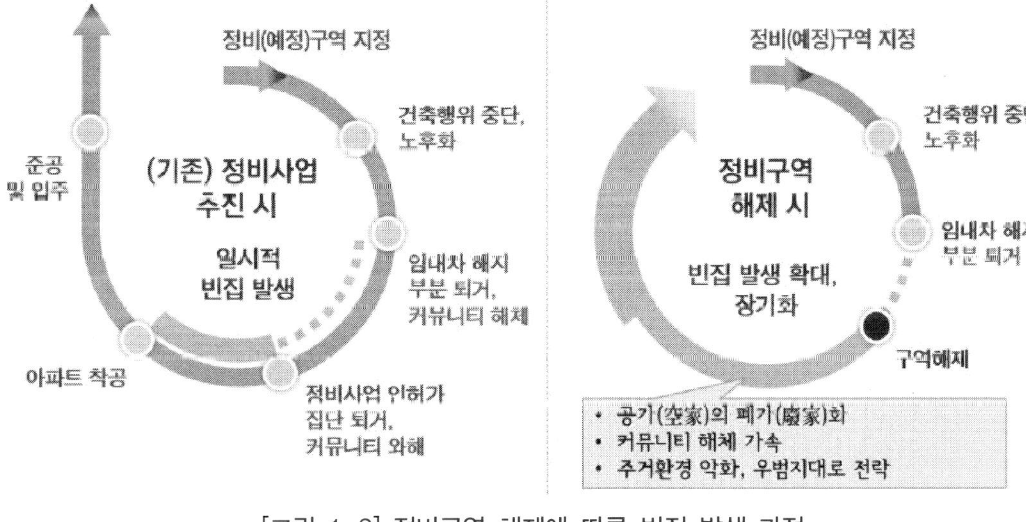

[그림 1-2] 정비구역 해제에 따른 빈집 발생 과정

자료 : 서울연구원, 마을재생을 위한 서울시 빈집의 실태와 관리방안

2. 사회·경제적인 원인 : 인구 및 산업구조의 변화
   - 전체적인 인구감소와 가족 구조의 변화, 주택시장의 변화
   - 수도권 집중으로 인한 지방 중소도시의 생산인구약화 및 경제약화
   - 지방중소도시의 인구고령화
   - 노년층 거주자 사망과 승계자 부재로 인한 발생
3. 제도적인 원인 : 주택공급과잉
   - 정부의 경기대책 위주의 주택건설로 주택공급과잉
   - 주택재개발·재건축 등 정비사업구역의 사업 중단으로 주택개보수와 관한 동기부여 상실
   - 빈집철거 후 토지 상태인 경우 중과세로 인하여 소유주의 방치

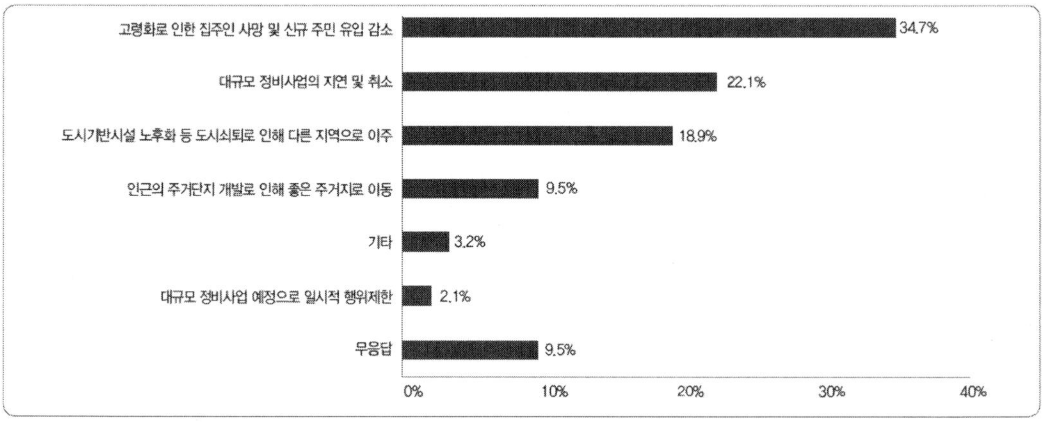

[그림 1-3] 대구광역시 빈집이 많은 관할구역의 빈집 발생 주요 원인(%)

자료 : 국토연구원, 인구감소시대 빈집 문제 분석을 통한 주택정책 방안 연구

(4) 빈집밀집구역

1. 빈집의 일반적 판별 기준
   - 빈집의 안전사고를 방지, 방범 등을 위한 파출소 관리번호가 부착되어 있는 경우
   - 계량기가 작동하지 않거나 철거한 경우
   - 우편물이 수개월 이상 적치·방치된 경우
   - 출입이나 거주 흔적이 없고 외부에서 자물쇠로 잠겨 있는 경우
   - 폐기물이 주택 내부 또는 입구에 상당수 적치된 경우
   - 거주자 관리가 부재하고 벽체, 기둥, 담벼락 등 붕괴위험이 있어 '재난위험 공가

시설'로 관리중인 경우

– 지역 주민 인터뷰를 통해 장기간 사람이 거주하지 않았음을 확인한 경우

[그림 1-4] 빈집의 판별기준 예시

출처 : 서울연구원, 마을재생을 위한 서울시 빈집의 실태와 관리방안

2. 빈집발생 요인별 유형화 방법

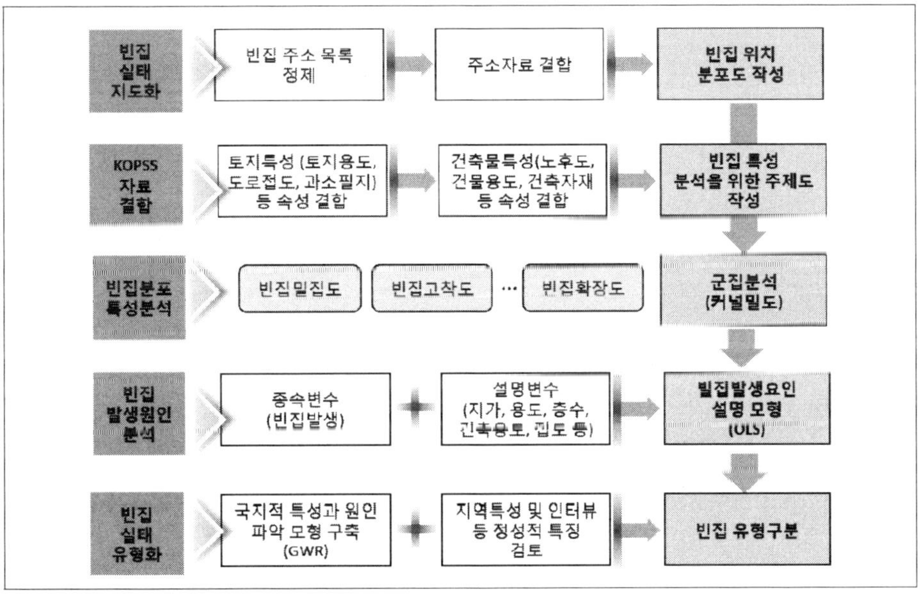

[그림 1-5] 빈집 사례지역 실태분석 및 유형화 흐름도

자료 : 국토연구원, 인구감소시대 빈집 문제 분석을 통한 주택정책 방안 연구

– 빈집의 발생요인별 유형화를 위해 네 가지 유형을 구분

〈표 1-2〉 빈집 발생요인별 유형화 방안

유형	빈집발생요인
1. 건물특성	① 30년 이상 건물수
	② 지붕 불량 건물수
	③ 1층 건물수
2. 부지특성	④ 접도율
	⑤ 부정형 필지
	⑥ 평균표고
	⑦ 평균경사
3. 근린특성	⑧ 총건물수
	⑨ 주변 빈집수
	⑩ 공원까지의 거리
	⑪ IC까지의 거리
	⑫ 관공서(시청/구청/도청)까지의 거리
4. 사회경제적 특성	⑬ 평균연령
	⑭ 평균지가
	⑮ 평균소득분위

자료 : 국토연구원, 인구감소시대 빈집 문제 분석을 통한 주택정책 방안 연구

3. 빈집 실태 심층파악을 위한 조사 항목
   - 마을재생관점에서 물리적, 사회경제적, 문화적 측면 검토

구역 특성	도심/시 외곽지역	역세권/비역세권	평지/구릉지
빈집 입지 현황	단독/분산/집단 발생		
빈집의 구조상태	외벽, 기둥, 지붕, 출입문 등 **양호/보통/불량/철거**		
빈집의 접도현황	전면도로폭(m)	맹지	계단
방치여부	폐기물 적치 여부	주변지역 우범화 가능성	
주변지역 현황	신축·리모델링 발생 여부	철거 발생 여부	

[그림 1-6] 빈집 실태 심층파악을 위한 조사 항목

출처 : 서울연구원, 마을재생을 위한 서울시 빈집의 실태와 관리방안

4. 빈집밀집구역 지정의 세부기준
   - 빈집이 증가하고 있거나 빈집 비율이 높은 지역으로 해당 구역의 면적이 1만제곱미터 미만일 것
   - 농어촌, 준농어촌, 정비구역(주거환경개선 정비구역 제외), 재정비촉진지구는 제외
   - 빈집의 수가 10호 이상이거나 빈집의 면적이 해당 구역 전체 토지 면적의 20퍼센트 이상일 것
   - 노후·불량건축물의 수가 해당 구역 내 전체 건축물 수의 3분의 2 이상이거나 정비기반시설이 현저히 부족하여 재해발생 시 피난 및 구조 활동이 곤란한 지역일 것
   - 도시 및 주거환경정비법 등 다른 법령에 따른 정비사업을 추진하고 있지 아니한 지역
5. 빈집밀집구역 지정 고시 사례
   - 인천광역시 미추홀구 빈집밀집구역 지정 : 11개소, 빈집 159호[2)]

2) 인천광역시 미추홀구 고시 제2020-19호 「인천광역시 미추홀구 빈집정비계획」 고시, 2020.2.17.

〈표 1-3〉 인천광역시 미추홀구 빈집밀집구역 지정결과

(단위 : m², 호)

빈집 밀집구역	위치	구역면적	빈집	
			호수	대지면적
1	주안동 413-18 일대	3,474.7	32	2,211.2
2	용현동 141-35 일대	1,485.0	8	601.0
3	용현동 604-20 일대	8,714.7	32	2,858.0
4	도화동 538-88 일대	15,954.6	6	12,857.0
5	숭의동 289-100 일대	894.9	13	771.5
6	주안동 414-7 일대	2,639.0	11	2,623.1
7	숭의동 290-1 일대	4,834.1	8	4,826.1
8	용현동 136-11 일대	1,592.2	9	347.0
9	숭의동 292-15 일대	1,134.7	3	334.3
10	도화동 634-154 일대	2,075.0	7	948.0
11	도화동 6-10 일대	7,054.5	30	3,011.4

[2] 빈집정비사업의 시행절차

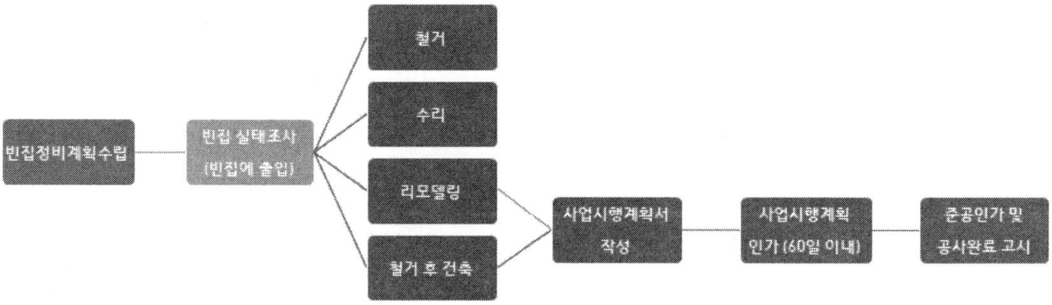

[그림 1-7] 빈집정비사업의 시행절차

(1) 빈집정비계획의 수립

1. 빈집정비의 기본방향

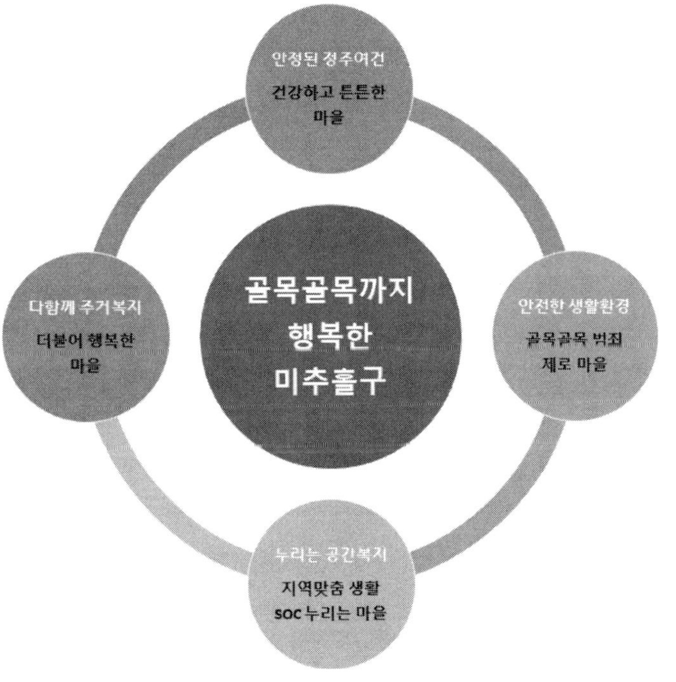

[그림 1-8] 인천광역시 미추홀구 빈집정비계획의 비전 및 목표

출처 : 인천광역시 미추홀구 고시 제2020-19호 저자 그래픽으로 재구성

2. 빈집정비사업의 추진계획 및 시행방법

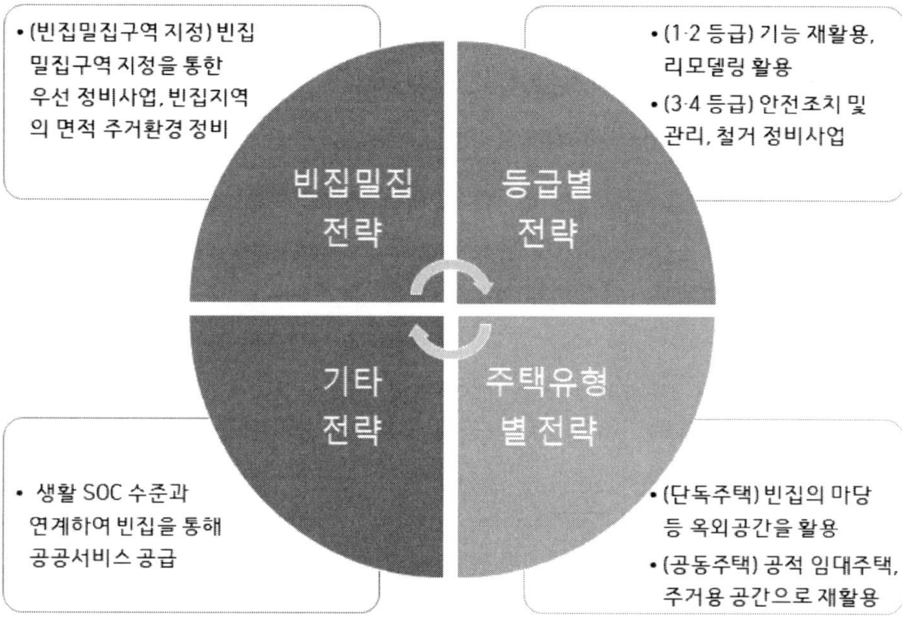

[그림 1-9] 인천광역시 미추홀구 빈집정비계획의 추진전략

출처 : 인천광역시 미추홀구 고시 제2020-19호 저자 그래픽으로 재구성

3. 빈집정비사업에 필요한 재원조달계획

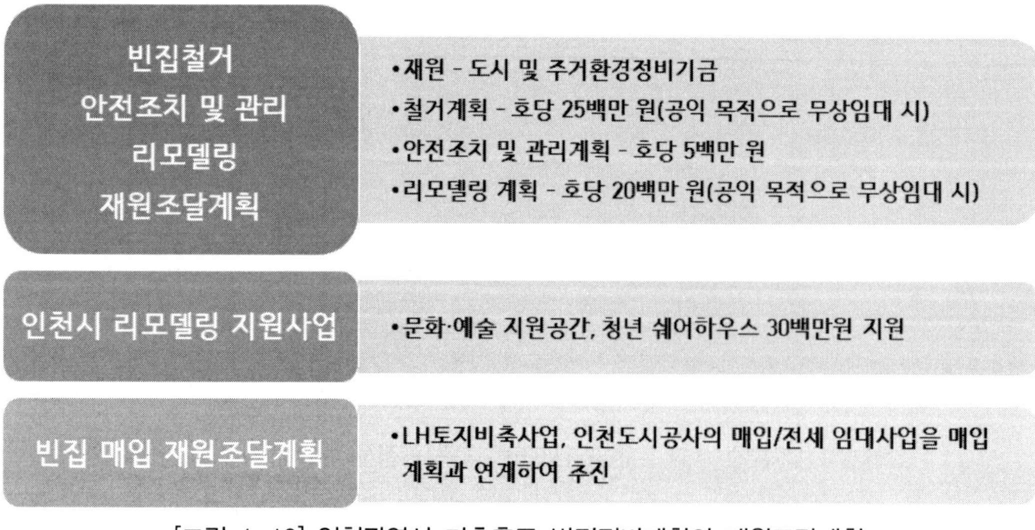

[그림 1-10] 인천광역시 미추홀구 빈집정비계획의 재원조달계획

출처 : 인천광역시 미추홀구 고시 제2020-19호 저자 그래픽으로 재구성

4. 빈집의 매입 및 활용에 관한 사항
5. 빈집이나 빈집으로 추정되는 주택에 대한 조사결과
6. 빈집의 철거 등 필요한 조치에 관한 계획
7. 지방자치단체가 빈집정비사업에 드는 비용의 보조 또는 출자·융자 등 빈집정비사업의 지원 대상·기준 및 내용

(2) 빈집이나 빈집으로 추정되는 주택에 대한 실태조사

1. 빈집 여부의 확인
2. 빈집의 관리 현황 및 방치기간
3. 빈집 소유권 등의 권리관계 현황
4. 빈집 및 그 대지에 설치된 시설 또는 인공구조물 등의 현황
5. 빈집 및 그 대지의 안전상태
6. 빈집의 대지에 인접한 도로 및 건축물 등의 현황
7. 빈집의 설계도서 현황
8. 빈집의 발생 사유
9. 빈집정비사업의 시행방법에 대한 소유자의 의견

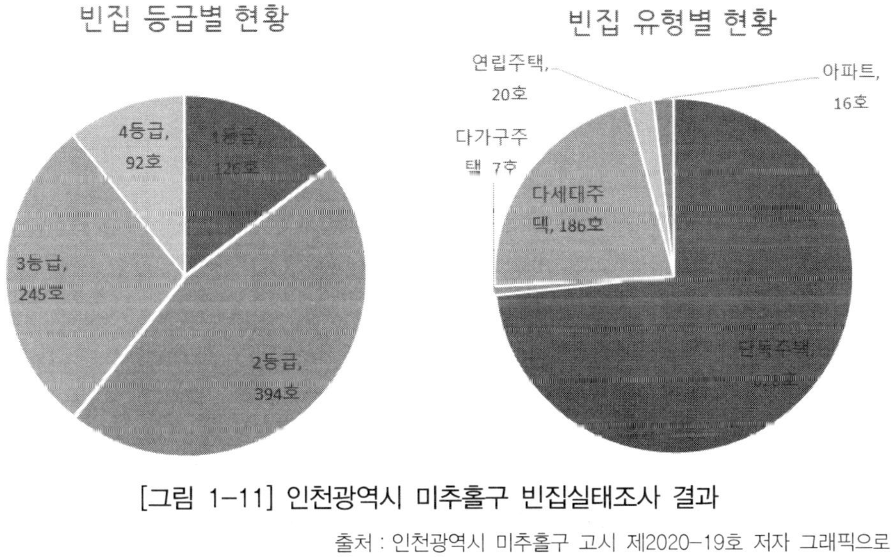

[그림 1-11] 인천광역시 미추홀구 빈집실태조사 결과

출처 : 인천광역시 미추홀구 고시 제2020-19호 저자 그래픽으로 재구성

(3) 빈집 등에의 출입

1. 빈집 등 및 그 대지에 출입하는 경우 출입하는 날 7일 전까지 소유자·점유자 또는 관리인에게 그 일시와 장소를 공지
2. 소유자·점유자 또는 관리인의 부재나 주소불명 등으로 알릴 수 없는 경우에는 지방자치단체의 공보 및 홈페이지에 공고
3. 빈집 등 및 그 대지에의 출입으로 손실을 입은 자가 있으면 손실을 입은 자와 협의하여 보상하여야 함
4. 보상 협의가 성립되지 아니하거나 협의를 할 수 없는 경우에는 「공익사업을 위한 토지 등의 취득 및 보상에 관한 법률」에 따라 관할 토지수용위원회에 재결을 신청

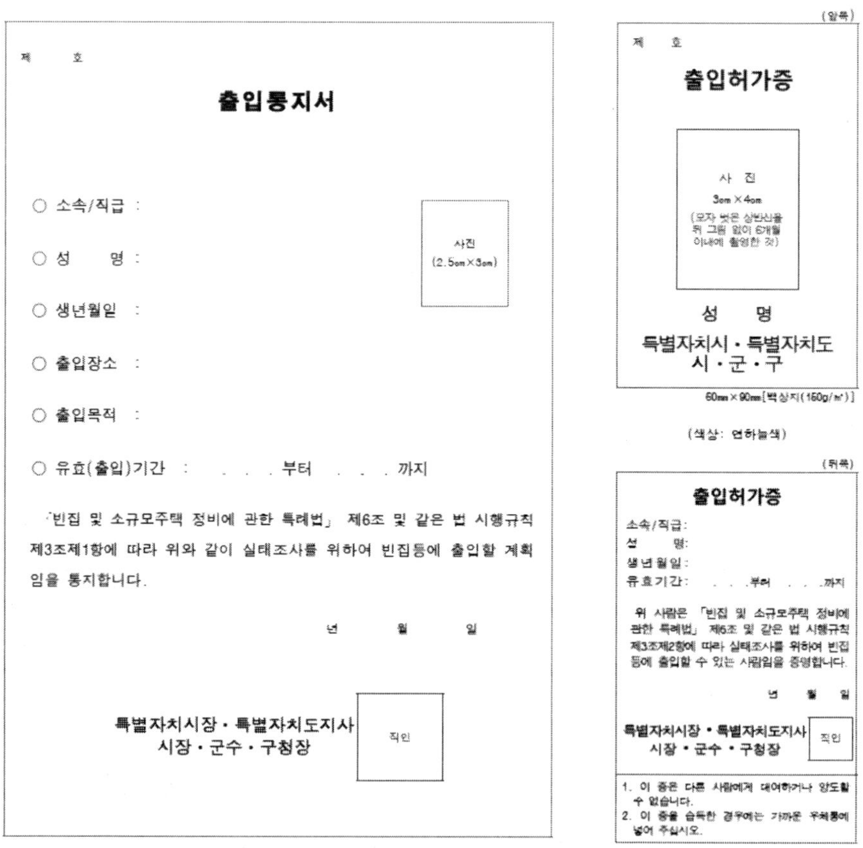

제 호

출입통지서

○ 소속/직급 :

○ 성 명 :

○ 생년월일 :

○ 출입장소 :

○ 출입목적 :

○ 유효(출입)기간 : . . . 부터 . . . 까지

사진 (2.5cm×3cm)

「빈집 및 소규모주택 정비에 관한 특례법」 제6조 및 같은 법 시행규칙 제3조제1항에 따라 위와 같이 실태조사를 위하여 빈집등에 출입할 계획임을 통지합니다.

년 월 일

특별자치시장 · 특별자치도지사
시장 · 군수 · 구청장 직인

(앞쪽)

제 호

출입허가증

사 진
3cm×4cm
(모자 벗은 상반신을 뒤 그림 없이 6개월 이내에 촬영한 것)

성 명

특별자치시 · 특별자치도
시 · 군 · 구

60mm×90mm[백상지(150g/㎡)]

(색상: 연하늘색)

(뒤쪽)

출입허가증

소속/직급:
성 명:
생년월일:
유효기간: . . .부터 . . .까지

위 사람은 「빈집 및 소규모주택 정비에 관한 특례법」 제6조 및 같은 법 시행규칙 제3조제2항에 따라 실태조사를 위하여 빈집등에 출입할 수 있는 사람임을 증명합니다.

년 월 일

특별자치시장 · 특별자치도지사
시장 · 군수 · 구청장 직인

1. 이 증은 다른 사람에게 대여하거나 양도할 수 없습니다.
2. 이 증을 습득한 경우에는 가까운 우체통에 넣어 주십시오.

[그림 1-12] 빈집 출입통지서 및 출입허가증3)

---

3) 빈집 및 소규모주택정비에 관한 특례법 시행규칙 별지 제1호서식 및 제2호서식

(4) 빈집정비사업의 시행방법

1. 빈집의 내부 공간을 칸막이로 구획하거나 벽지·천장재·바닥재 등을 설치하는 방법
2. 빈집을 철거하지 아니하고 개축·증축·대수선하거나 용도 변경하는 방법
3. 빈집을 철거하는 방법
4. 빈집을 철거한 후 주택 등 건축물을 건축하거나 정비기반시설 및 공동이용시설 등을 설치하는 방법

〈표 1-4〉 각 법률 등에 따른 빈집정비 방법의 차이

빈집정비방법	농어촌정비법	건축법	빈집 및 소규모주택 정비에 관한 특례법
철거	○	○	○
수리	○	×	○
개축·증축 대수선·용도변경	○	×	○
빈집 활용	×	×	○

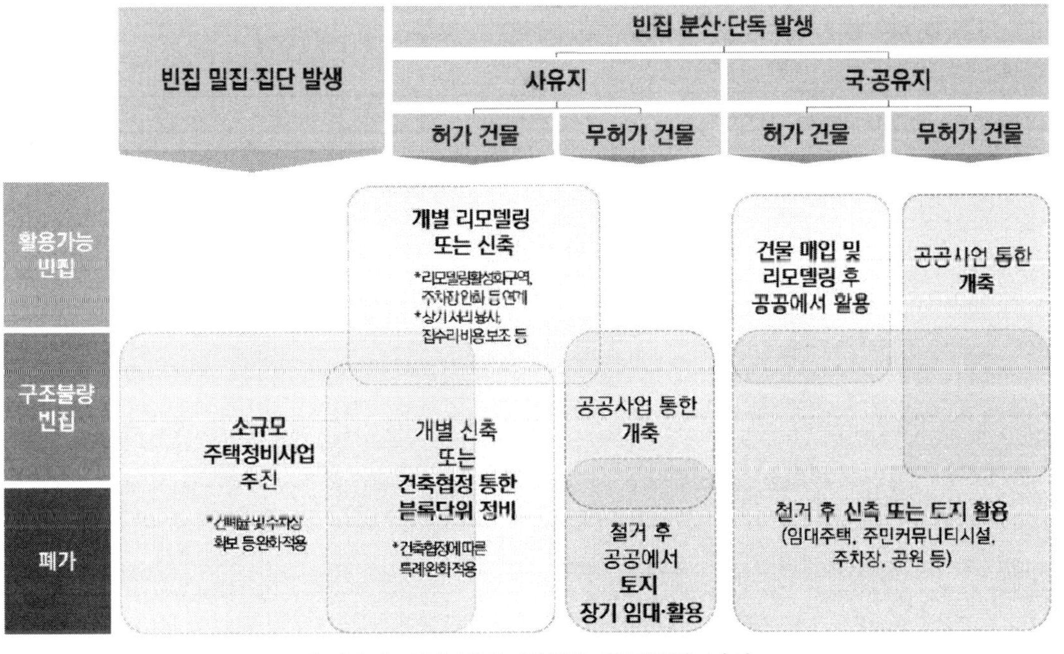

[그림 1-13] 빈집 유형별 대응방향 예시

자료 : 서울연구원, 마을재생을 위한 서울시 빈집의 실태와 관리방안

(5) 빈집정비사업의 시행자

1. 시장·군수등 또는 빈집 소유자가 직접 시행 (빈집 소유자의 동의 필요)
2. 한국토지주택공사 또는 지방공사를 사업시행자로 지정하거나 공동 시행
3. 건설사업자 또는 건설업자로 보는 등록사업자를 사업시행자로 지정하거나 공동 시행
4. 부동산투자회사를 사업시행자로 지정하거나 공동 시행
5. 사회적 기업, 협동조합, 비영리법인 및 공익법인을 사업시행자로 지정하거나 공동 시행

(6) 빈집의 철거

1. 철거 대상 빈집
   - 붕괴·화재 등 안전사고나 범죄발생의 우려가 높은 빈집
   - 공익상 유해하거나 도시미관 또는 주거환경에 현저한 장해가 되는 빈집
2. 빈집의 철거절차

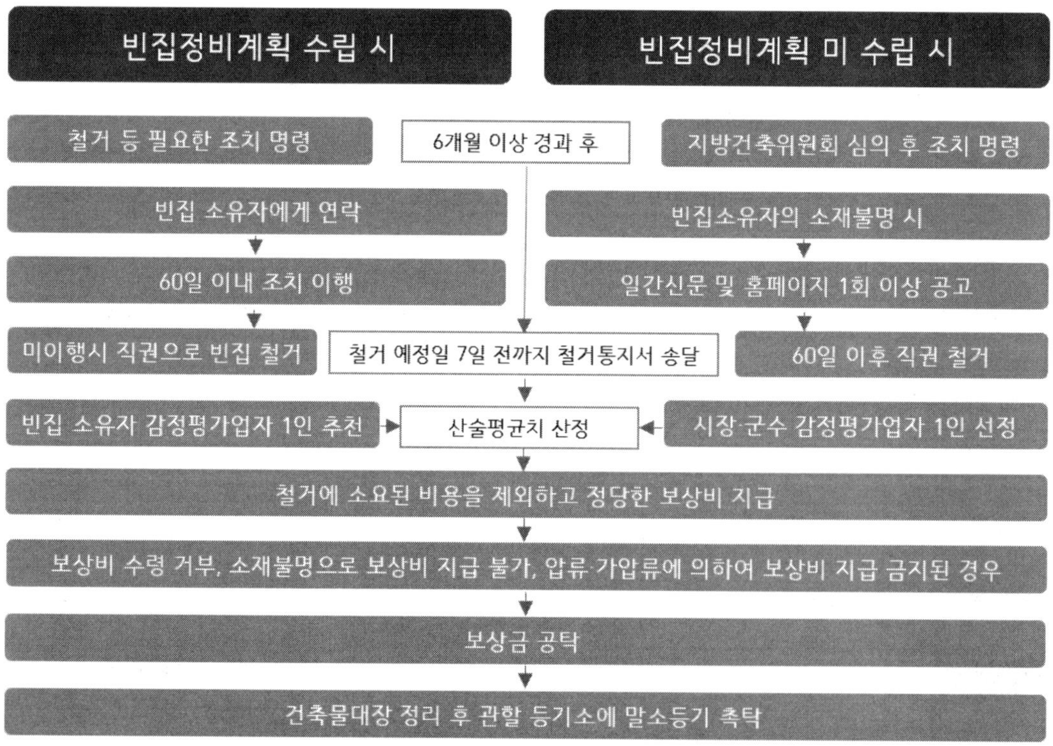

[그림 1-14] 빈집의 철거절차

(7) 빈집의 매입

■ 빈집 및 소규모주택 정비에 관한 특례법 시행규칙[별지 제5호의2서식] <신설 2019. 10. 24.>

빈집매입청구서

※ 뒤 쪽에 신청안내를 참고하시 바라며 색상이 어두운 란은 신청인이 적지 않습니다. (앞 쪽)

접수번호	접수일	처리기간 6개월

빈집 소유자	①성명(법인인 경우 그 명칭 및 대표자 성명)	②생년월일(법인인 경우 법인등록번호)
	③주소 (전화번호:)	

토지에 관한 사항	④위치	⑤면적(㎡)	⑥지번

토지에 있는 건축물 등에 관한 사항	⑦종류(용도)	⑧구조	⑨연면적(㎡)	⑩층수	⑪사용 연수

매입청구에 관계되는 권리	⑫권리종류	지상권 · 전세권 또는 임차권의 경우				
		⑬설정기간	⑭잔존기간	⑮담보(한도)	⑯지대(연액: 원)	⑰특기사항

비고	매입청구대상은 빈집인 토지와 해당 토지에 있는 건축물 및 정착물로 한정합니다.

「빈집 및 소규모주택 정비에 관한 특례법」 제11조의2, 같은 법 시행령 제10조의2 및 같은 법 시행규칙 제5조의2에 따라 위와 같이 빈집의 매입을 청구합니다.

년 월 일

매입청구인 (서명 또는 인)
(빈집 소유자와의 관계:)

특별자치시장 · 특별자치도지사
시장 · 군수 · 구청장, 공사시장 귀하

담당자 확인사항	대상토지 및 건물에 대한 등기사항증명서	수수료 없음

210mm×297mm[백상지 80g/㎡(재활용품)]

[그림 1-15] 빈집매입청구서[4]

4) 빈집 및 소규모주택정비에 관한 특례법 시행규칙 별지 제5호의2서식

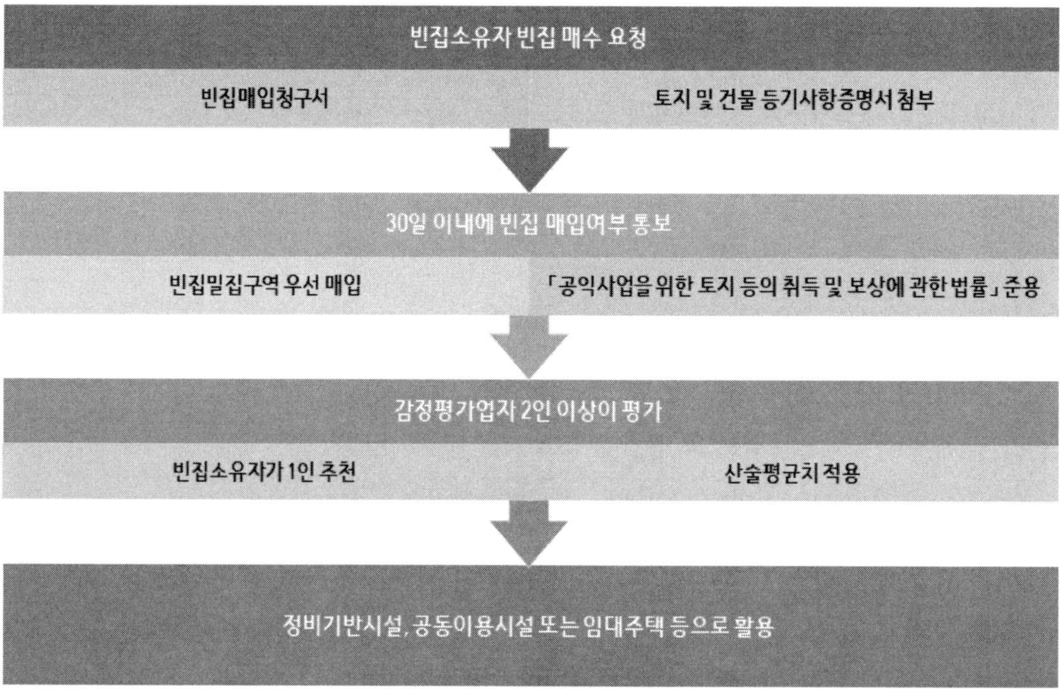

[그림 1-16] 빈집의 매입절차

(8) 사업시행계획인가

1. 사업시행계획서 작성
   - 정비기반시설 및 공동이용시설의 설치계획, 임대주택의 건설계획은 철거 후 건축물의 건축이나 정비기반시설, 공동이용시설 등을 설치하는 경우에만 작성

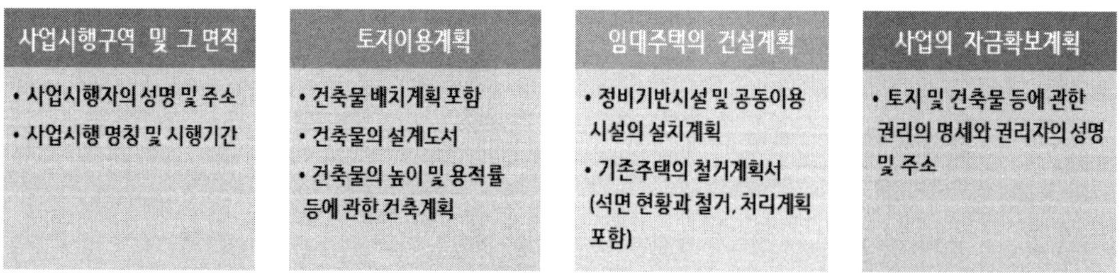

[그림 1-17] 사업시행계획서에 포함되어야 할 내용

2. 사업시행계획인가
   - 60일 이내에 인가여부 사업시행자에게 통보

– 사업시행계획인가(변경인가 포함) 시 지방자치단체의 공보에 고시 및 홈페이지 게재

(9) 준공인가 및 공사완료 고시

1. 준공인가 신청 시 제출서류
   – 준공인가신청서
   – 건축물, 정비기반시설 및 공동이용시설 등의 설치내역서
   – 건축물 및 시설의 사용가능여부 및 안정성 등에 관한 공사감리자의 의견서 또는 공사감독자의 확인서
2. 지체 없이 준공검사 후 해당 지방자치단체의 공보에 공사완료 고시
3. 준공인가증을 받은 때에는 분양대상자에게 지체 없이 통보

실무 Tip

– 빈집의 철거 등 조치명령에 대하여 이의가 있는 경우에는 조치명령서를 받은 날부터 30일 이내에 시장·군수 등에게 의견 제출 가능
– 철거 등 조치명령의 이행기간 내에 철거 등 조치명령을 이행할 수 없는 소유자는 그 이행기간을 연장하려면 이행기간 종료 7일 전까지 시장·군수등에게 이행기간의 연장을 신청

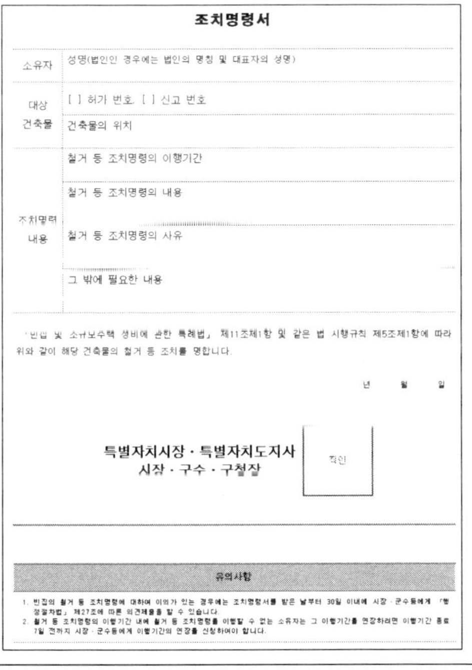

조치명령서

소유자	성명(법인인 경우에는 법인의 명칭 및 대표자의 성명)
대상 건축물	[ ] 허가 번호 [ ] 신고 번호
	건축물의 위치
조치명령 내용	철거 등 조치명령의 이행기간
	철거 등 조치명령의 내용
	철거 등 조치명령의 사유
	그 밖에 필요한 내용

「빈집 및 소규모주택 정비에 관한 특례법」 제11조제1항 및 같은 법 시행규칙 제5조제1항에 따라 위와 같이 해당 건축물의 철거 등 조치를 명합니다.

년 월 일

특별자치시장 · 특별자치도지사
시장 · 구수 · 구청장 직인

유의사항

1. 빈집의 철거 등 조치명령에 대하여 이의가 있는 경우에는 조치명령서를 받은 날부터 30일 이내에 시장 · 군수등에게 「행정절차법」 제27조에 따른 의견제출을 할 수 있습니다.
2. 철거 등 조치명령의 이행기간 내에 철거 등 조치명령을 이행할 수 없는 소유자는 그 이행기간를 연장하려면 이행기간 종료 7일 전까지 시장 · 군수등에게 이행기간의 연장을 신청하여야 합니다.

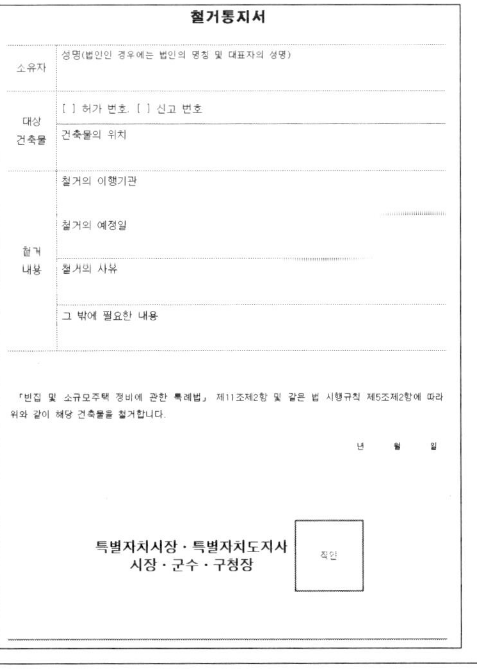

철거통지서

소유자	성명(법인인 경우에는 법인의 명칭 및 대표자의 성명)
대상 건축물	[ ] 허가 번호 [ ] 신고 번호
	건축물의 위치
철거 내용	철거의 이행기관
	철거의 예정일
	철거의 사유
	그 밖에 필요한 내용

「빈집 및 소규모주택 정비에 관한 특례법」 제11조제2항 및 같은 법 시행규칙 제5조제2항에 따라 위와 같이 해당 건축물을 철거합니다.

년 월 일

특별자치시장 · 특별자치도지사
시장 · 군수 · 구청장 직인

빈집정비사업 동의서

※ 색상이 어두운 난은 동의자가 적지 않습니다. (앞쪽)

행정기관에서 부여한 일련번호 범위		일련번호	/

Ⅰ. 소유자 인적사항

인 적 사 항	성 명		생년월일	
	주민등록상 주 소		전화번호	

소유권 현 황	※ 공동주택의 경우			
	소유권 위치(주소)			
	등기상 건축물지분(면적)	㎡	등기상 대지지분(면적)	㎡
	※ 단독주택의 경우			

권리 명세	구분		
	토지	소재지 (공유 여부)	면적(㎡)
		(계 필지)	
		( )	
		( )	
	건축물	소재지 (허가 유무)	동 수
		( )	
		( )	
	지상권 (건축물 외 수목 또는 공작물의 소유목적)	설정 토지	지상권의 내용

Ⅱ. 동의사항

1. 빈집정비사업 내용	(1) 빈집정비사업의 시행방법 (2) 빈집정비사업의 사업시행자 (3) 빈집정비사업의 사업시행계획서 작성 (4) 빈집정비사업의 시행
2. 사업계획	※ 별첨

Ⅲ. 동의내용

가. 본인은 동의서에 자필서명 및 지장 날인을 하기 전에 동의서를 받으려는 사람으로부터 이 동의서의 제출 시 「빈집 및 소규모주택 정비에 관한 특례법」 제10조제3항에 따라 빈집정비사업의 시행에 동의한 것으로 의제된다는 사항을 사전에 충분히 설명·고지 받았습니다.

나. 본인은 Ⅱ. 동의 사항(빈집정비사업 내용 및 사업계획)이 빠짐없이 기재되어 있음을 확인하고 충분히 숙지하였으며, 기재된 바와 같이 시장·군수등이 사업시행자로 빈집정비사업을 시행하는데 동의합니다.

년 월 일

위 동의자 : (날인)

특별자치시장·특별자치도지사
시장·군수·구청장 귀하

1-2 빈집관리 정책 및 활용방안

[1] 빈집관리 정책

(1) 중앙정부

1. 「빈집 및 소규모주택 정비에 관한 특례법」 2018. 2. 9. 시행으로 법제도 정비
   - 「빈집정비사업에 관한 업무지침」(국토교통부고시 제2018-103호) 시행
   - 빈집정비사업에 필요한 사항을 세부적으로 정함
   - 빈집밀집구역 도입하여 빈집정비사업을 우선적으로 시행하도록 계획
   - 시장·군수등은 빈집밀집구역에서 필요한 경우 빈집 소유자, 사업시행 예정자, 지역 주민, 사회적 기업 등의 의견을 수렴하여 소규모주택정비사업 시행 제안

〈표 1-5〉 소규모주택정비법의 빈집밀집구역 주요내용

구분	내용
빈집정비 계획수립 (제4조)	– 시장·군수등이 빈집정비계획을 수립 또는 변경하는 경우 다음 요건을 모두 충족하는 지역을 빈집밀집구역으로 지정할 수 있음 • 빈집이 증가하고 있거나 빈집 비율이 높은 지역 • 노후·불량건축물이 증가하고 있거나 정비기반시설이 부족하여 주거환경이 열악한 지역 • 다른 법령에 따른 정비사업을 추진하고 있지 아니한 지역
빈집정비 사업특례 (제46조)	– 빈집정비사업의 사업시행자가 빈집밀집구역 내 빈집을 개축 또는 용도 변경하는 경우 해당 빈집이 법령의 제정·개정이나 그 밖의 사유로 대지나 건축물이 법령에 맞지 아니하더라도 다음 기준에 대하여 기존 빈집의 범위에서 지방건축위원회의 심의를 거쳐 완화 받을 수 있음 • 대지의 조경기준, 건축선의 지정, 건폐율의 산정기준, 용적률의 산정기준, 대지안의 공지기준, 건축물의 높이 제한, 건축물과 경계선 간의 거리
건축규제 완화특례 (제48조)	– 사업시행자는 자율주택정비사업(근린재생형 활성화계획에 반영, 빈집밀집구역에서 시행하는 경우, 시·도조례로 정하는 경우), 가로주택정비사업 또는 취약 주택정비사업의 시행으로 건설하는 건축물에 대하여 지방건축위원회의 심의를 거쳐 기준을 완화 받을 수 있음 • 대지의 조경기준, 건폐율의 산정기준(경사지에 위치한 가로구역으로 한정), 대지안의 공지기준, 건축물의 높이 제한, 부대시설 및 복리시설의 설치기준

2. 빈집정비사업 활성화를 위한 지원
   - 주거환경개선, 주거안정을 위한 임대주택공급, 낙후·쇠퇴지역 활성화를 위한 정책

- 인근 주차장 사용권 확보 시 주차장 설치기준 완화
- 공적임대 연면적 20% 이상 공급 시 법적상한 용적률까지 완화

3. 빈집정비사업 정비지원기구 지정
   - 한국감정원, 한국국토정보공사, 경기도시공사, 한국토지주택공사, 서울주택도시공사, 인천도시공사,

(2) 지방자치단체

1. 자체 재원을 활용하여 위해성이 높은 빈집을 철거하거나 리모델링하여 활용하는 사업을 주로 시행
   - 주로 부지를 매입하거나 소유자와의 협의를 통해 일정기간동안 무상 임대하는 조건으로 빈집을 확보
   - 주택의 상태에 따라 철거 또는 수리한 후 주차장, 공원, 텃밭, 커뮤니티 시설, 임대주택 등으로 활용

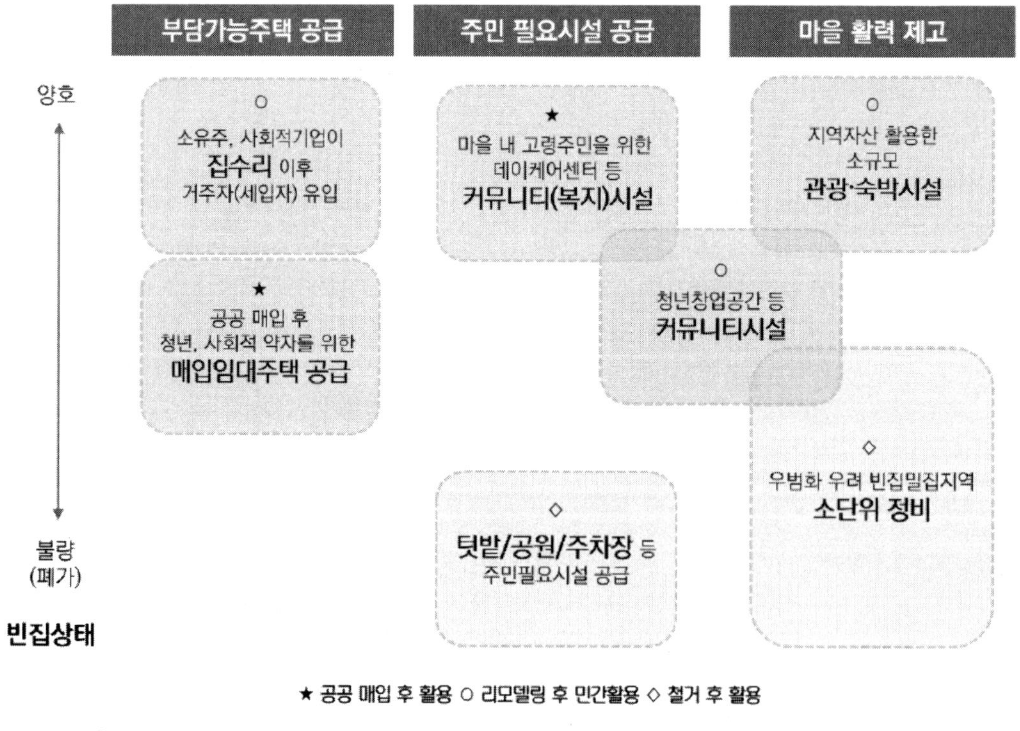

[그림 1-18] 마을재생 수요와 빈집의 물리적 상태를 고려한 활용방안 예시

자료 : 서울연구원, 마을재생을 위한 서울시 빈집의 실태와 관리방안

2. 지자체별 빈집 관련 정책 및 사업
   - 서울특별시의 빈집 살리기 프로젝트, 부산광역시의 햇살둥지사업과 폐가 철거사업, 인천광역시의 폐·공가 관리사업, 대구광역시의 폐·공가 정비사업 등

구분	사업명	내용
서울시	빈집 살리기 프로젝트	6개월 이상 빈 주택을 리모델링하여 저소득층에게 임대
	리모델링형 장기안심주택 (노후주택 리모델링 지원 사업)	개·보수가 필요한 노후·불량주택의 리모델링 비용을 지원하고 6년간 전세금 인상 없이 임대주택으로 제공
부산시	햇살둥지 사업	빈집 수리 후 학생, 저소득층에게 시세보다 저렴하게 임대
	폐가철거 사업	폐가 철거 후 주차장, 공원, 텃밭, 쉼터, 운동시설 등 설치
	착한텃밭 조성 사업	폐가 철거 후 민간기업 사회공헌 활동과 연계해 텃밭 등의 주민 편의시설 조성
	빈집 하우징 클린 시스템	안전, 미관저해 문제를 유발하는 빈집 청소 및 폐쇄 조치
	산복도로 르네상스 프로젝트	빈집 정비 후 게스트하우스, 카페, 커뮤니티 공간으로 활용
인천시	폐·공가 관리 사업	폐·공가를 폐쇄 또는 철거하거나 정비하여 재활용
대구시	폐·공가 정비 사업	빈집 철거 후 주차장, 공원, 텃밭 등 조성 (3년 활용 조건으로 지원)
광주시	공가 정비 사업	빈집 철거 후 주차장, 쉼터, 텃밭 등 조성 (3년 활용 조건으로 지원)
제주도	빈집 프로젝트	빈집을 활용하여 문화공간 조성 및 레지던시 프로그램 연계
	소규모 학교 육성 빈집 정비 사업	'소규모학교 육성 지원사업'에 선정된 마을에 공동주택건립 비용과 빈집 정비사업비 지원
원주시	도심 빈집정비 사업	도심 빈집의 위해성이 높은 경우 폐쇄 조치 및 폐기물 수거
군산시	도심 빈집정비 사업	빈집 정비 후 주민 공간 조성 또는 저소득층 임대
전주시	도심 빈집정비 수반공간조성 사업	빈집 정비 후 임대주택, 주차장, 쉼터, 텃밭 등 조성 (임대주택은 5년, 공공용지 3년 활용)

자료: 성은영·윤주선 2017, 62, 재정리.

[그림 1-19] 지자체별 빈집 관련 정책 및 사업

자료 : 국토연구원, 민관협력을 통한 빈집 관리 및 활용 사례 연구 재인용

(3) 민관협력

1. 민관협력을 통한 빈집 관리 및 활용의 필요성 대두
   - 현재 운영되고 있는 정부의 빈집 관련제도, 공공의 인력과 자원만으로는 지속적으로 증가하는 빈집을 정비하는데 한계가 존재

– 증가하는 빈집을 효과적으로 관리하고 활용하기 위해서는 빈집 문제에 공감하며 지역에 밀착하여 빈집을 관리하고 다양한 활용 방안을 모색할 수 있는 민간의 역할이 요구됨

– 실제로 우리보다 심각한 빈집 문제를 경험한 몇몇 지역들은 민관협력을 통한 빈집관리를 시도하여 좋은 성과를 거둠으로써 주목받아 왔음

구분		사업명	내용
국외	영국 리즈	캐노피 프로젝트	지방정부·주택공급업체와 협력하여 빈집 임대계약 체결, 자원봉사자들이 수리 후 필요한 사람에게 제공
	독일 라이프치히	집지키는 사람의 집 증·개축의 집	사용에 의한 보전을 목적으로 빈집 소유자와 사용자를 연결하고 사용자의 빈집 수리 및 활용을 지원
	일본 오노미치	빈집재생프로젝트	NPO가 중심이 되어 빈집 사용자를 모집하고 주민들과 빈집 활용을 논의하여 주민 편의시설 등 설치
국내	서울시	빈집 살리기 프로젝트	서울시에서 사회적기업, 협동조합 등 민간단체를 사업자로 선정하여 빈집 수리 후 공유주택으로 임대
	부산시	착한텃밭 조성	부산시에서 폐가를 철거하면 민간기업이 사회공헌사업의 일환으로 텃밭 등 주민 편의시설 조성
	인천시	빈집은행	민간단체인 빈집은행에서 공공의 지원을 통해 빈집을 청년주택·도시농장으로 활용, 빈집 수리 교육 진행

자료: Canopy, HausHalten e.V., NPO法人 尾道空き家再生プロジェクト 공식 자료와 성은영, 윤주선(2017)을 참고하여 작성.

[그림 1-20] 빈집 관리 및 활용과 관련된 주요 민관협력 사례

자료 : 국토연구원, 민관협력을 통한 빈집 관리 및 활용 사례 연구 재인용

리즈 캐노피 프로젝트	라이프치히 집지키는 사람의 집	오노미치 빈집재생프로젝트

자료: Canopy Housing, HausHalten e.V., NPO法人 尾道空き家再生プロジェクト.

[그림 1-21] 해외의 빈집 관리 및 활용 관련 민관협력 사례

자료 : 국토연구원, 민관협력을 통한 빈집 관리 및 활용 사례 연구 재인용

2. 민관협력을 통한 빈집 관리 및 활용 현황
   - 서울시 빈집 살리기 프로젝트, 부산시 착한텃밭 조성사업 등 빈집 관련 민관협력 사업들이 시도되고 있으나 대부분 공공이 주도하는 정책사업에 민간단체 또는 기업이 일시적으로 참여하는 형태로 지속적인 민관협력 기반 빈집 관리 및 활용은 실현되지 못함
   - 민간의 역할을 빈집 활용 사업 참여 수준에서 지역 활성화와 빈집의 지역자산화 등으로 확장 필요

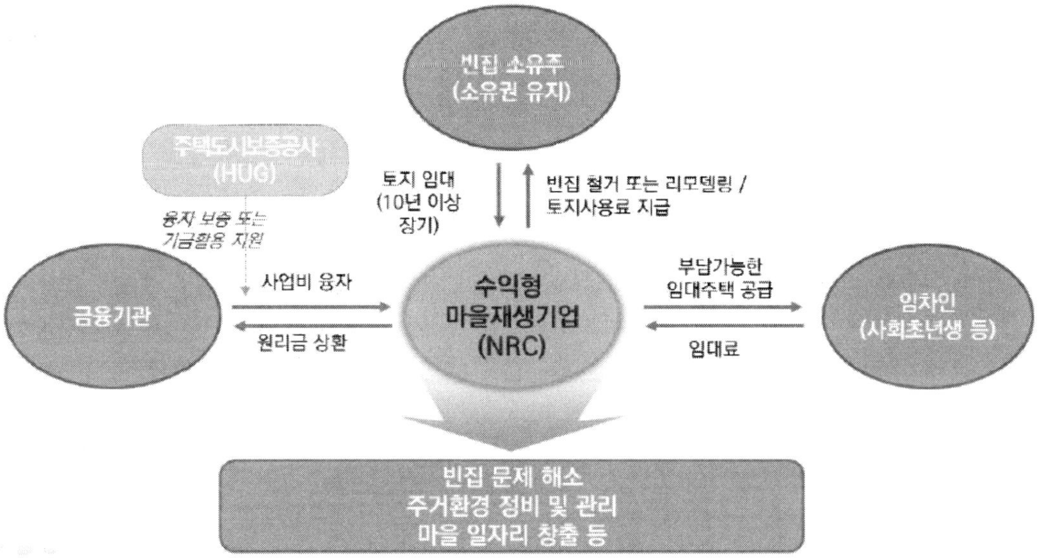

[그림 1-22] 수익형 마을재생기업(NRC)을 활용한 빈집정비사업 구조(안)

자료 : 서울연구원, 마을재생을 위한 서울시 빈집의 실태와 관리방안

[2] 빈집관리 및 활용방안 사례

(1) 인천 미추홀구 빈집은행의 빈집 관리·활용 사례

1. 인천광역시와 미추홀구의 빈집 현황 및 관련 정책
   - 인천광역시에서는 전체 빈집 실태조사를 진행한 결과 미추홀구가 총 1,292호로 전체 10개 구·군의 빈집중에서 29.1%를 차지
   - 미추홀구는 자체적으로 빈집정비 TF를 마련하고 실태조사를 시행
   - 2010년대 초반부터 지역 청년들 중심의 빈집 수리·활용이 이루어짐

- 2016년 '빈집 리모델링 전문가 양성 과정' 교육진행

2. 미추홀도시재생사회적협동조합 설립
   - 2017년 '미추홀도시재생사회적협동조합' 설립, '빈집은행' 상표권 획득
   - 2017년 미추홀구와 LH인천본부, 미추홀도시재생사회적협동조합이 빈집활용에 대한 협약을 체결
   - 2018년 미추홀구와 미추홀도시재생사회적협동조합이 빈집은행 운영에 대한 협약을 체결
3. 미추홀도시재생사회적협동조합의 활동
   - 다양한 지원사업들을 기반으로 공공 유휴공간을 활용하여 '빈집은행' 건물을 조성

사업연도	주관부처	공모사업	지원금
2017	행정안전부	마을공방 육성사업 ('마을공방 빈집은행')	2억 원
2018	행정안전부	지역주도형 청년 일자리사업 ('빈집은행을 통한 창업공간조성사업')	7억 원
2018	중소벤처기업부, 한국과학창의재단	메이커 스페이스 구축·운영 사업 (집수리·가구제작 등 라이프스타일 기반 프로그램)	최대 2.5억 원
2018	고용노동부, 미추홀구	지역맞춤형 일자리창출지원사업 ('빈집 스마트 도시농부')	4.2억 원

자료: 인천광역시 2018; 인천광역시 홈페이지; 한국과학창의재단 2018; 행정자치부 2017 내용을 참고하여 저자 작성.

[그림 1-23] 미추홀구 도시재생협동조합에서 수행한 중앙부처 공모사업

자료 : 국토연구원, 민관협력을 통한 빈집 관리 및 활용 사례 연구 재인용

- 청년활동 공간, 공유사무실, 메이커스페이스, 회의실, 커뮤니티실 등 공간 구성
- 빈집 활용 청년주택 공급, 도시농장 조성 및 관리, 빈집 수리 교육 등을 시행하는 '빈집은행 프로젝트' 진행

[그림 1-24] 인천광역시 미추홀구에 위치한 빈집은행(옛 용현1·4동 주민센터)

자료 : 국토연구원, 민관협력을 통한 빈집 관리 및 활용 시례 연구 제인용

4. 미추홀도시재생사회적협동조합의 주요활동 성과

- 빈집을 활용한 청년 임대주택 공급 : 리모델링 비용을 산정 월세를 고려 그 기간 만큼 무상으로 활용하는 것을 소유자와 협의
- 빈집을 활용한 도시농장(버섯 재배) 조성 및 관리 : 15명의 주민이 교육과정을 이수 총 20호의 빈집을 도시농장으로 리모델링하고 인천 송이향 표고버섯 재배, 지역 장터 등에서 판매
- 빈집 수리·활용 관련 교육진행 : 전기, 단열, 방수처리, 도배 작업 등의 단일 프로그램부터 농막 짓기까지 다양한 주택 건설·수리 관련 교육 진행

[그림 1-25] 빈집은행의 활동모습(빈집수리, 도시농장 조성, 집수리 교육, 해커톤 개최)

자료 : 국토연구원, 민관협력을 통한 빈집 관리 및 활용 사례 연구 재인용

5. 빈집은행의 민관협력 구조의 성과와 한계
   - 미추홀구는 빈집은행의 활동을 제도적·재정적으로 지원하고 빈집은행은 빈집 활용에 대한 아이디어를 창출하고 실현하는 역할을 수행
   - 빈집문제 전반에 대한 논의 없이 단위 사업에 기반 한 민관협력이 이루어지고 있으며, 빈집 관리 및 활용에 대한 역할 분담이나 협력 체계가 명확치 않은 한계
   - 공통된 문제 인식으로 공공과 민간의 역할을 분담, 확실한 협력 체계 마련하고 민간주체가 지역에 밀착하여 주도적 활동을 이어갈 수 있도록 지원이 필요

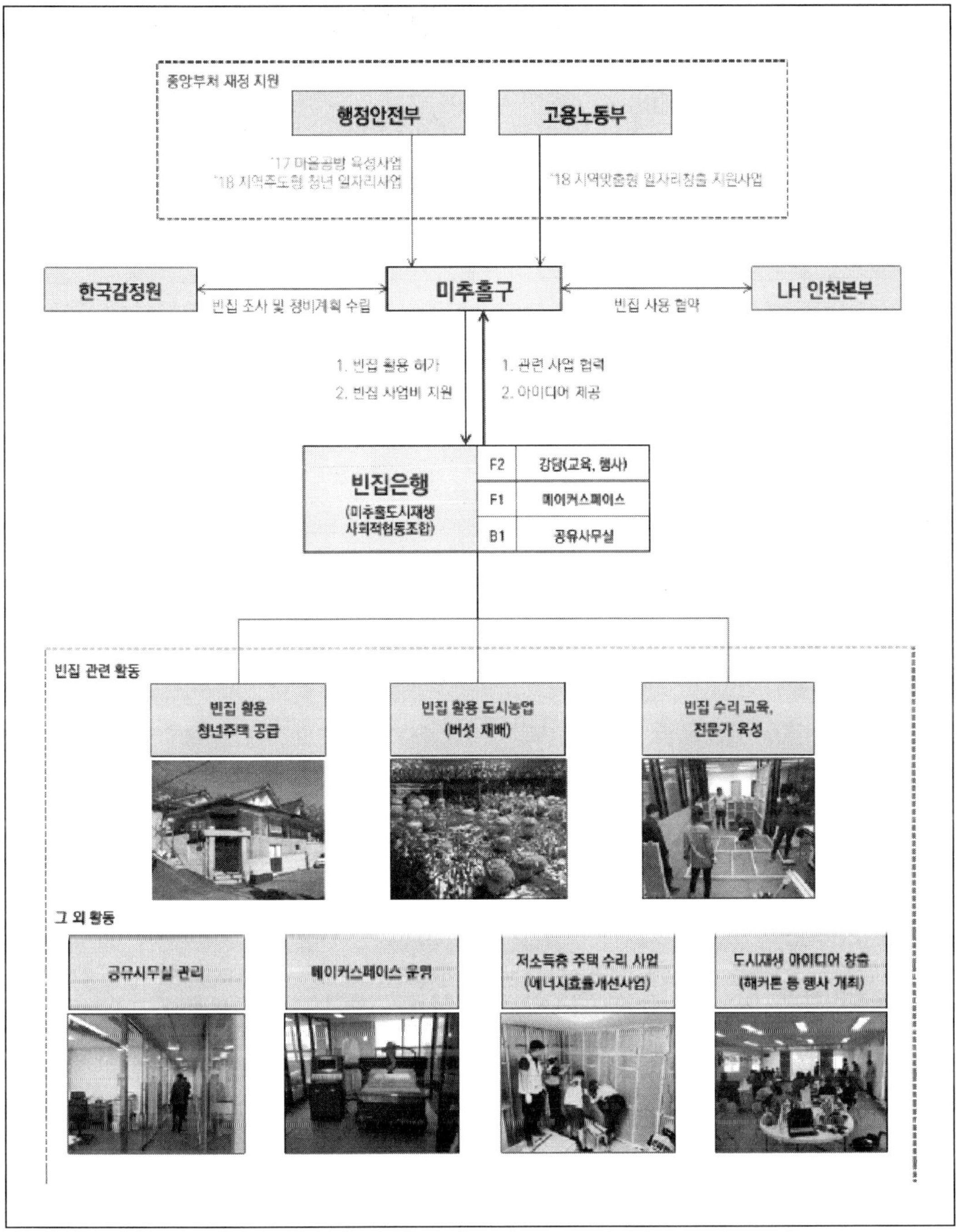

자료: 빈집은행, 인천지방중소기업청 공식블로그의 사진 활용, 저자 작성.

[그림 1-26] 빈집은행의 민관협력 구조

자료 : 국토연구원, 민관협력을 통한 빈집 관리 및 활용 사례 연구 재인용

1-3 빈집정비사업의 전문기관

[1] 한국국토정보공사(LX)

(1) 빈집 실태조사 및 정보시스템 구축·운영 전문기관

1. LX 빈집정보시스템 공가랑5) 운영

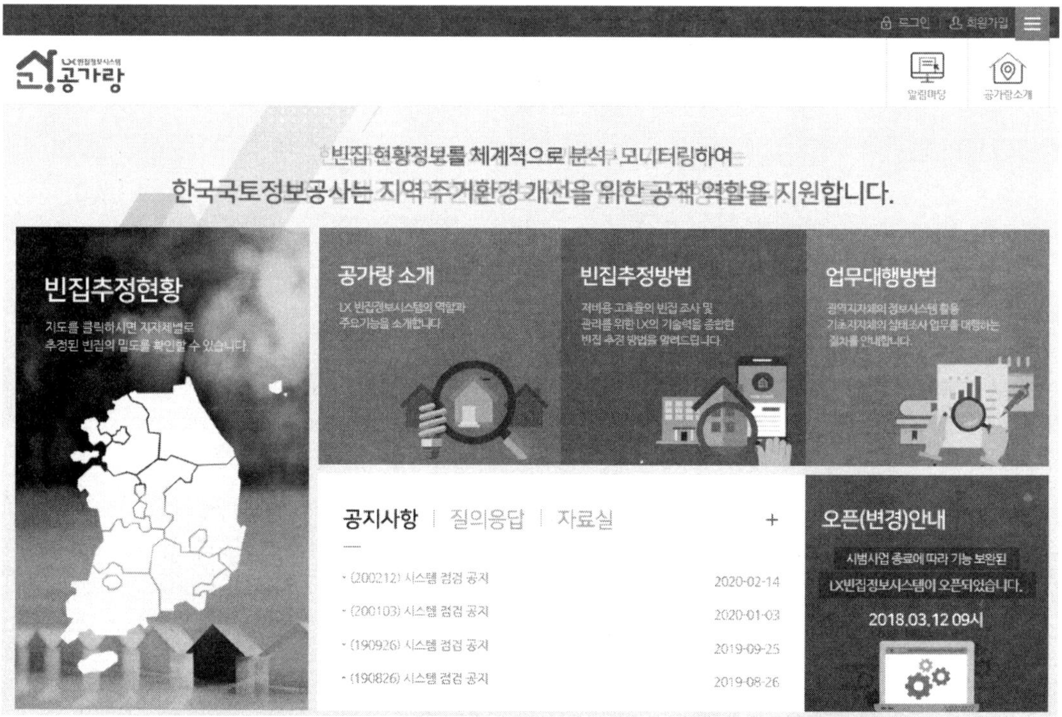

[그림 1-27] LX빈집정보시스템 홈페이지(https://gongga.lx.or.kr)

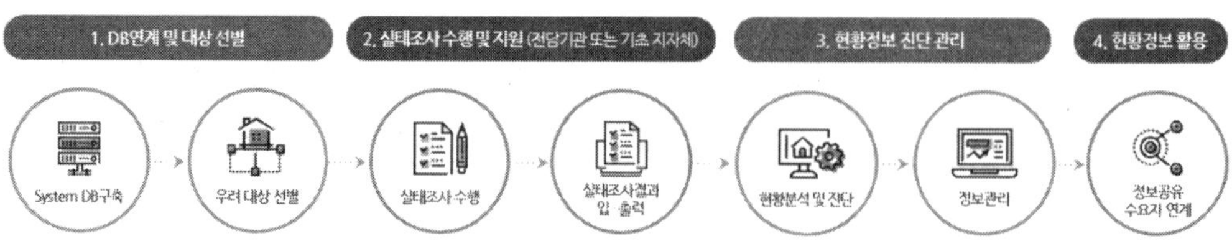

[그림 1-28] 공가랑의 업무프로세스

자료 : LX빈집정보시스템 홈페이지(https://gongga.lx.or.kr)

5) 빈집(空家)에 '공간정보'를 더하여(랑) 지역민이 함께하는 공가(公家)로 개선한다는 의미

2. 공간정보기반의 빈집정보시스템
   - 전국의 모든 주택을 현장 방문하여 소유자면담을 통해 실태를 주기적으로 파악하는 것이 가장 이상적인 조사방법이나 많은 시간과 비용이 소요
   - 미사용(미거주) 가능성이 높은 주택을 추정하여 조사하고, 이를 통해 확정된 빈집의 현황을 체계적으로 관리하기 위하여 공간정보기반의 정보시스템이 필수적으로 요구됨

[그림 1-29] 공간정보기반의 빈집정보시스템의 필요성

자료 : LX빈집정보시스템 홈페이지(https://gongga.lx.or.kr)

3. 국토교통부 고시 「빈집 및 소규모주택 정비사업 정비지원기구」 지정(고시 제2018-395호, '18.6.27)
   - 특례법에서 규정한 전문기관으로서 빈집 실태조사와 현황정보의 관리를 체계적으로 지원

[그림 1-30] 한국국토정보공사(LX)의 주요업무

자료 : LX빈집정보시스템 홈페이지(https://gongga.lx.or.kr)

(2) 빈집 추정방법 및 업무대행방법

1. 빈집 추정방법
   - 사람이 거주하기 위해 최소로 필요한 전력 사용량을 기준으로 빈집 여부를 추정
   - 전기 사용량 정보가 수집된 최종월부터 이전 12개월 기준

- 단독 및 공동주택 대상(주거용 오피스텔 포함)
- 별장, 공공임대, 5년 내 미분양, 무허가 건물, 비주거용 건물 제외

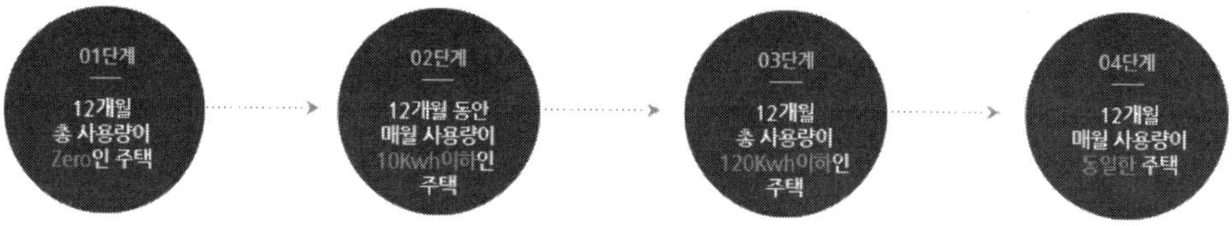

[그림 1-31] 한국국토정보공사(LX)의 빈집 추정방법

자료 : LX빈집정보시스템 홈페이지(https://gongga.lx.or.kr)

2. 업무대행방법

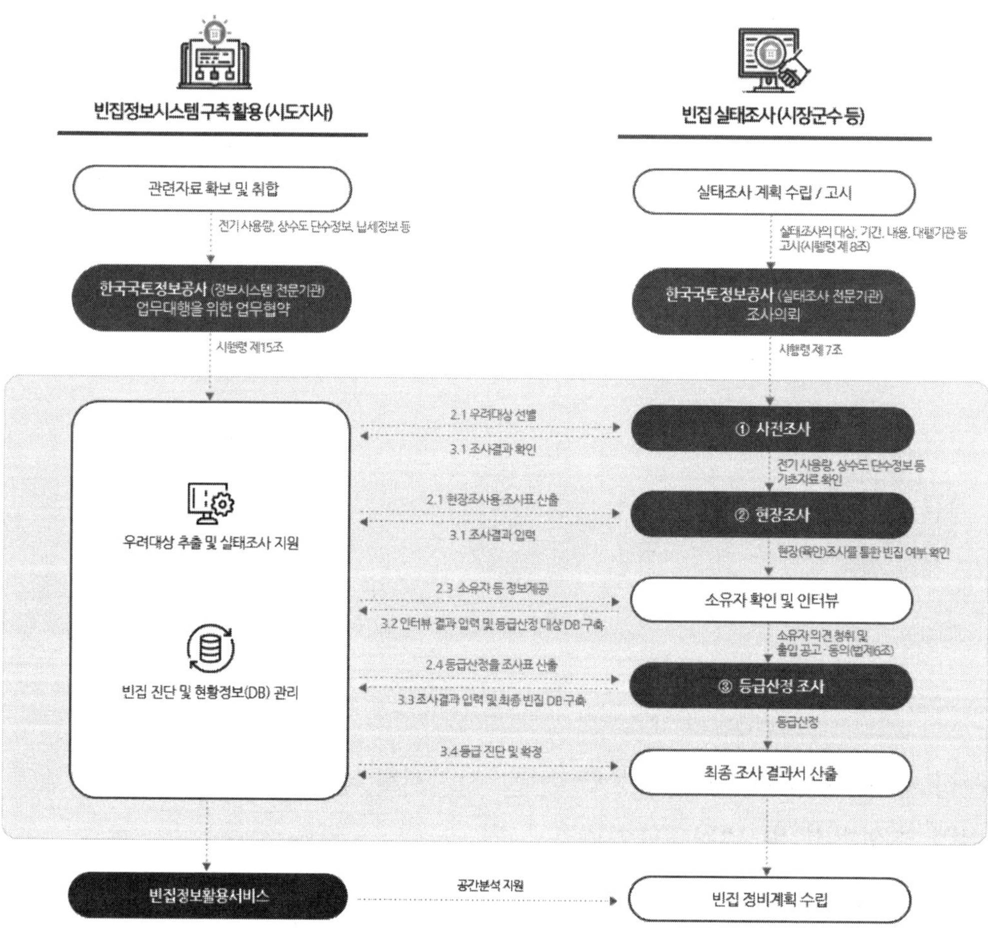

[그림 1-32] 공가랑(LX빈집정보시스템) 업무대행방법

자료 : LX빈집정보시스템 홈페이지(https://gongga.lx.or.kr)

- 광역지자체의 경우 한국국토정보공사와 MOU 체결
- 상수도 정보 등록(상수도사업본부 협의 및 관련정보 수집)
- 지방세 정보등록(지방세 사업단 협의 및 관련정보 수집)
- 광역 내 빈집 추정대상 및 관할 기초 지자체 조사현황 확인

[그림 1-33] 광역지자체 MOU 및 기초지자체 실태조사 FLOW

자료 : LX빈집정보시스템 홈페이지(https://gongga.lx.or.kr)

[2] 한국감정원

(1) 빈집 정보체계구축 및 실태조사, 빈집 정비계획 수립 전문기관

1. 빈집정보체계 구축 전문기관
   - 국토교통부 고시 「빈집 및 소규모주택 정비사업 정비지원기구」 지정(고시 제2018-157호, '18.3.20)
   - 「빈집 및 소규모주택 정비에 관한 특례법」 시행령 제15조에 따른 전문기관

- 한국감정원의 전기에너지DB와 지자체 상수도DB를 기초로 빈집을 추정하여 ICT 기반의 실태조사체계를 지원하기 위한 시스템 구축 대행

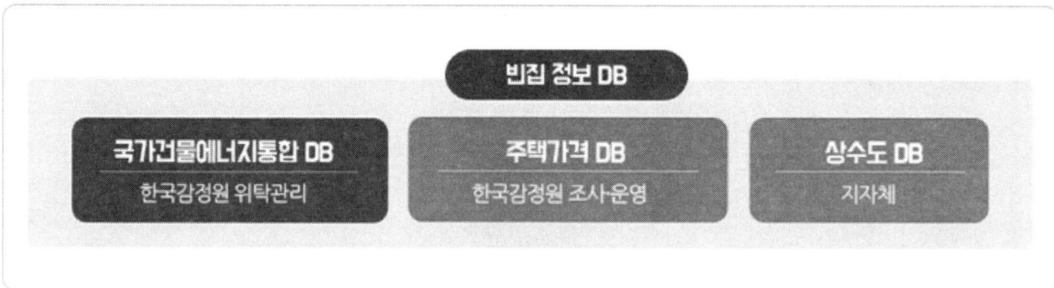

[그림 1-34] GIS기반의 공간정보와 감정원의 가격정보 등 다양한 부동산 DB 연동

[그림 1-35] 한국감정원 빈집정보시스템

2. 빈집실태조사 전문기관

- 「빈집 및 소규모주택 정비에 관한 특례법」 시행령 제7조에 따른 대행기관
- 빈집으로 추정되는 주택의 물리적·권리적 현황, 소유자 의견 등을 조하하여 빈집 확인 및 등급산정
- 조사내용

(사전조사) 1년 이상 거주 또는 사용하지 않은 것으로 확인되는 빈집을 선별하는 조사로 빈집정보시스템으로 자동 추출
(빈집확인조사) 조사자가 현장 방문하여 추정된 빈집을 관찰 및 소유자 면담 등을 통해 빈집여부 확인하는 조사
(등급산정조사) 확인된 빈집의 상태 및 위해 수준 등을 조사하여 빈집의 등급을 산정하는 조사
(소유자 의견조사) 소유자와 면담을 통해 빈집여부, 미사용 기간, 빈집발생원인, 공공사업 참여, 빈집 정보 공개 동의여부 등 조사

[그림 1-36] 빈집실태조사절차

3. 빈집정비계획 수립 지원기관

- 「빈집 및 소규모주택 정비에 관한 특례법」 시행규칙 제12조에 따른 지원기관
- 실태조사 결과를 토대로 빈집 소유자, 이해관계자 등의 상호협력을 바탕으로 빈집정비계획 수립
- 도시·군기본계획, 지구단위계획 등 상위 계획과 연계 및 시·군·구 도시계획위원회 심의 진행

〈표 1-6〉 빈집정비계획의 내용

업무구분	세부내용
계획의 개요	빈집정비계획의 목표
현황분석	대상구역의 인구, 기업, 빈집현황 대상구역의 위치도, 현황도
계획의 기본구상	기본구상도, 빈집밀집구역
빈집정비사업의 시행계획	빈집 철거계획, 안전조치 및 관리계획, 매입계획, 정비기반시설 등의 설치계획, 임대주택의 건설 및 공급계획 등 활용계획
재원조달계획	사업시행의 시급성, 주변지역에 미치는 파급효과 등을 고려하여 재원조달 계획과 연차별 집행계획 수립
예산지원계획	사회적기업, 협동조합, 공익법인이 시행하는 빈집정비사업 비용, 임대주택 공급비용, 정비기반시설 및 공동이용시설 설치비용 등

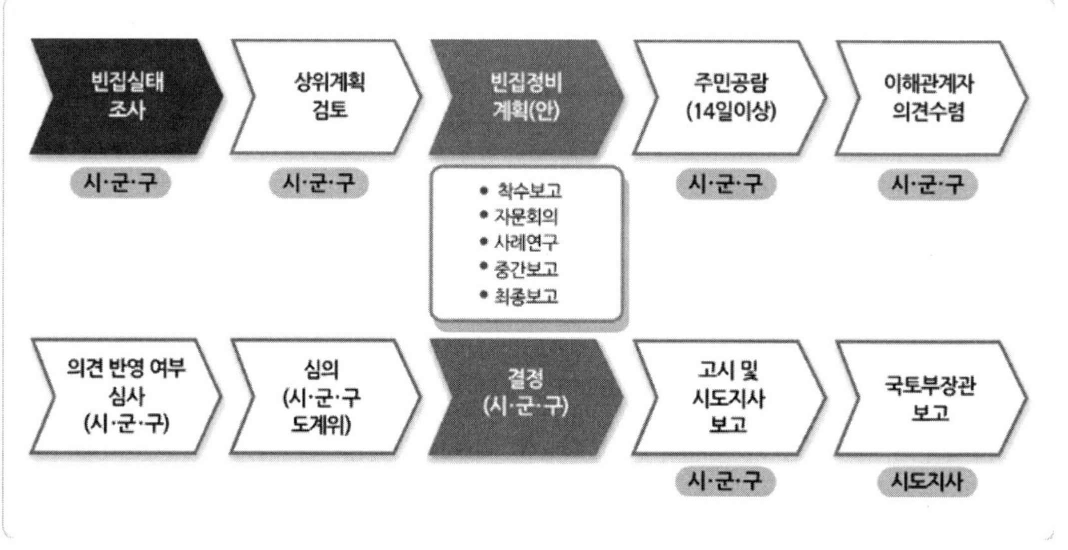

[그림 1-37] 빈집정비계획 수립절차

(2) 한국감정원의 빈집정비사업 및 빈집활용 사례

(1단계) 빈집추정 : 빈집추정 DB를 활용하여 지자체별 빈집물량 산출
(2단계) 실태조사 지원체계 : 시스템을 통해 빈집기초정보 및 실태조사목록 자동추출, 모바일 현장조사앱을 통한 효율적인 실태조사 지원
(3단계) 정비계획 현황 : 빈집정비계획 수립현황 모니터링 및 관련 자료 열람
(4단계) 빈집활용 : 빈집은행 구축, 통계표 제공, 빈집활용사업모델 발굴 지원

1. 빈집정보사업 개요

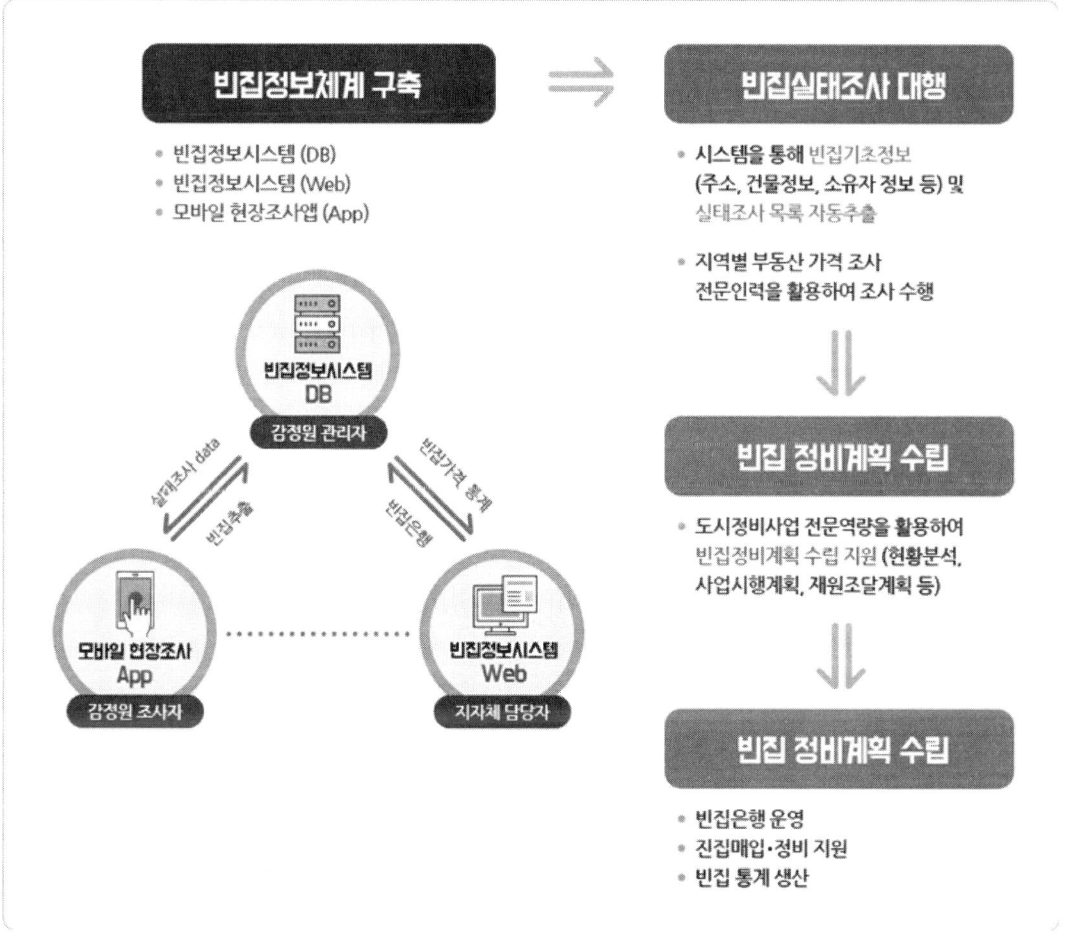

[그림 1-38] 한국간정원 빈집정비사업 시업개요

출처 : 한국감정원 http://www.kab.co.kr)

2. 빈집은행

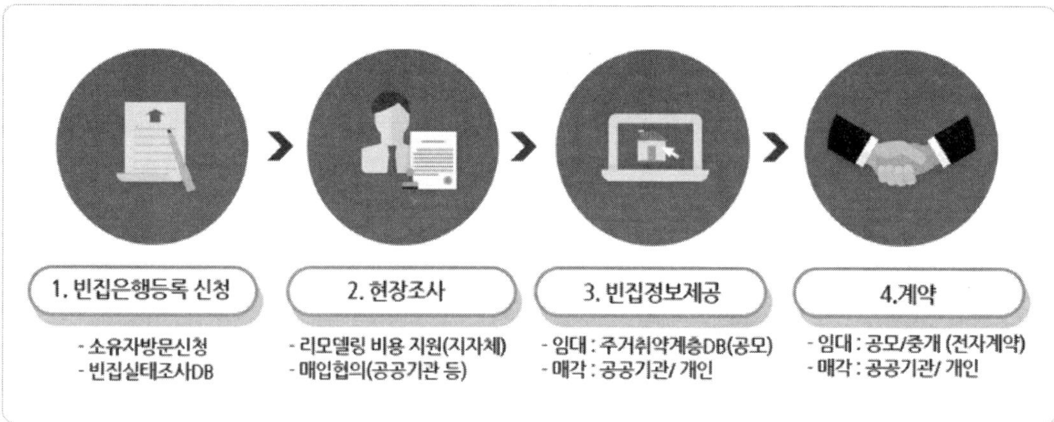

[그림 1-39] 빈집은행등록 절차

3. 빈집플랫폼

– 빈집 공급 소유자를 모집하여 빈집정보은행을 구축하고 빈집 수요자에게 빈집 이용 솔루션(사업성 분석 등)을 통해 최유효 활용방안을 제공하는 플랫폼

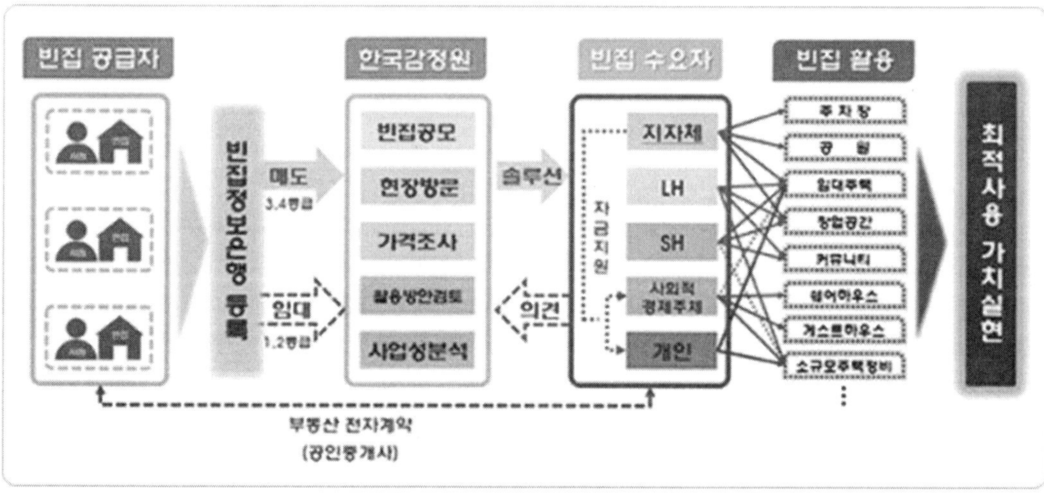

[그림 1-40] 빈집플랫폼 개념

– 빈집통계 제공 및 빈집 소유자와 수요자를 매개하여 최적의 활용방안을 제시하는 개방형 시스템

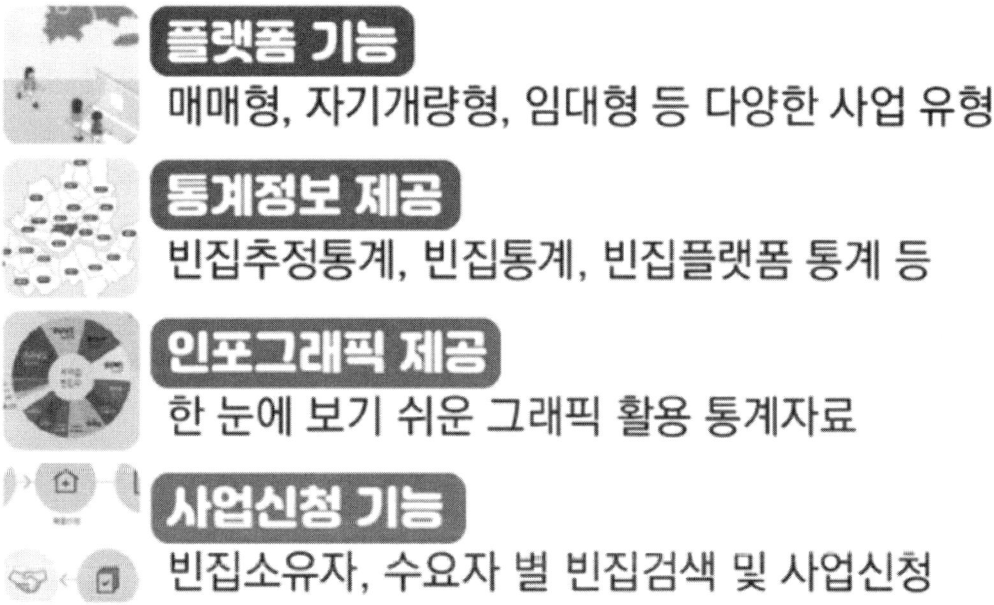

[그림 1-41] 빈집플랫폼의 기능

[3] 한국토지주택공사(LH)

(1) 빈집정비사업 실태조사 전문기관

1. 국토교통부 고시「정비사업 지원기구 업무 대행기관」및「빈집 및 소규모 정비지원 기구」지정 (고시 제2018-703호, '18.11.20)
   - 「빈집 및 소규모주택 정비에 관한 특례법」제4조에 따른 빈집정비계획의 수립 지원
   - 빈집정비사업 및 소규모주택정비사업의 정책 지원, 상담 및 교육 지원
   - 빈집정비사업 및 소규모주택정비사업의 사업시행계획 및 관리처분계획의 수립 지원
   - 빈집정비사업 및 소규모주택정비사업 제도에 관한 조사·연구
   - 빈집정비사업의 시행을 위한 빈집의 현황 관리
   - 빈집정비사업 및 소규모주택정비사업의 타당성 평가

(2) LH 빈집밀집구역 정비사업

1. LH 빈집 밀집구역 정비사업 개요
   - 빈집이 밀집된 구역에서 연접노후주택 등을 결합하여 소규모주택정비사업을 통한 공동주택 및 개방형커뮤니티와 공공임대상가 등 지역 활성화 시설공급

[그림 1-42] 빈집밀집구역 정비사업 개요

2. 사업구조
   - 주민은 주민대표기구 등을 구성하여 종전자산을 현물출자 또는 매각하고, LH는 공공시행자로 총괄사업관리 등 담당

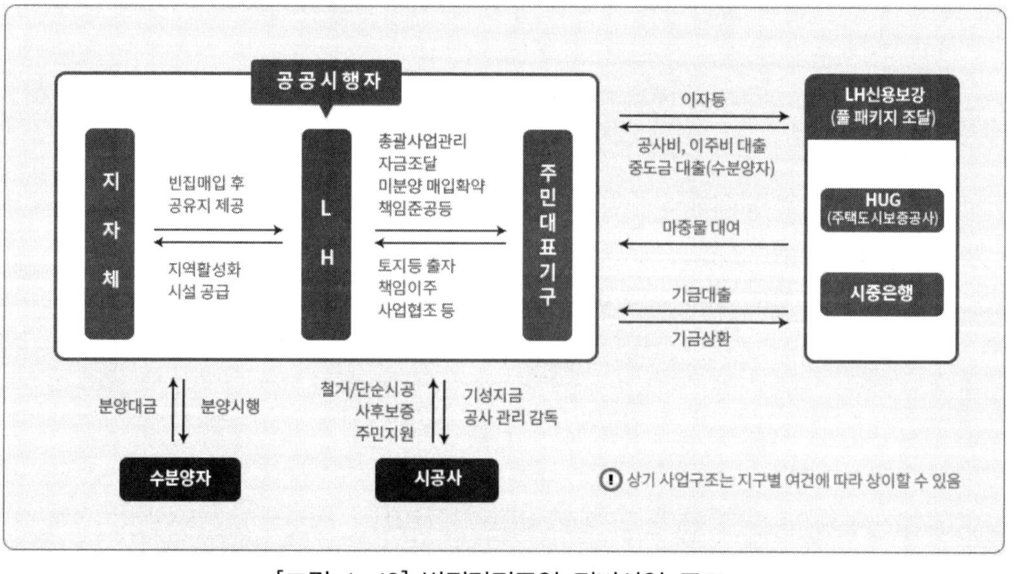

[그림 1-43] 빈집밀집구역 정비사업 구조

3. 공공시행자 지정요건

– 사업시행구역의 국유지, 공유지 및 LH 소유의 토지 면적이 1/2이상이고, 토지등 소유자 과반수가 사업시행자로 지정하는 것에 동의하는 경우

– 토지면적의 1/2이상의 토지소유자와 토지등소유자 2/3이상에 해당하는자가 사업 시행자로 지정 할 것을 요청한 경우

4. LH 빈집밀집구역 정비사업 장점과 사업참여자별 역할

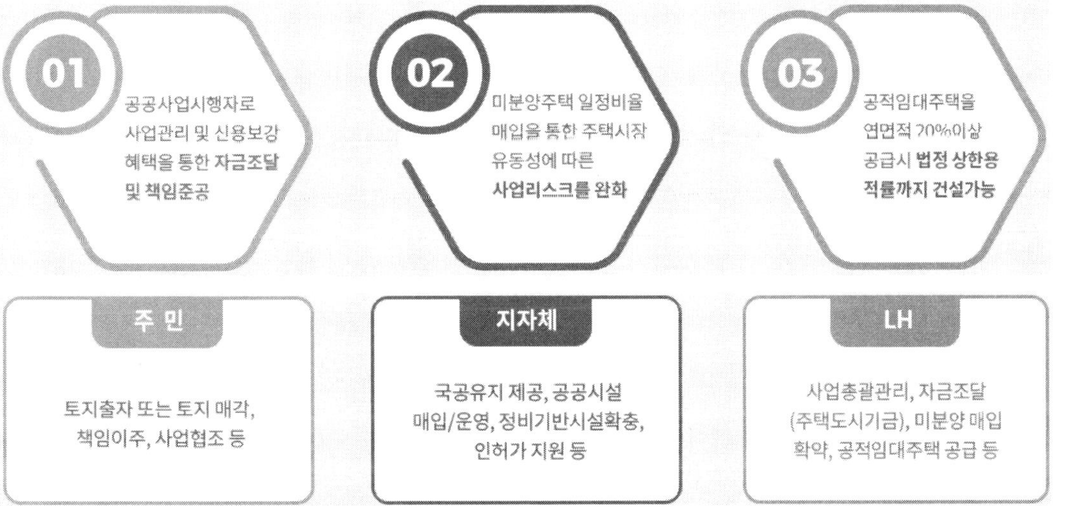

[그림 1-44] 빈집밀집구역 정비사업 장점과 사업참여자별 역할

5. LH 빈집밀집구역 정비사업 사업효과

– 사업시행으로 건설한 공적임대주택을 순환형 이주주택 등으로 공급하여 주거지 재생사업을 촉진할 수 있는 거점개발 공간으로 활용 가능

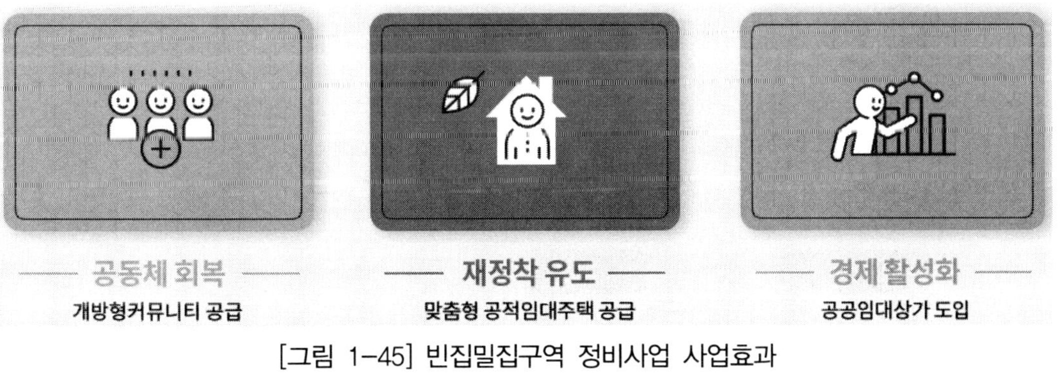

[그림 1-45] 빈집밀집구역 정비사업 사업효과

실무 Tip

한국감정원공식블로그(https://blog.naver.com/kabblog)

Chapter 2

소규모주택정비사업의 이해

2-1 소규모주택정비사업이란

2-2 도시재생 뉴딜사업과 소규모주택정비

2-1 소규모주택정비사업이란

[1] 소규모주택정비사업의 개념

(1) 소규모주택정비사업의 정의

1. 「빈집 및 소규모주택 정비에 관한 특례법」에서의 정의
   - 소규모주택정비사업이란 노후·불량건축물이 밀집한 지역 또는 가로구역(街路區域)에서 주택 등 건축물을 개량 또는 건설, 소규모로 주거환경을 개선하거나 공동주택을 재건축하기 위한 사업

[그림 2-1] 노후·불량건축물 밀집구역

2. 노후·불량건축물의 범위
   - 건축물이 훼손되거나 일부가 멸실되어 붕괴, 그 밖의 안전사고의 우려가 있는 건축물
   - 내진성능이 확보되지 아니한 건축물 중 중대한 기능적 결함 또는 부실 설계·시공으로 구조적 결함 등이 있는 건축물로서 급수·배수·오수 설비 등의 설비 또는 지붕·외벽 등 마감의 노후화나 손상으로 그 기능을 유지하기 곤란할 것으로 우려되

는 건축물과 안전진단기관이 실시한 안전진단 결과 건축물의 내구성·내하력(耐荷力) 등이 기준에 미치지 못할 것으로 예상되어 구조 안전의 확보가 곤란할 것으로 우려되는 건축물

- 주변 토지의 이용 상황 등에 비추어 주거환경이 불량한 곳에 위치하고 건축물을 철거하고 새로운 건축물을 건설하는 경우 건설에 드는 비용과 비교하여 효용의 현저한 증가가 예상되는 건축물로서 특별시·광역시·특별자치시·도·특별자치도 또는 「지방자치법」 제175조에 따른 서울특별시·광역시 및 특별자치시를 제외한 인구 50만 이상 대도시의 조례로 정하는 건축물
- 도시미관을 저해하거나 노후화된 건축물로서 시·도조례로 정하는 건축물

〈표 2-1〉 노후·불량건축물 기준

자치법규	구분	구조	기준
서울특별시 도시 및 주거환경정비조례	공동주택	철근콘크리트·철골콘크리트·철골철근콘크리트 및 강구조인 공동주택	준공년도에 따라 20년~30년[6]
		이외의 공동주택	20년
	공동주택 이외의 건축물	철근콘크리트·철골콘크리트·철골철근콘크리트 및 강구조 건축물 (단독주택 제외)	30년
		이외의 건축물	20년
부산광역시 도시 및 주거환경정비 조례	공동주택	1995년 1월 1일 이후 준공된 건축물은	30년
		1991년 1월 1일부터 1994년 12월 31일까지 준공된 건축물	25년+(준공연도-1990)
		1990년 12월 31일 이전에 준공된 건축물	25년
	공동주택 이외의 건축물	철근콘크리트·철골콘크리트·철골철근콘크리트 및 강구조 건축물	30년
		이외의 건축물	25년

(2) 소규모주택정비사업의 종류

1. 자율주택정비사업
   - 단독주택, 다세대주택 및 연립주택을 스스로 개량 또는 건설하기 위한 사업

6) 서울특별시 도시 및 주거환경정비 조례 [별표 1] 철근콘크리트·철골콘크리트·철골철근콘크리트 및 강구조 공동주택의 노후·불량건축물 기준 참조

2. 가로주택정비사업
   - 가로구역에서 종전의 가로를 유지하면서 소규모로 주거환경을 개선하기 위한 사업
3. 소규모재건축사업
   - 정비기반시설이 양호한 지역에서 소규모로 공동주택을 재건축하기 위한 사업

(3) 소규모주택정비사업의 대상 지역

1. 자율주택정비사업

〈표 2-2〉 자율주택정비사업의 대상지역

대상지역	해당법령
도시활력증진지역 개발사업의 시행구역	「국가균형발전 특별법」
지구단위계획구역	「국토의 계획 및 이용에 관한 법률」
정비예정구역·정비구역이 해제된 지역	「도시 및 주거환경정비법」
주거환경개선사업의 정비구역	
도시재생활성화지역	「도시재생 활성화 및 지원에 관한 특별법」
시·도조례로 정하는 지역	특별시·광역시·특별자치시·도·특별자치도
인구 50만 이상 대도시의 조례로 정하는 지역	「지방자치법」

- 노후·불량건축물의 수가 해당 사업시행구역의 전체 건축물 수의 3분의 2 이상일 것
- 해당 사업시행구역 내 기존 주택의 호수(戶數) 또는 세대수가 기준 미만일 것.

〈표 2-3〉 자율주택정비사업의 기존주택 호수[7)]

구분	주택호수 또는 세대수
단독주택	10호
연립주택 + 다세대주택	20세대
단독주택 + 연립주택	20채
단독주택 + 다세대주택	
단독주택 + 연립주택 + 다세대주택	

7) 지역 여건 등을 고려하여 해당 기준의 1.8배 이하의 범위에서 시·도조례로 그 기준을 달리 정함

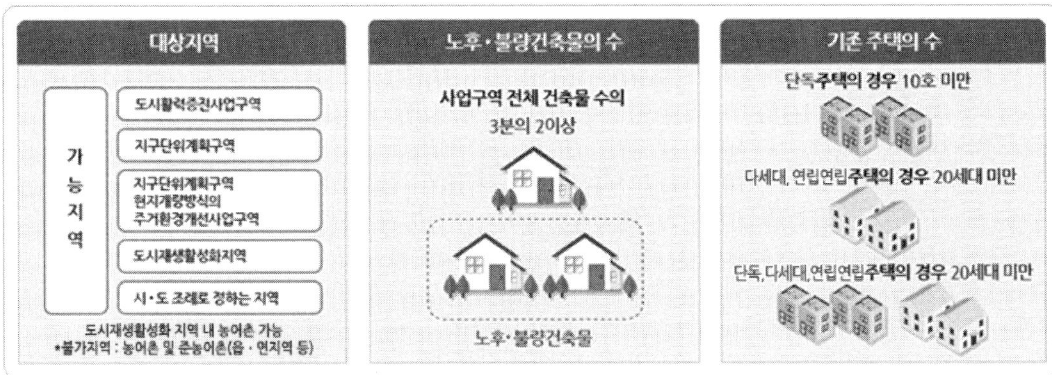

[그림 2-2] 자율주택정비사업 사업요건

자료 : 한국감정원 홈페이지(http://www.kab.co.kr)

– 해당 사업시행구역에 나대지(裸垈地)를 포함하려는 경우에는 그 면적은 사업시행구역 전체 토지 면적의 2분의 1 이내일 것

진입도로 등 정비기반시설의 설치에 필요한 나대지

노후·불량건축물의 철거로 발생한 나대지

빈집의 철거로 발생한 나대지

지형여건 · 주변환경을 고려할 때 사업 시행 상 불가피하게 포함되는 나대지로서 시 · 도조례로 정하는 기준을 충족하는 나대지

[그림 2-3] 자율주택정비사업에 포함 가능한 나대지

2. 가로주택정비사업

〈표 2-4〉 가로주택정비사업의 요건

내용	요건	
해당 사업시행구역의 면적	1만제곱미터 미만	
노후·불량건축물의 수	사업시행구역 전체 건축물 수의 3분의 2 이상	
기존주택의 호수 또는 세대수	단독주택	10호
	공동주택	20세
	단독주택 + 공동주택	20채[8]

– 가로구역의 전부 또는 일부에서 시행

〈표 2-5〉 가로주택정비사업의 사업시행구역면적 2만제곱미터 확대요건

내용	요건
시장·군수 또는 토지주택공사 등	공동 또는 단독 시행
공공임대주택 연면적의 비율	신축 건축물의 전체 연면적 대비 10퍼센트 이상
공공임대주택 세대수의 비율	신축 주택의 전체 세대수 대비 10퍼센트 이상
지구단위계획구역 지정 및 변경	토지등소유자의 토지 면적 3분의 2 이상 동의
	지방도시계획위원회 심의

3. 소규모재건축사업

〈표 2-6〉 소규모재건축사업 대상지역

대상지역	관계법령 및 기준
주택단지	「주택법」에 사업계획승인을 받아 주택 및 부대시설·복리시설을 건설한 일단의 토지
도시·군계획시설인 도로나 그 밖에 이와 유사한 시설로 분리되어 따로 관리되고 있는 각각의 토지	
토지 둘 이상이 공동으로 관리되고 있는 경우 그 전체 토지	
분할된 토지 또는 분할되어 나가는 토지	「도시 및 주거환경정비법」에 따라 재건축사업사업에서 토지분할의 대상이 되는 토지
아파트 또는 연립주택을 건설한 일단의 토지	「건축법」에 따라 건축허가를 받아 건설한 토지

〈표 2-7〉 소규모재건축사업의 요건

내용	요건
해당 사업시행구역의 면적	1만제곱미터 미만
노후·불량건축물의 수	사업시행구역 전체 건축물 수의 3분의 2 이상
기존주택의 세대수	200세대 미만

8) 기존주택 중 단독주택이 10호 이상인 경우에는 기존주택의 총합이 20채 미만인 경우에도 20채로 봄

(3) 가로구역의 요건

1. 가로구역의 충족 요건

〈표 2-8〉 가로구역의 요건

충족요건	세부내용
도로 및 시설로 둘러싸인 일단(一團)의 지역	도시·군계획시설인 도로 및 신설·변경에 관한 지형도면의 고시가 된 도로
	「건축법」에 따른 도로로서 너비 6미터 이상의 도로
	「사도법」에 따라 개설되었거나 신설·변경에 관한 고시가 된 도로 (주거지역·상업지역 또는 공업지역에서의 도로로 한정)
	「국토의 계획 및 이용에 관한 법률」, 「사도법」, 그 밖의 관계 법령에 따라 너비 6미터 이상의 도로를 신설·변경할 수 있는 계획을 제출한 경우 그 계획에 따른 예정도로
	공용주차장, 광장, 공원, 녹지, 공공공지, 하천
가로구역의 면적	1만제곱미터 미만
	지역여건 등을 고려하여 시·도조례로 기준 면적을 달리 정하는 경우 : 1만3천제곱미터
	사업시행자가 사업시행계획서를 작성하기 전에 사업시행에 따른 정비기반시설 및 공동이용시설의 적정성 여부에 대하여 지방도시계획위원회의 심의를 거친 경우 : 2만제곱미터
통과도로	「국토의 계획 및 이용에 관한 법률」에 따른 도시·군계획시설인 도로(신설·변경에 관한 지형도면의 고시가 된 도로 포함)로서 폭이 4미터를 초과하는 도로가 해당 가로구역을 통과하지 않을 것

실무 Tip

「부산광역시 빈집 및 소규모주택 정비조례」〈신설 2020. 2. 6.〉

① 영 제3조제2항제2호가목에 따라 "시·도 조례로 달리 정하는 기준면적"은 1만3천제곱미터로 한다.
부산광역시의 경우 전국에서 가장 먼저 빈집 및 소규모주택 정비조례가 제정 시행되었으며 가로주택정비사업 등 소규모주택정비사업의 활성화를 위하여 최근 가로구역의 면적을 1만3천제곱미터로 확대하여 시행중임

[2] 소규모주택정비사업의 연혁

(1) 「도시 및 주거환경정비법」에서의 소규모주택정비사업

1. 가로주택정비사업의 등장과 변천

〈표 2-9〉 가로주택정비사업의 최초 규정

구분	개정	시행	주요내용
「도시 및 주거환경정비법」	2012. 2. 1.	2012. 8. 2.	가로주택정비사업이란 노후·불량건축물이 밀집한 가로구역에서 종전의 가로를 유지하면서 소규모로 주거환경을 개선하기 위하여 시행하는 사업
「도시 및 주거환경정비법」 시행령	2012. 7. 31.	2012. 8. 2.	가로구역의 요건은 도로(도시·군계획시설로 설치된 도로)로 둘러싸인 일단(一團)의 지역(해당 지역의 일부가 광장, 공원, 녹지, 하천, 공공공지 및 공용주차장 등에 접한 경우에는 해당 시설을 도로로 본다)
			가로주택정비사업으로 건설하는 건축물의 층수를 7층 이하로 규정

〈표 2-10〉 가로주택정비사업의 변천과정

구분	개정	시행	주요내용
「도시 및 주거환경정비법」 시행령	2015. 1. 28.	2015. 5. 29.	가로주택정비사업으로 건설하는 건축물의 층수를 제2종일반주거지역인 경우 15층 이하의 범위에서 가로구역의 규모와 도로 너비 등을 고려하여 시·도 조례로 층수제한 및 산정방법을 정하여 적용
「도시 및 주거환경정비법」 시행령	2016. 7. 28.	2016. 7. 28	가로구역의 요건은 도시계획도로(도시·군계획시설로 설치되었거나 신설·변경에 관한 고시가 된 도로)로 둘러싸인 일단(一團)의 지역 (해당 지역의 일부가 광장, 공원, 녹지, 하천, 공공공지, 공용주차장 및 너비 6미터 이상의 도로(「건축법」 에 따른 도로)에 접한 경우에는 해당 시설을 도시계획도로로 봄)

(2) 「빈집 및 소규모주택 정비에 관한 특례법」에서의 소규모주택정비사업

1. 「빈집 및 소규모주택 정비에 관한 특례법」의 제정
   - 2017. 2. 8. 제정하고 2018. 2. 9. 시행
   - 소규모주택 정비를 활성화하기 위하여 필요한 사항 및 특례를 규정함으로써 주거생활의 질을 높이는데 이바지함을 목적으로 제정
   - 소규모주택정비사업의 정의와 종류를 규정함
   - 「도시 및 주거환경정비법」의 주요내용을 준용함
   - 사업시행계획에 관리처분계획을 포함시킴으로써 사업시행절차를 간소화
2. 「빈집 및 소규모주택 정비에 관한 특례법」의 개정
   - 2018. 3. 13. 개정(2018. 6. 4. 시행)을 통해 소규모재건축사업의 주택단지 외의 토지 또는 건축물을 포함하는 기준과 편입면적을 정함
   - 2019. 4. 23. 개정(2019. 10. 24. 시행)을 통해 정비기반시설 및 공동이용시설 설치에 따른 용적률 인센티브 적용, 임대주택 건설에 따른 특례규정을 완화 및 구체화
   - 2019. 8. 20. 개정(2019. 11. 21. 시행)을 통해 토지등소유자의 동의자 수 산정방법 및 절차, 사업시행계획인가의 공람 및 의견제출 방법 등을 명시함

실무 Tip

「빈집 및 소규모주택 정비에 관한 특례법」 시행령 2020년 개정 계획 주요내용

- 가로주택정비사업 사업시행구역 면적 확대
  LH 등 공기업이 참여하고, 공공임대주택 10% 이상 공급, 지구단위계획수립 등 공공성 요건 충족 시 사업시행구역 확대(1만m^2→2만m^2)
- 투기과열지구 대상 가로구역 면적 제한규정 삭제
  공공성을 확보한 경우, 사업시행구역 확대(1만→2만m^2) 적용을 위해서는 가로구역 확대가 전제되어야 하므로 투기과열지구도 가로구역 면적 확대 허용
- 지구단위계획 수립·변경 관련 조항 추가
  1만m^2 이상의 사업시행구역에 대한 공공성 확보 요건으로 지구단위계획 수립·변경이 필요함에 따라 동의 요건 등 관련 조항 신설

〈표 2-11〉 소규모주택 정비사업의 주요개정 내용

구분	개정	시행	주요내용
「빈집 및 소규모주택 정비에 관한 특례법」 시행규칙	2018. 2. 9.	2018. 2. 9.	가로구역의 면적 1만제곱미터 미만
「빈집 및 소규모주택 정비에 관한 특례법」 시행령	2018. 6. 12.	2018. 6. 14.	재산 또는 권리의 평가에 관하여 가로주택정비사업 도는 소규모재건축사업은 시장·군수등이 선정·계약한 1인 이상의 감정평가업자와 조합총회의 의결로 선정·계약한 1인 이상의 감정평가업자가 평가한 금액을 산술평균하여 산정
			소규모재건축으로 편입할 수 있는 토지 또는 건축물은 주택단지 면적의 100분의 20 미만
「빈집 및 소규모주택 정비에 관한 특례법」 시행령	2018. 12. 31.	2018. 12. 31.	사업시행구역이 가로주택정비사업을 시행하는 가로구역일 경우 가로구역 요건을 충족하는지 여부에 관한 사항을 건축심의에 포함
「빈집 및 소규모주택 정비에 관한 특례법」 시행령	2019. 10. 22.	2019. 10. 24.	가로구역의 면적은 1만제곱미터 미만일 것 시·도조례로 1만3천제곱미터까지 완화 사업시행에 따른 정비기반시설 및 공동이용시설의 적정성 여부에 대하여 지방도시계획위원회의 심의를 거친 경우는 2만제곱미터까지 완화
			정비기반시설을 설치하는 경우 해당지역 용적률의 200퍼센트 이하의범위에서 시·도조례가 정하는 바에 따라 산정
			공동이용시설, 공동시설을 설치하는 경우 해당지역에 적용되는 용적률에 해당 시설의 용적률을 더한 범위에서 시·도조례가 정하는 바에 따라 산정

실무 Tip

- 「빈집 및 소규모주택 정비에 관한 특례법」 개정(안) 궁금하다면 의안정보시스템

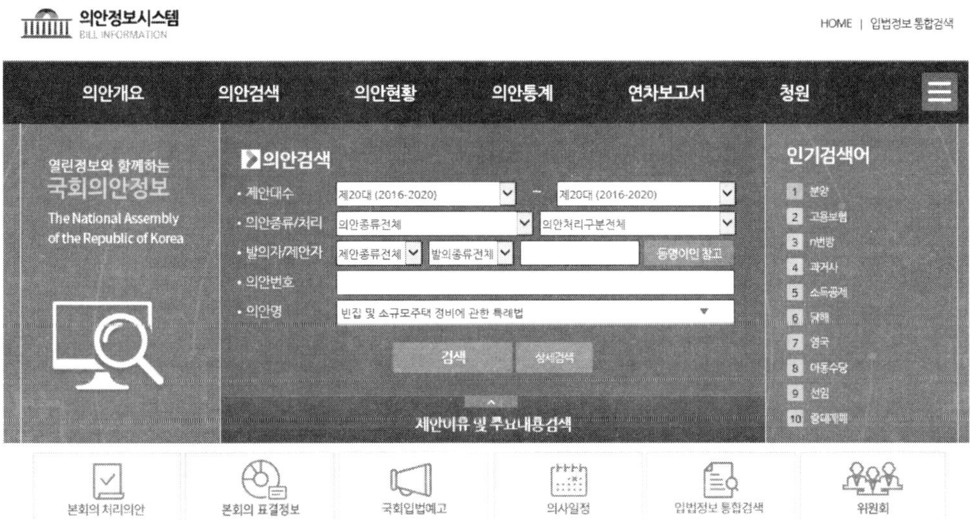

- 시행령과 시행규칙 개정령(안)의 입법예고가 궁금하다면 국민참여입법센터

2-2 도시재생 뉴딜사업과 소규모주택정비

[1] 도시재생의 추진방향

(1) 도시재생이란

1. 인구의 감소, 산업구조의 변화, 도시의 무분별한 확장, 주거환경의 노후화 등으로 쇠퇴하는 도시를 지역역량의 강화, 새로운 기능의 도입·창출 및 지역자원의 활용을 통하여 경제적·사회적·물리적·환경적으로 활성화시키는 것
   - 도시재생 활성화 및 지원에 관한 특별법(2013. 6. 4. 제정, 2013. 12. 5. 시행)
   - 도시재생 대상지역은 인구감소, 사업체 수 감소, 생활환경 악화와 관련된 5개 법정지표를 기준으로 선정

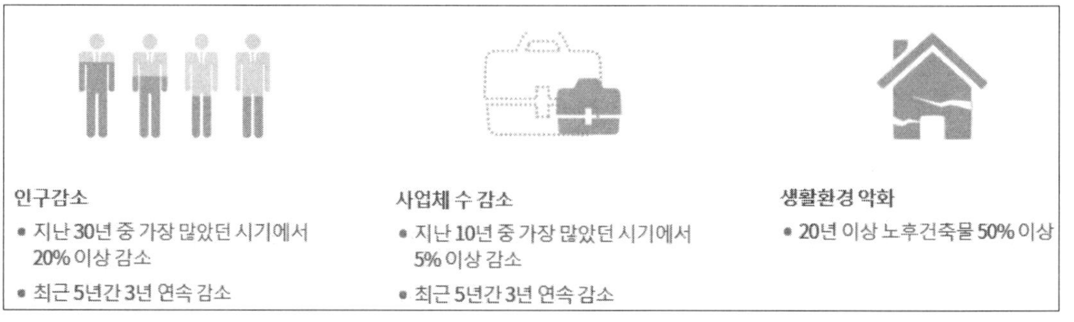

[그림 2-4] 도시쇠퇴지표 기준

자료 : 도시재생종합정보체계 홈페이지(https://www.city.go.kr)

2. 도시재생 추진절차
   - 국가도시재생기본방침의 수립
   - 도시재생전략계획의 수립
   - 도시재생활성화계획의 수립
   - 도시재생특별위원회, 실무위원회, 지방도시재생위원회 설치
   - 전담조직, 도시재생지원기구, 도시재생지원센터의 설치
   - 「빈집 및 소규모주택 정비에 관한 특례법」에 따른 빈집정비사업 및 소규모주택정비사업은 지방위원회의 심의를 거쳐 도시재생사업으로 인정 가능

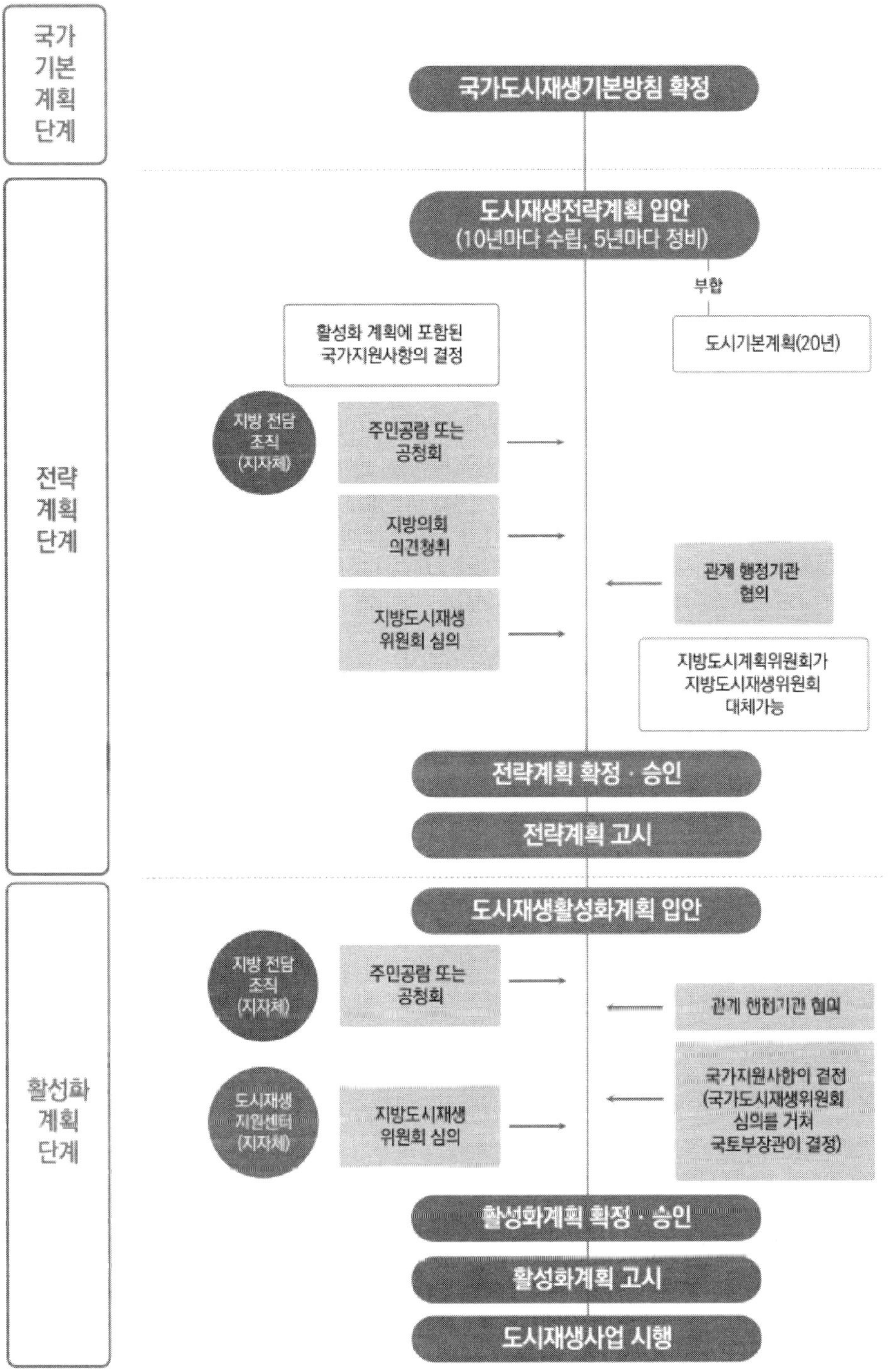

[그림 2-5] 도시재생 추진절차

자료 : 도시재생종합정보체계 홈페이지(https://www.city.go.kr)

(2) 국가도시재생기본방침

1. 도시재생을 종합적·계획적 효율적으로 추진하기 위하여 국토교통부장관이 수립하는 국가도시 재생전략
   - 「국가도시재생기본방침」 국토교통부 공고 제2013-1094호(2013. 12. 31.)
   - 「도시재생 활성화 및 지원에 관한 특별법」 제4조에 따라 10년간(2014~2023)의 전략
2. 추진배경
   - 저성장, 저출산·고령화 등으로 외곽개발 위주 도시정책이 한계에 도달하고, 생활 밀착형 도시재생정책의 중요성 증대
   - 전국 3,470개 읍·면·동 중 2,239개(65%)가 도시쇠퇴 징후
   - 역사성과 문화가치를 내포하고, 다양한 계층이 모이는 기성시가지의 재생을 통한 경쟁력 강화
   - 도시재생은 도시문제 해결과 경쟁력 강화를 위한 국가적 과제
   - 주요 선진국도 국내와 비슷한 시점인 1인당 GDP 2~3만불, 도시화율 80%대 진입 시기에 도시정책을 도시재생정책 위주로 전환
3. 국가 도시재생 비전
   - 국민이 행복한 경쟁력 있는 도시 재창조
4. 국가 도시재생 목표
   - 일자리 창출 및 도시경쟁력 강화
   - 삶의 질 향상 및 생활복지 구현
   - 쾌적하고 안전한 정주환경 조성
   - 지역 정체성 기반 문화 가치·경관 회복
   - 주민역량 강화 및 공동체 활성화
5. 국가 도시재생 중점 시책
   - 신규 용지수요는 기성시가지재생을 통해 공급하고, 기존도시 정주여건·매력 극대화로 도시정책 패러다임 전환
   - 각 부처의 도시재생 관련사업 예산을 쇠퇴지역에 집중 지원하고, 추가로 마중물 예산 지원으로 재정지원 확대
   - 주택기금을 도시재생사업에 지원하고, 다양한 금융기법 도입, 맞춤형 규제특례 및 국·공유지 활용

- 협동조합, 마을기업 등을 도시재생의 주체로 육성, 주민교육·전문가 양성 등 역량 강화 및 공동체 활성화

6. 도시재생선도지역 지정 기준
   - 사업구상의 적정성, 지역의 쇠퇴도, 지자체의 추진역량, 파급효과, 국정과제 연계성 등을 종합적으로 고려·지정
7. 도시재생에서 각 주체별 역할

〈표 2-12〉 도시재생에서 각 주체별 역할

구분	주요내용
주민	- 도시재생계획 수립 과정에서 지역 자원을 새롭게 발굴하고, 독창적이고 특색 있는 아이디어를 제안 - 사업 시행과 이후 운영·유지관리 단계에서 적극적으로 참여 - 주민협의체를 구성하고, 지방자치단체·정부·민간투자자 및 기업 등과 협력체계를 구축
지방자치단체	- 주민의 아이디어를 바탕으로, 도시재생전략계획과 도시재생활성화계획을 수립 - 도시재생사업 추진과정에서 부서간 칸막이를 제거하고 협업 - 다양한 사업들이 목표한 효과를 낼 수 있도록 관리 - 도시재생사업의 각 참여 주체간의 이해관계와 갈등을 조정 - 도시재생특별회계를 설치하는 등 재정적으로 지원 - 건축규제 완화 특례의 부여, 주민교육과 전문가 파견 등을 통해 도시재생사업을 촉진
국가	- 관계 법령 정비 및 특례·금융지원 등 도시재생을 지원하기 위한 정책과 제도를 마련 - 유형별 사업모델을 제시, 주민·지방자치단체가 활용할 수 있는 도시재생기술·기법을 개발하고 보급 - 재정 지원을 통해 민간투자를 견인, 각 부처의 도시재생 관련 예산을 쇠퇴지역에 집중 지원하는 체계를 마련함으로써 동일한 재원으로 예산지원의 효과를 극대화
민간투자자 및 기업	- 다양한 투자·개발기법을 발굴하여 지방자치단체와 정부에 제안 - 저평가된 도시공간의 가치를 증진시키기 위한 도시재생사업을 시행함으로써, 쇠퇴한 도시에 상업·업무·첨단산업 등 고용기반을 창출 - 지역의 경제·복지·문화 발전을 위한 후원 활동과 기부 등 사회적 공헌을 통해 도시재생에 기여
도시재생지원기구 도시재생지원센터	- 주민교육 프로그램을 개발하고 교육을 시행함으로써, 주민의 도시재생 역량을 증진하고, 도시재생전문가를 양성하고 파견하는 것을 지원 - 주민의 아이디어를 도시재생사업으로 구현하기 위한 계획 수립 등을 지원하고, 마을기업의 창업·운영 등에 대한 컨설팅을 시행

(3) 도시재생계획체계

1. 도시재생 전략계획

   – 전략계획수립권자가 국가도시재생기본방침을 고려하여 도시 전체 또는 일부 지역, 필요한 경우 둘 이상의 도시에 대하여 도시재생과 관련한 각종 계획, 사업, 프로그램, 유형·무형의 지역자산 등을 조사·발굴하고, 도시재생활성화지역을 지정하는 등 도시재생 추진전략을 수립하기 위한 계획

기초조사 단계	• 문헌, 통계자료, 현장 조사 • 주민·지역전문가 설문·인터뷰 등을 통해 도시재생자원 발굴
⬇	
계획수립 단계	• 쇠퇴진단/여건분석/기본구상/전략수립 • 도시재생활성화지역 선정/우선순위 설정/재원조달계획 등
⬇	
의견청취 · 협의 단계	• 공청회/지방의회 의견청취/관계행정기관 협의 등 • 시장·군수의 경우 지방도시재생위원회 자문
⬇	
심의 단계	• 지방도시재생위원회 심의 (특별시장, 광역시장, 특별자치시장, 특별자치도지사, 도지사)
⬇	
확정·공고 단계	• 계획의 확정에 따른 공고 및 열람 (특별시장, 광역시장, 특별자치시장, 특별자치도지사, 시장·군수)

[그림 2-6] 도시재생 전략계획 수립절차

자료 : 도시재생종합정보체계 홈페이지(https://www.city.go.kr)

2. 도시재생 활성화계획

   – 도시재생전략계획에 부합하도록 도시재생활성화지역에 대하여 국가, 지방자치단체, 공공기관 및 지역주민 등이 지역발전과 도시재생을 위하여 추진하는 다양한 도시재생사업을 연계하여 종합적으로 수립하는 실행계획

   – 도시경제기반형 활성화계획 : 산업단지, 항만, 공항, 철도, 일반국도, 하천 등 국가의 핵심적인 기능을 담당하는 도시·군계획시설의 정비 및 개발과 연계하여 도시에 새로운 기능을 부여하고 고용기반을 창출하기 위한 도시재생활성화계획

   – 근린재생형 활성화계획 : 생활권 단위의 생활환경 개선, 기초생활인프라 확충, 공동체 활성화, 골목경제 살리기 등을 위한 도시재생활성화계획

단계	내용
쇠퇴진단 및 여건 분석	• 물리적 현황, 인문·사회 현황, 산업·경제 현황 측면의 쇠퇴진단
⬇	
지역자원조사 및 잠재력 분석	• 지역현황조사 항목에 따른 현황조사 및 인적자산 등 지역자산 조사 • 해당 지역 내 타 부처, 타부서의 관련 사업 계획 조사 • 해당 지역의 향후 발전 가능성, 거버넌스 구축 정도 등 잠재력 분석
⬇	
계획의 목표 및 지표 설정	• 쇠퇴진단 및 잠재력 분석을 토대로 해당 지역의 실현 가능한 목표 설정 • 평가 및 모니터링과 연계할 수 있는 정량·정성적 성과 지표 제시
⬇	
핵심 콘텐츠 및 단위사업 계획	• 지역특색을 반영하고, 경쟁력 있는 핵심 콘텐츠 제시 • 핵심 콘텐츠의 실현을 위한 단위사업 계획 제시
⬇	
재원조달 및 예산집행 계획	• 단위사업별 재원조달 주체와 재원의 단계적 확보 방안 • 단위사업별 단계별 추진계획 및 예산집행계획 수립
⬇	
평가 및 점검 계획	• 도시재생사업 성과의 점검·평가를 위한 모니터링·평가 계획 마련

[그림 2-7] 도시재생 활성화계획 수립절차

자료 : 도시재생종합정보체계 홈페이지(https://www.city.go.kr)

[2] 도시재생 뉴딜사업의 주요과제와 소규모주택정비

(1) 도시재생 뉴딜사업

1. 국정과제와 2016 UN Habitat III 회의에서 채택된 '새로운 도시 의제'를 수용하여 '도시혁신사업'이라는 전략 도출

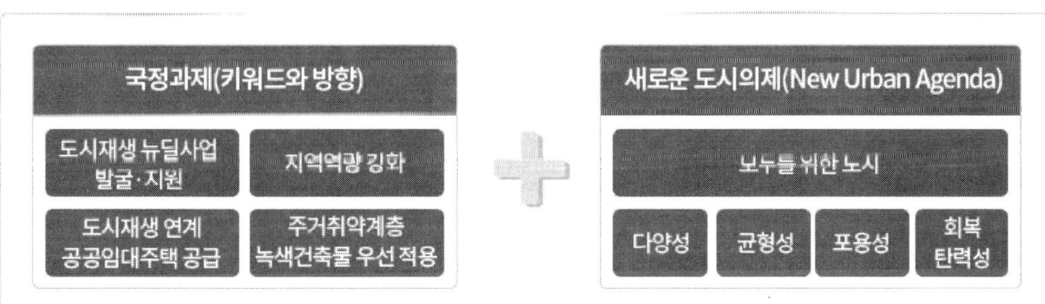

[그림 2-8] 도시재생뉴딜 전략 도출

2. 도시재생 뉴딜의 필요성

- 뉴타운 등 도시 재개발 사업은 대규모 철거방식으로 추진되면서 부동산 가격 급등, 철거 후유증 등 부작용을 노정
- 기존 도시재생 사업은 재생계획 수립 중심으로 추진되어 주민들이 체가할 수 있는 성과가 미약, 지원 수준도 미흡(지역당 50억원)
- 정부지원은 최근 3년간 46곳에 불과, 지원 예산도 연 1,500억원 수준. 전국 2,300곳의 읍면동(전체의 2/3)이 쇠퇴 중이며, 2017년 시범사업 접수 결과 219개 지역이 신청할 정도로 수요가 많고 시급한 상황
- 국가적 문제가 되고 있는 "도시 쇠퇴"에 대응하여 정부 지원을 대폭 확대하고 주민이 체감할 수 있는 도시재생 뉴딜사업 추진

[그림 2-9] 기존 도시재생의 한계 및 도시재생뉴딜 방향

자료 : 도시재생종합정보체계 홈페이지(https://www.city.go.kr)

(2) 도시재생 뉴딜의 목표와 추진방향

1. 도시 쇠퇴에 대응하여 물리적 환경개선(H/W)과 주민들의 역량강화(S/W)를 통해 도시를 "종합 재생"하기 위한 뉴딜사업 추진
   - 노후 주거지의 환경 개선과 도시 경쟁력 회복 사업 중점 시행

정책목표	3대 추진전략	5대 추진과제
주거복지·삶의 질 향상	도시공간 혁신	**노후 저층거주지의 주거환경 정비** ✓ 선진국 수준의 기초 생활인프라 공급 ✓ 소규모 주택정비사업 활성화 ✓ 주거 젠트리피케이션 완화 및 공적임대 공급
도시활력 회복		**구도심을 혁신거점으로 조성** ✓ 컴팩트 네트워크 도시 구축 ✓ 복합기능의 혁신공간 조성 ✓ 지역 특화재생 프로그램 지원 ✓ 스마트 시티형 도시재생 뉴딜 활성화
일자리 창출	도시공간 혁신	**도시재생 경제 생태계 조성** ✓ 도시재생 경제조직 활성화 지원 ✓ 민간 참여 모델 마련 ✓ 도시재생 뉴딜사업의 일자리 창출 관리
공동체 회복 및 사회 통합	도시공간 혁신	**풀뿌리 도시재생 거버넌스 구축** ✓ 지역의 도시재생 역량 강화 ✓ 지역 주민의 참여 기반 조성 ✓ 지역의 도시재생 거버넌스 체계 구축
		상가 내몰림 현상에 선제적 대응 ✓ 동향 모니터링 체계 구축 ✓ 상생협약 체계 활성화 지원 ✓ 임대료 안정공간(공동임대상가) 공급 ✓ 재생이익의 선순환 유도 및 사회적 규제 합리화

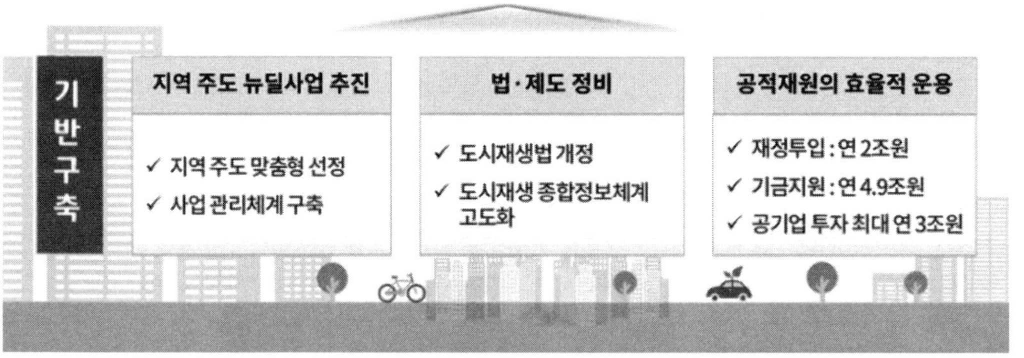

[그림 2-10] 도시재생뉴딜 추진전략 및 과제

자료 : 내 삶을 바꾸는 도시재생 뉴딜 로드맵(2018.03)

〈표 2-13〉 도시재생 뉴딜의 목표

구분	주요내용
주거복지 실현	거주환경이 열악한 노후 주거지를 정비하여 기초 생활 인프라를 확충하고, 저렴한 공적임대주택 공급하여 주거복지 실현
도시 경쟁력 회복	쇠퇴한 구도심에 혁신 거점공간을 조성하고 도시기능을 재활성화 시켜 도시의 경쟁력을 회복
사회 통합	주민참여 거버넌스를 구축하여 이익의 선순환 구조를 정착시키고 소유주와 임차인, 사업주체와 주민간 상생유도
일자리 창출	업무, 상업, 창업 등 다양한 일자리 공간을 제공하고, 도시재생 경제조직 등 지역 기반의 지속가능한 일자리 창출

2. 도시재생 뉴딜 성공모델 제시

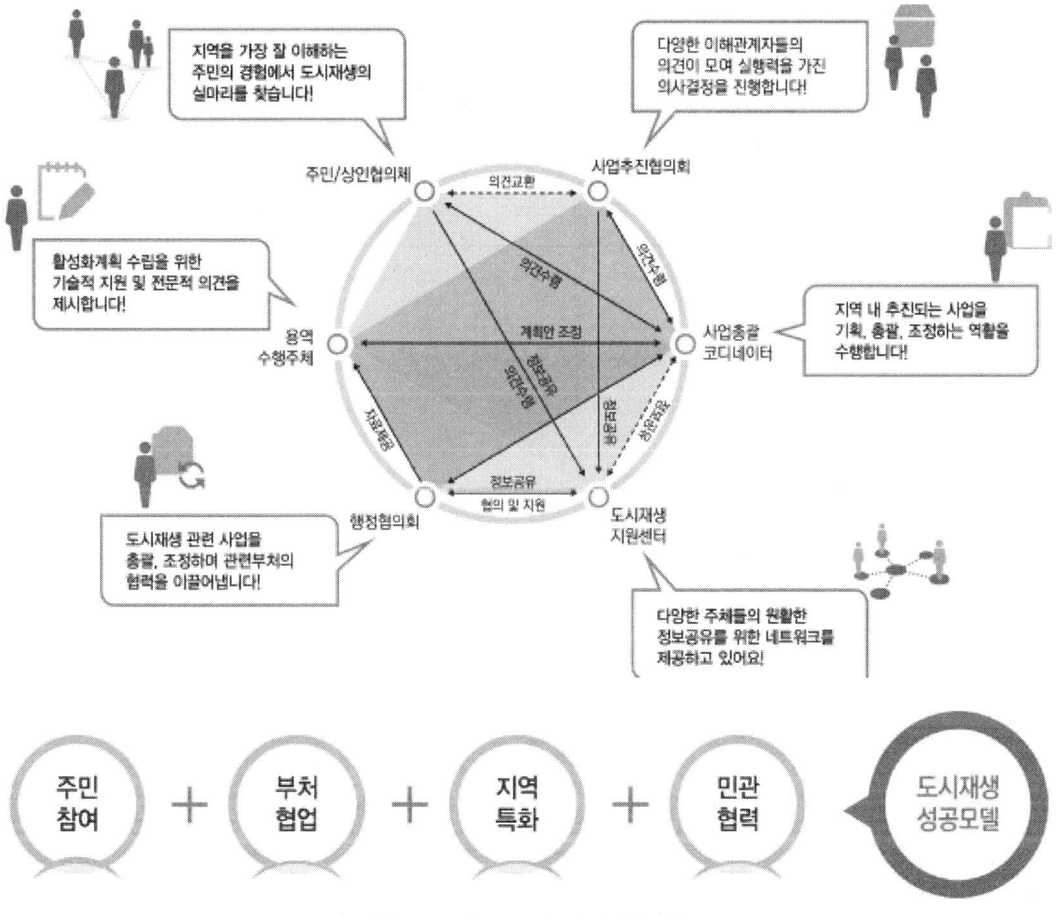

[그림 2-11] 도시재생 성공키워드

자료 : 도시재생종합정보체계 홈페이지(https://www.city.go.kr)

(3) 도시재생 뉴딜사업의 유형 추가

〈표 2-14〉 도시재생 뉴딜사업의 유형

사업유형	사업의 내용
우리동네살리기 (소규모 주거)	생활권 내에 도로 등 기초 기반시설은 갖추고 있으나 인구유출, 주거지 노후화로 활력을 상실한 지역에 대해 소규모주택 정비사업 및 생활편의시설 공급 등으로 마을공동체 회복
주거지지원형 (주거)	원활한 주택개량을 위해 골목길 정비 등 소규모주택 정비의 기반을 마련하고, 소규모주택 정비사업 및 생활편의시설 공급 등으로 주거지 전반의 여건 개선
일반근린형 (준주거)	주거지와 골목상권이 혼재된 지역을 대상으로 주민공동체 활성화와 골목상권 활력 증진을 목표로 주민 공동체 거점 조성, 마을가게 운영, 보행환경 개선 등을 지원하는 사업
중심시가지형 (상업)	원도심의 공공서비스 저하와 상권의 쇠퇴가 심각한 지역을 대상으로 공공기능 회복과 역사·문화·관광과의 연계를 통한 상권의 활력 증진 등을 지원하는 사업
경제기반형 (산업)	국가·도시 차원의 경제적 쇠퇴가 심각한 지역을 대상으로 복합앵커시설 구축 등 新경제거점을 형성하고 일자리를 창출하는 사업

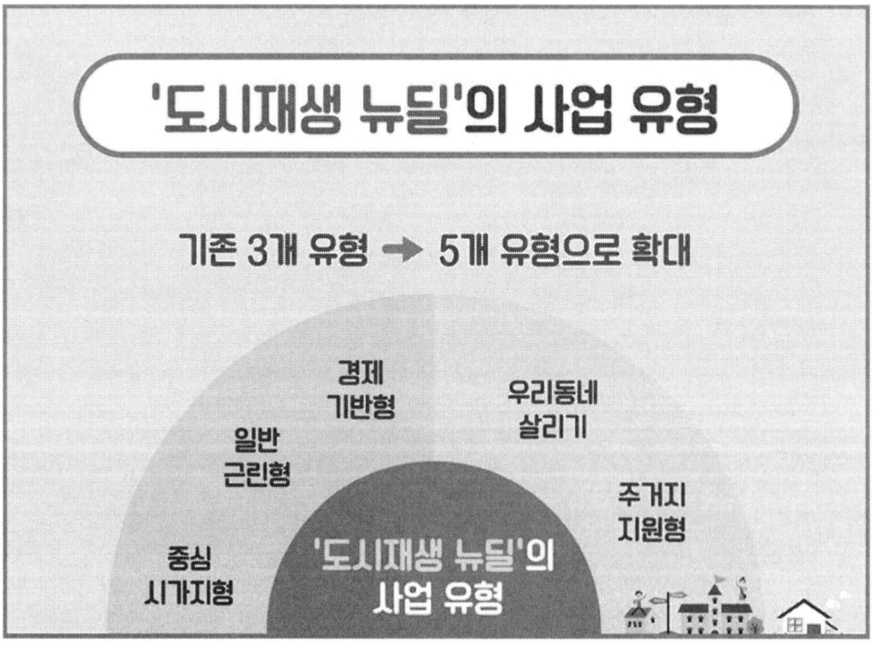

[그림 2-12] 도시재생 뉴딜 사업 유형

자료 : 도시재생뉴딜 공식블로그 (https://blog.naver.com/newdeal4you)

1. 우리동네살리기
   - 동네 단위의 주민생활 밀착형 공공시설을 신속히 공급하기 위해 기존 도시활력증진지역개발 사업을 활용, “우리동네살리기” 사업 신설
   - 「빈집 및 소규모주택 정비에 관한 특례법」 등 개별법을 활용하여 소규모 사업(1만m^2이하)이 가능하므로 신속한 사업 추진 도모
2. 주거지지원형
   - 노후 주거지 정비를 위해 주거환경 개선(마을주차장 등 아파트 수준의 시설확보)을 지원하는 “주거지지원형”을 신설
   - 활성화지역 내 개별사업은 「빈집 및 소규모주택 정비에 관한 특례법」 등에 따라 추진 가능
3. 도시재생 뉴딜사업의 유형별 예시

[그림 2-13] 도시재생 뉴딜 사업유형별 예시

자료 : 도시재생종합정보체계 홈페이지(https://www.city.go.kr)

4. 도시재생 뉴딜사업의 추진단계별 관리체계

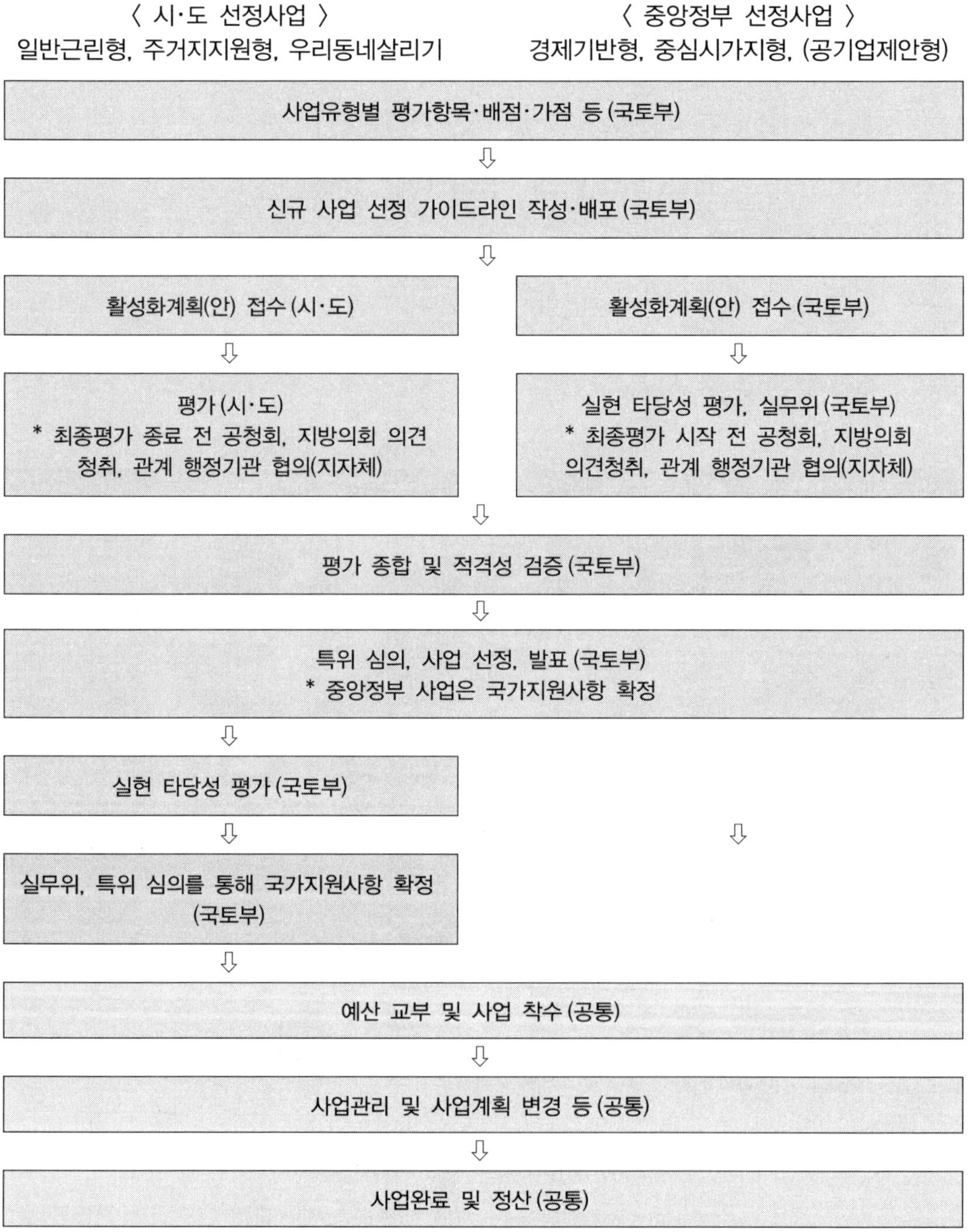

[그림 2-14] 도시재생 뉴딜사업 추진단계별 관리체계

5. 도시재생 뉴딜사업의 유형별 특징

〈표 2-15〉 도시재생 뉴딜사업의 유형별 특징

구분	주거재생형		일반근린형	중심시가지형	경제기반형
	우리동네살리기	주거지지원형			
법정 유형	– [9]	근린재생형			경제기반형
기존 사업유형	(신규)	(신규)	일반근린형	중심시가지형	경제기반형
사업추진·지원근거	(국가균형발전 특별법)	도시재생 활성화 및 지원에 관한 특별법			
활성화 계획 수립	필요시 수립	수립 필요			
사업규모 (권장면적)	소규모 주거 (5만m² 이하)	주거 (5만~10만m² 내외)	준주거, 골목상권 (10만~15만m² 내외)	상업, 지역상권 (20만m² 내외)	산업, 지역경제 (50만m² 내외)
대상지역	소규모 저층 주거밀집지역	저층 주거밀집지역	골목상권과 주거지	상업, 창업, 역사, 관광, 문화예술 등	역세권, 산단, 항만 등
국비지원 한도 / 집행기간	50억 원 / 3년	100억 원 / 4년	100억 원 / 4년	150억 원 / 5년	250억 원 / 6년
기반시설 도입	주차장, 공동 이용시설 등 생활편의시설	골목길정비, 주차장, 공동이용시설 등 생활편의시설	소규모 공공·복지·편의시설	중규모 공공·복지·편의시설	중규모 이상 공공·복지·편의시설
선정주체	광역 지자체			정부	

(4) 도시재생 뉴딜사업과 소규모주택정비

1. 도시재생뉴딜 5대 추진과제 중 첫 번째 추진과제
   – 노후 주거지를 쾌적한 주거환경으로 정비

9) '우리동네살리기'는 향후 「도시재생 활성화 및 지원에 관한 특별법」에 포함, 법정화 할 계획임

- 저층 주거지에 마을주차장 등 아파트 수준의 기초 생활인프라를 확충하기 위한 다양한 모델을 개발
- 저층 노후주거지의 집주인이 낡은 주택을 새로운 주택으로 개선할 수 있도록 주택 개량 및 소규모주택 정비사업에 대한 지원강화
- 노후 주거지 내 스마트홈, 제로 에너지 등을 적용한 양질의 공적 임대주택을 공급하고, 기존 주민(임차인)에게 우선 공급

2. 우리동네살리기와 주거지지원형 도시재생뉴딜 사업을 통한 소규모주택정비사업 지원

(5) 도시재생 뉴딜사업과 소규모주택정비사업을 결합한 터새로이

1. 터새로이 사업개념
   - 도시재생 뉴딜사업 등 국가지원을 받는 저층 노후주거지내 지역기반 사업자가 참여하는 주택·주거환경 개선사업
   - 외부경관 및 에너지 성능개선 등의 집수리·리모델링 사업과 자율주택정비사업 등 소규모주택 정비사업을 통한 신축
   - 「도시재생특별법」 제27조의2 건축물 개수·보수 및 정비비용의 보조 또는 융자
   - 사업 확대 시 건축법 제35조 및 제35조의2에 근거
2. 터새로이 사업 대상 및 범위
   - 단기적으로 도시재생 관련 국가지원사업[10]으로 추진 중인 집수리[11] 및 리모델링 사업을 대상으로 우선 적용
   - 향후 전국적으로 쇠퇴지역에서 추진되는 집수리·리모델링, 자율주택정비사업, 공공장소, 상가 주택 등으로 확대 적용
3. 터새로이 사업자의 등록
   - 지역기반 집수리 등 관련 기술자 중 필요한 보수교육 및 육성 프로그램을 이수하여 적정 수준의 기술력과 자격을 갖춘 사업자
   - 사회적경제 조직과 동네기술자를 터새로이 사업자로 우선 검토
   - 전문 건설업 면허[12]를 갖춘 사회적경제 조직[13]
   - 무면허자이나 터새로이 지원센터 교육을 이수하고, 도시재생 지원센터, 지자체

---

10) 도시재생사업, 우리동네살리기, 소규모 재생사업, 수요자중심형 기금융자사업등
11) 지붕, 담장, 외부 창호·마감재 등 외부 경관개선을 목적으로 시행하는 집수리
12) 시설물유지관리업, 기계설비업체, 실내건축공사업, 종합건설업, 철거업체 등
13) 자활기업, 협동조합, 사회적기업, 국토교통형 예비사회적기업, 비영리법인(민법) 등

등으로부터 기술보유가 검증된 동네 기술자 (단, 공사비 1,500만원 이하, 연면적 200m^2 이하)

〈표 2-16〉 터새로이 사업범위(안)

분류			사업범위	적용시점		
				단기	중기	장기
집수리	기본 집수리	에너지효율 부분	창호, 단열재, 코킹 등	△	●	–
		안전부분	구조보강, 화기성 재료, 누수 등	△	●	–
		설비부분	냉난방, 온수, 전기	–	●	–
		외부경관	외부마감재 변경	●	●	–
		표현성인테리어	상기부분 연동일 경우만(심사절차)	–	●	–
	추가 집수리	도로인접부위	담장, 쉼터 등	●	●	–
		배리어프리	문 손잡이, 주방 등 유니버셜디자인	–	△	–
		내진성	내진보강	–	–	●
		가변성	공간구획변경, 가변벽체	–	●	–
리모델링	통용적 전면 리모델링		상기 집수리 일체	–	●	–
신축			자율주택정비사업	–	●	
골목정비			도로포장 변경, 울타리 등	–	–	●
근린생활시설			매입공공상가 등 건축법 시행령 별표1의 제1종 근생시설	–	–	●
상업시설			건축법 시행령 별표 1의 일반건축물 일체	–	–	●
기타			유휴 대형시설물	–	–	●

〈표 2-17〉 사회경제조직 유형별 특징

유형	특징(대상 및 목적)	부처
(예비)사회적기업	취약계층 중심, 일자리 및 사회서비스 제공	고용노동부
마을기업	지역주민 중심, 지역자원 활용, 고용 및 소득창출	행정안전부
(사회적)협동조합	지역주민 중심, 구매/생산/판매/제공의 협동	기획재정부
자활기업	저소득 취약계층 대상 자활능력향상 및 고용창출	보건복지부

– 집수리, 주택정비 관련 사업자 정보를 건축주에게 제공함으로써 소규모 건축시장의 신뢰도를 높이기 위해 등록제도 운영

- 시범사업 추진 결과를 바탕으로 터새로이 사업 수요, 업체 수준 등을 감안하여 적정 등록 제도를 확정·운영('20년~)

〈표 2-18〉 터새로이 사업자 범위(유형별)

구분		주요내용	비고
무면허	동네 기술자	직접 시공	공사비 1,500만원 이하 연면적 200m2 이하
	사회적 경제조직	자활기업, 협동조합, 사회적기업, 비영리법인, 공익법인 등	
면허	전문건설업	시설유지관리업(자본금 3억원), 기계설비업, 실내건축공사업(2억원) 등	공사비 1,500만원 초과 연면적 200m2 초과
	종합건설업	종합건설업(자본금 5억원)	
	기타	철거업체 등	

4. 터새로이 사업 추진체계

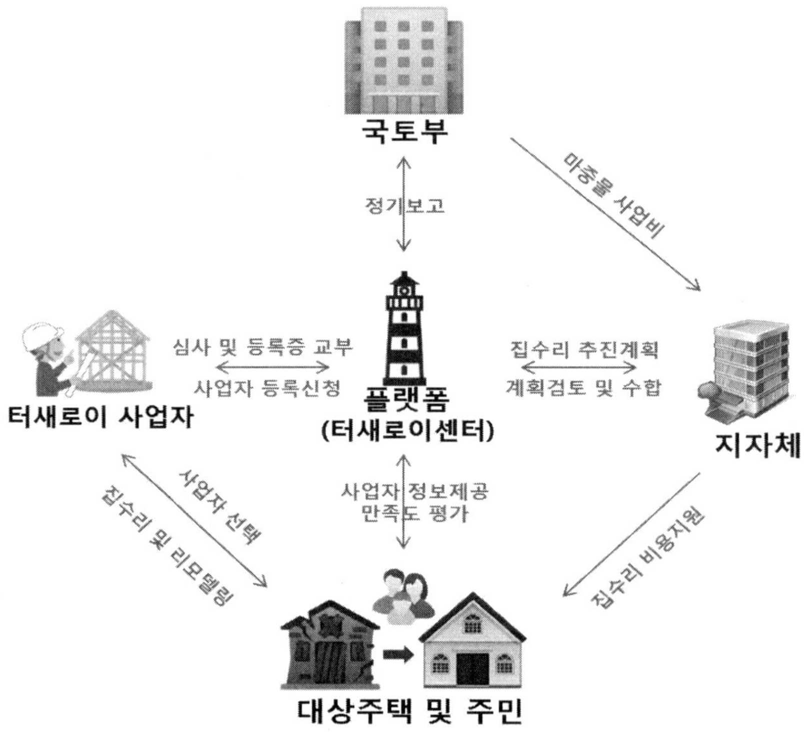

[그림 2-15] 터새로이 사업의 서비스 전달 체계

- 터새로이 사업은 수요자(주민)와 공급자(사업자) 간 사업추진 과정을 행정(국토교통부, 지자체)과 지원센터(LH)가 지원
- 국토교통부에서 터새로이 지원정책 마련, 도시재생사업 등 선정·보조 등
- 지자체는 도시재생지원센터 등과 수요자 파악 및 사업지원 우선 순위 결정, 집수리·리모델링 비용 지원
- 지원센터는 터새로이 사업자 등록, 정보제공(정보플랫폼) 및 교육, 사업 매뉴얼 제공, 주택 이력관리, 공구대여 등 지원정책 운영

5. 터새로이 사업 추진절차
   - 국가보조사업 선정→ 진단·컨설팅 및 지원대상 결정→ 사업자 선정→ 사업시행→모니터링·이력관리

실무 Tip

도시재생뉴딜 공식블로그(https://blog.naver.com/newdeal4you)

실무 Tip

주민을 위한, 주민에 의한 소규모 재생사업 2020년 70곳 선정 예정

〈소규모 재생사업 평가기준〉

평가항목	점수	평가내용(배점)
합계	100	
필요성	30	· 주민 및 지원기관 참여의지(8) · 지자체 추진의지(9) · 도시재생 뉴딜사업과의 연관성(13)
적절성	41	· 지원기관 적격성(5) · 사업내용의 타당성(14) · 사업의 실현가능성(9) · 이해관계 및 갈등관리(4) · 예산편성의 적정성(4) · 지역여건 반영(5)
효과성	29	· 거버넌스 구축(6) · 지역 공동체 활성화 효과(7) · 사업 추진의 지속가능성(16)

※지원기관이 연계되지 않은 경우 필요성 항목 중
'주민 및 지원기관 참여의지' 항목은 '주민 참여의지'로 변경하며,
적절성 항목 중 '지원기관 적격성'은 평가 제외하고 '지역여건 반영' 배점 확대(5→9점)

- 2018년부터 145곳 선정
- 주민 거점 공간이나 공동 육아방 등 주민 공동 공간을 조성 사업과 재생학교 운영, 마을 축제 개최 등 공동체 활성화를 위한 사업이 진행
- 소규모 재생사업은 주민이 1년 내 완료할 수 있는 3~4개의 단위사업을 발굴해 지원하는 사업
- 2020년에는 국비 총 100억 원을 활용해 약 70곳을 선정하고, 한 곳당 최대 2억 원의 자금을 지원할 예정
- 빈집 리모델링부터 집 수리, 골목길 정비, 마을 공방 조성, 주민 소식지 발간 등 다양한 사업을 신청 가능

Chapter 3

소규모주택정비사업의 종류

3-1 자율주택정비사업
3-2 가로주택정비사업
3-3 소규모재건축사업

3-1 자율주택정비사업

[1] 자율주택정비사업의 개념

(1) 자율주택정비사업의 정의

1. 노후화된 단독주택 또는 다세대주택 집주인들이 전원 합의를 통해 주민합의체를 구성하고, 스스로 주택을 개량 또는 건설하는 사업

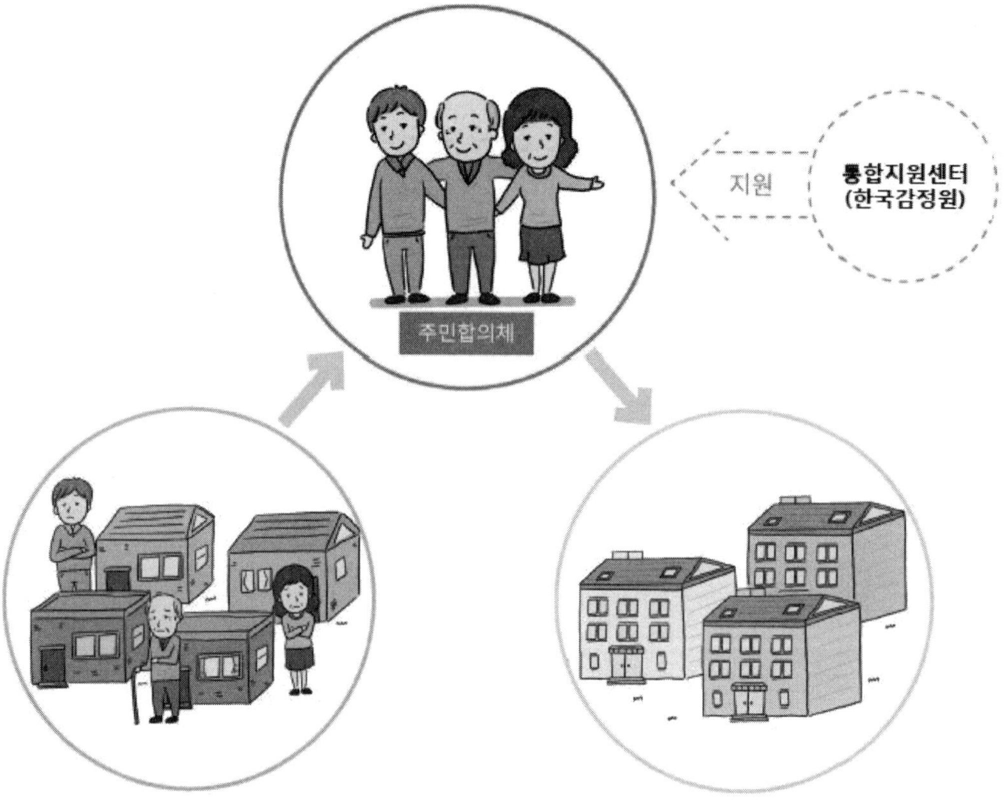

[그림 3-1] 자율주택정비사업의 정의

2. 주민합의체
   - 토지등소유자(2명 이상)가 자율주택정비사업을 시행하기 위하여 토지등소유자 전원의 합의로 결정하는 합의체
   - 의사 결정은 주민합의체 전원의 합의가 필요

- 토지등소유자는 토지 또는 건축물, 토지의 지상권자
- 주민합의체 구성을 위해서는 토지등소유자 전원의 합의로 주민합의체 대표자를 선임하고 주민합의서를 작성하여 시장·군수 등에게 신고

[그림 3-2] 주민합의체

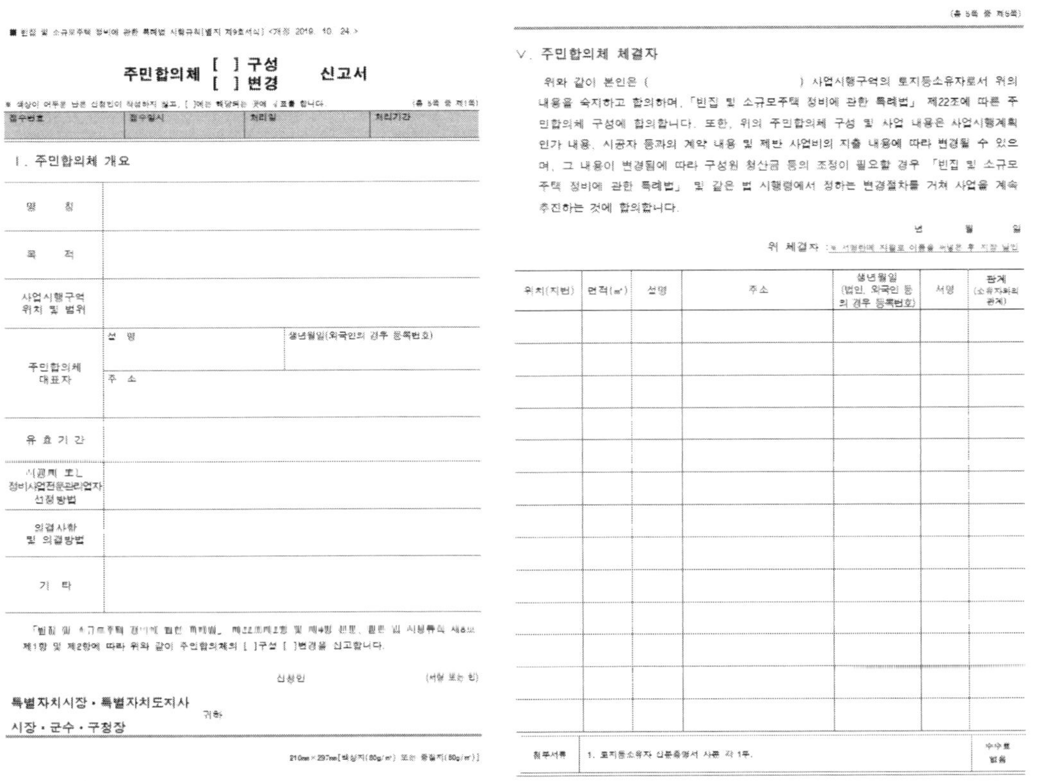
■ 빈집 및 소규모주택 정비에 관한 특례법 시행규칙[별지 제9호서식] <개정 2019. 10. 24.>

주민합의체 [ ] 구성 [ ] 변경 신고서

※ 색상이 어두운 난은 신청인이 작성하지 않고, [ ]에는 해당되는 곳에 √표를 합니다. (총 5쪽 중 제1쪽)

접수번호	접수일시	처리일	처리기간

Ⅰ. 주민합의체 개요

명 칭		
목 적		
사업시행구역 위치 및 범위		
주민합의체 대표자	성 명	생년월일(외국인의 경우 등록번호)
	주 소	
유 효 기 간		
정비사업전문관리업자 선정 방법		
의결사항 및 의결방법		
기 타		

제1항 및 제2항에 따라 위와 같이 주민합의체의 [ ]구성 [ ]변경을 신고합니다.

신청인 (서명 또는 인)

특별자치시장 · 특별자치도지사
시장 · 군수 · 구청장 귀하

210mm×297mm[백상지(80g/㎡) 또는 중질지(80g/㎡)]

(총 5쪽 중 제5쪽)

Ⅴ. 주민합의체 체결자

위와 같이 본인은 ( ) 사업시행구역의 토지등소유자로서 위의 내용을 숙지하고 합의하며, 「빈집 및 소규모주택 정비에 관한 특례법」 제22조에 따른 주민합의체 구성에 합의합니다. 또한, 위의 주민합의체 구성 및 사업 내용은 사업시행계획인가 내용, 시공자 등과의 계약 내용 및 제반 사업비의 지출 내용에 따라 변경될 수 있으며, 그 내용이 변경됨에 따라 구성원 청산금 등의 조정이 필요할 경우 「빈집 및 소규모주택 정비에 관한 특례법」 및 같은 법 시행령에서 정하는 변경절차를 거쳐 사업을 계속 추진하는 것에 합의합니다.

년 월 일

위 체결자

위치(지번)	면적(㎡)	성명	주소	생년월일(법인, 외국인 등의 경우 등록번호)	서명	관계(소유자와의 관계)

첨부서류	1. 토지등소유자 신분증명서 사본 각 1부.

[그림 3-3] 주민합의체 신고서 양식[14]

14) 「빈집 및 소규모주택 정비에 관한 특례법」 시행규칙 [별지 제9호서식] 주민합의체(구성,변경)신고서 일

(2) 자율주택정비사업의 사업방식

1. 합필형
   - 2필지 이상 토지를 합쳐서 1필지로 지적을 정리한 후 사업을 진행하는 방식, 준공 후 관리처분계획에 따라 청산
   - 신탁 등의 방법으로 합필을 통해 공동지주 방식의 사업을 추진하는 것도 가능

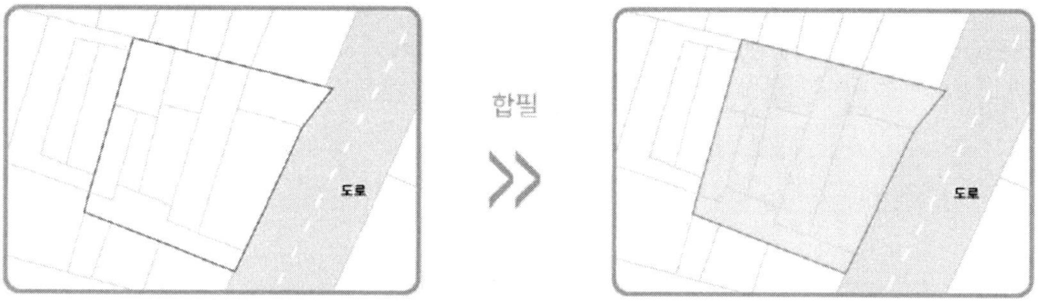

[그림 3-4] 자율주택정비사업+합필형

2. 자율형
   - 필요시 구획정리만 실시하고 개별 집주인이 각 필지별로 사업을 진행하는 방식

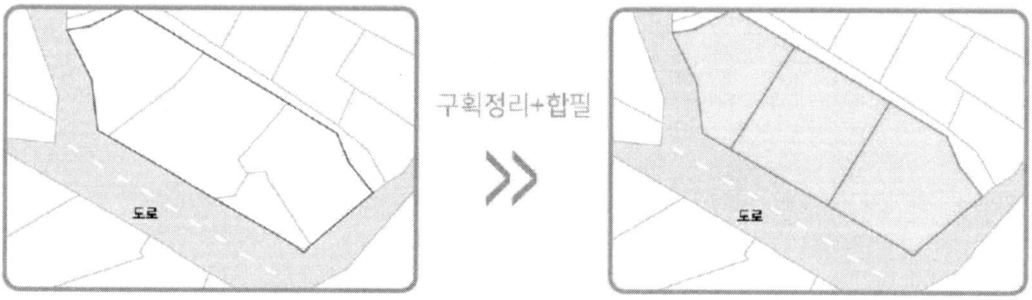

[그림 3-5] 자율주택정비사업+구획정리

3. 건축협정형
   - 합필하지 않고도 여러 토지를 하나의 대지로 간주하여 건축을 추진하는 방식, 즉 맞벽 또는 합벽 등으로 건축을 하되 토지 소유권은 필지별로 유지
   - 「빈집 및 소규모주택 정비에 관한 특례법」에 반영된 절차로 효율적 건축 공간 확

부 발췌

보, 공동이용 가능

- 건축협정은 건축의 종류와 건축물에 대한 세부사항에 대한 약속을 주민합의체 구성원들이 하고 건축협정인가권자에게 인가를 받으면 전체 토지를 하나의 토지로 간주함으로써 여러 혜택을 받을 수 있는 제도

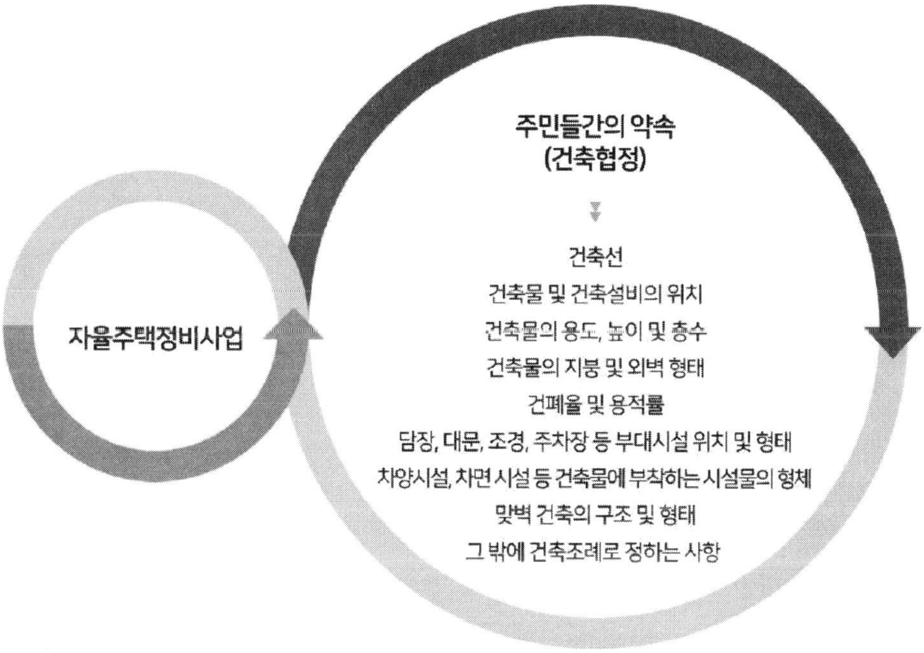

[그림 3-6] 자율주택정비사업 + 건축협정

(3) 건축협정의 종류

1. 하나의 대지
   - 연접한 대지와 건축협정을 할 경우 조경을 하나의 대지로 보고 설치할 수 있음

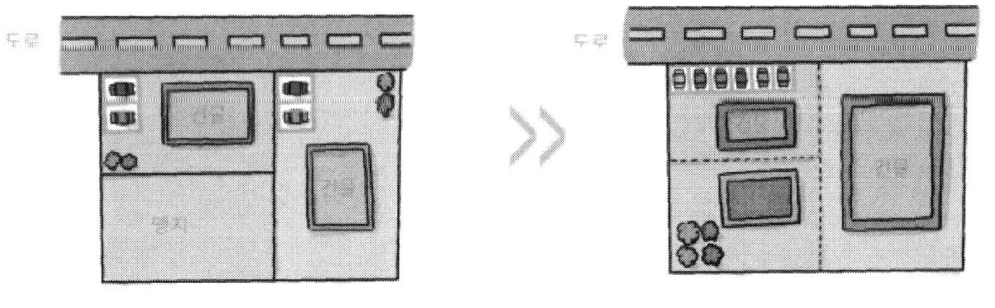

[그림 3-7] 건축협정 : 하나의 대지

- 연접한 대지가 도로에 접해 있으면 맹지도 건축이 가능
- 연접한 대지는 상호 일조권 적용을 받지 않을 수 있음
- 연접한 대지의 부설주차장은 통합적으로 설치 가능
- 개별적으로 설치해야 하는 하수처리시설을 연접한 대지는 통합적으로 설치 가능
- 연접한 대지는 지하층의 설치를 하나의 대지로 보고 설치 가능

[그림 3-8] 건축협정 : 하수처리시설 통합 설치

2. 토지분할

- 건축협정구역 내에서는 60m^2 미만의 토지 분할이 가능

[그림 3-9] 건축협정 : 토지분할

– 토지를 반듯하게 만들고 유효 건축면적을 확보하는데 유리
– 주민들이 자율적으로 각 토지의 개발여건에 따라 구획정리를 하여 합리적으로 건축물을 배치하고 토지의 이용가치를 높일 수 있음

3. 맞벽, 합벽건축

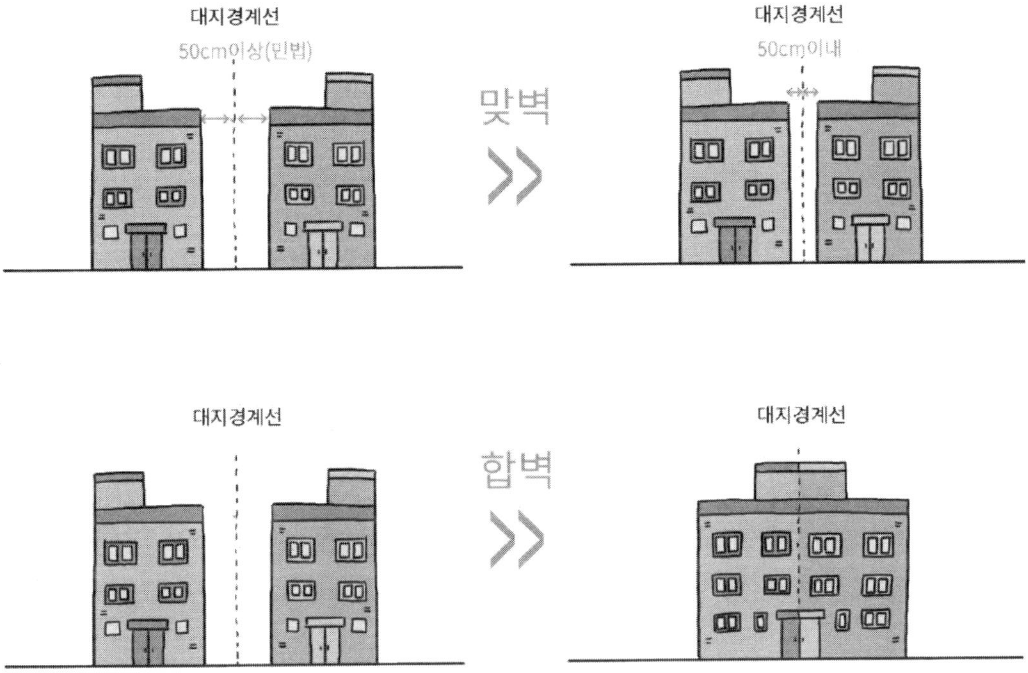

[그림 3–10] 건축협정 : 맞벽, 합벽건축

– 건축물의 경계벽을 전체 또는 일부를 공유하는 합벽 건축의 경우에는 건폐율과 용적률을 통합적용 할 수 있으며, 계단을 통합적용할 수 있습니다.
– 단, 통합설치하는 계단의 위치는 계단을 공유하는 두 필지의 경계선에 걸리도록 하여야 함

4. 건축협정 특례

– 대지의 조경을 도로에 변하여 통합적으로 조정하는 경우 20% 범위에서 완화
–「국토의 계획 및 이용에 관한 법률」 제77조, 제78조에 따른 건폐율, 용적률 최대한도 내에서 건폐율 20%, 용적률[15] 20%의 범위에서 완화
– 너비 6m 이상의 도로에 접하는 경우 가로구역 높이 기준을 20% 범위에서 완화

15) 용적률 완화는 건축위원회, 지방도시계획위원회의 심의를 거쳐야 함

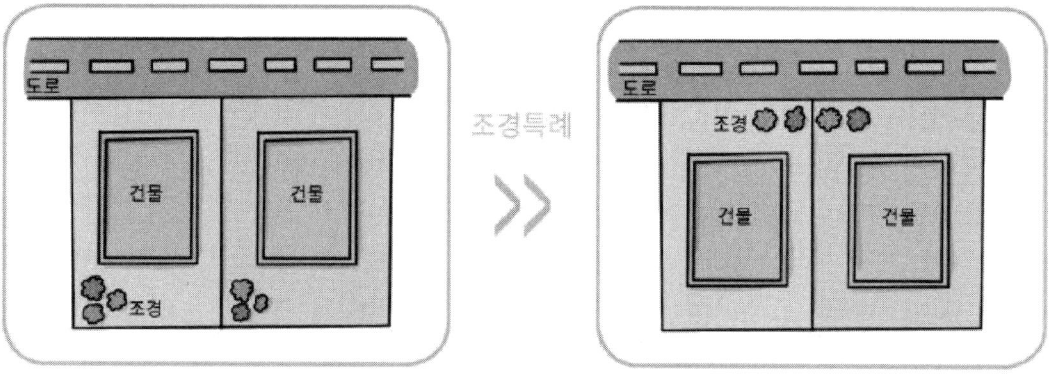

[그림 3-11] 건축협정 특례 : 조경면적 완화

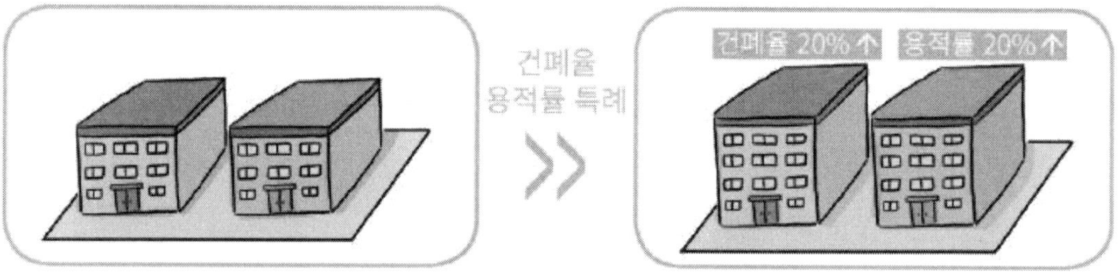

[그림 3-12] 건축협정 특례 : 건폐율, 용적률 완화

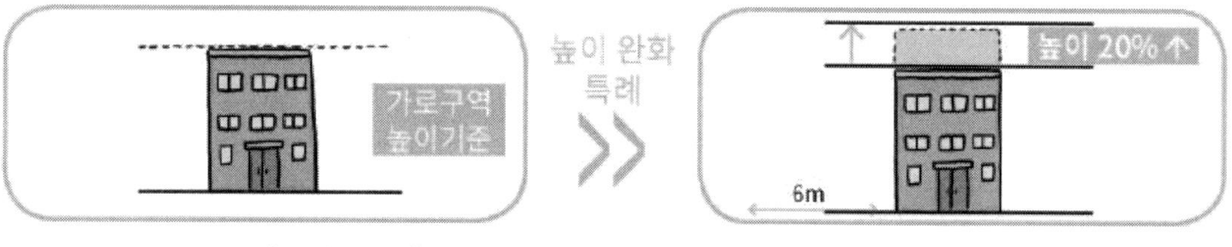

[그림 3-13] 건축협정 특례 : 가로구역 높이 기준 완화

[2] 자율주택정비사업의 시행

(1) 자율주택정비사업의 시행자

1. 토지등소유자(주민합의체)가 직접 시행
   - 시공자 선정방법을 주민합의서에 포함하여야 함
2. 시장·군수등, 등록사업자, 토지주택공사등, 신탁업자, 건설업자, 부동산투자회사와 공동으로 시행

- 단독주택 20호 또는 공동주택 20세대(도시형생활주택30세대) 이상인 경우 주택건설사업자 등록을 하거나 주택건설사업자 또는 국가, 지방자치단체, 한국토지주택공사, 지방공사와 공동으로 시행

[그림 3-14] 주민합의체에서 시공자, 설계자, 감리자 선정

(2) 자율주택정비사업의 시행절차

1. 건축협정형 자율주택정비사업 추진절차
   - 건축협정위원회 설립신고 및 건축협정 인가신청은 통합심의 시 신청 가능
   - 「건축법」에 따른 건축심의와 「국토의 계획 및 이용에 관한 법률」에 따른 도시·군관리계획 및 개발행위 관련 사항, 시장·군수등이 필요하다고 인정하는 경우 등 둘 이상의 심의가 필요한 경우 통합심의로 진행
   - 시장·군수등은 용도지역·용도지구를 지정 또는 변경하거나 임대주택건설에 따른 특례로 용적률 상한까지 건축하는 경우에는 특별시장, 광역시장, 특별자치시장 또는 특별자치도지사에게 통합심의를 요청하여야 함
   - 통합심의의 신청·방법 및 절차에 관하여서는 「주택법」 제18조제3항 준용

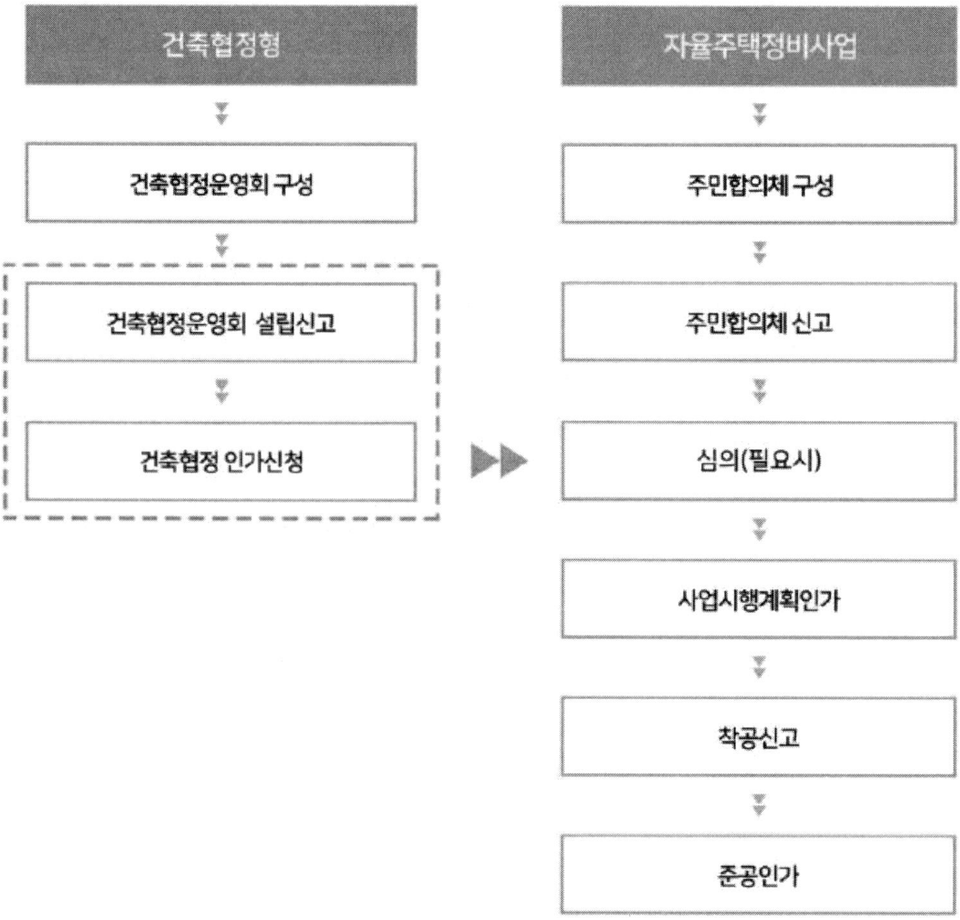

[그림 3-15] 건축협정형 자율주택정비사업 추진절차

2. 자율주택정비사업의 사업시행계획인가

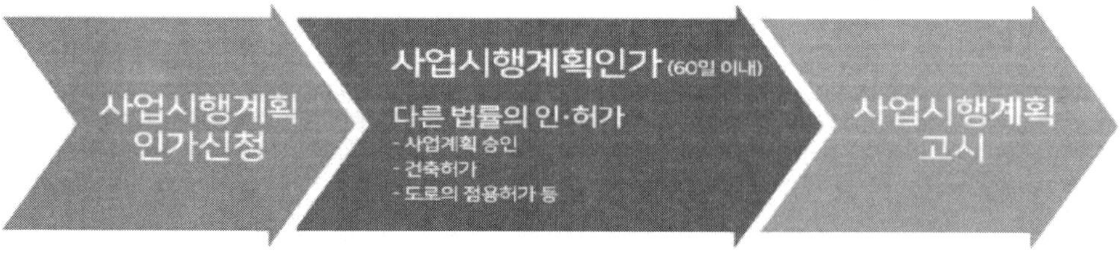

[그림 3-16] 자율주택정비사업 사업시행계획인가

– 사업시행계획 신청 시 필요서류 : 사업시행계획인가 신청서, 토지등소유자의 동의서 및 명부, 사업시행계획서, 정관 등

3. 자율주택정비사업의 준공인가

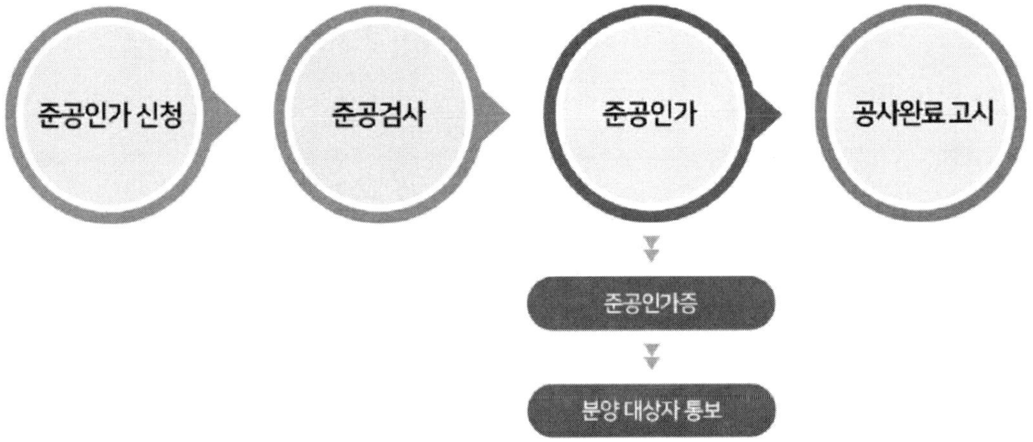

[그림 3-17] 자율주택정비사업 준공인가

- 준공인가 신청시 제출서류 : 준공인가 신청서, 건축물·정비기반시설 및 공동이용 시설 등의 설치내역서, 공사감리자의 의견서

[3] 자율주택정비사업의 지원

(1) 인센티브

1. 용적률 인센티브
   - 신축건물 연면적의 20% 이상을 임대주택으로 공급할 경우 법적 상한까지 용적률 완화

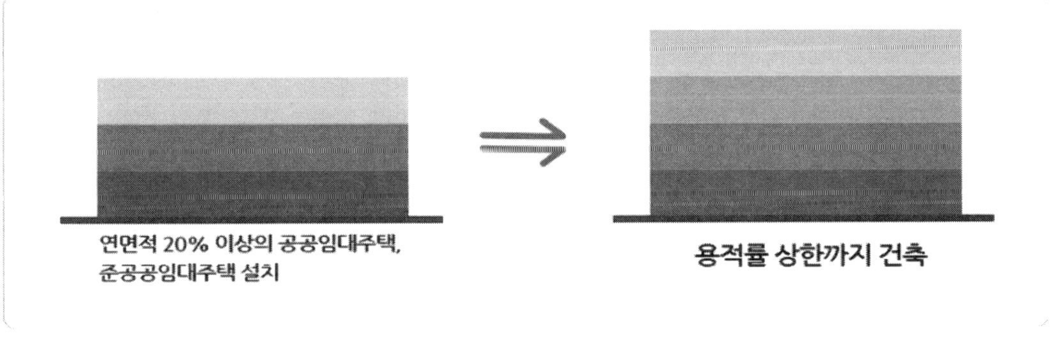

[그림 3-18] 자율주택정비사업 용적률 인센티브

2. 주차장 설치기준 완화

– 공급하는 임대주택이 다세대주택 또는 다가구주택일 경우 세대당 0.5~0.6대의 주차대수를 적용하고 또한 사업지 인근에 주차장 사용권을 확보할 경우 사업부지 내 법정 주차대수의 71%만 설치 가능

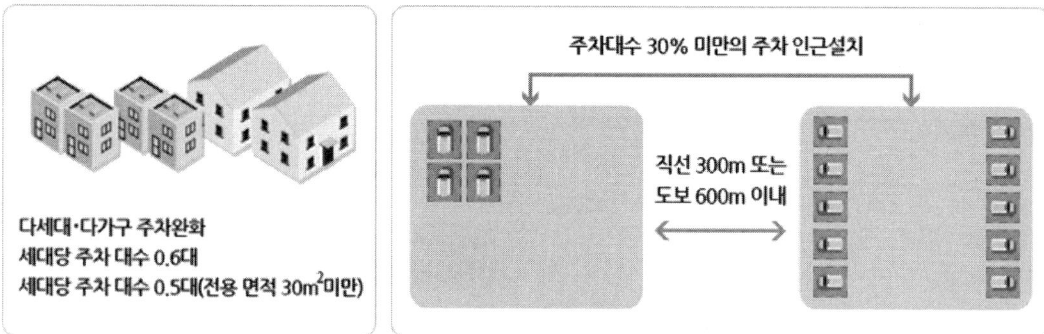

[그림 3-19] 자율주택정비사업 주차장 설치기준 완화

출처 : 한국감정원 http://www.kab.co.kr)

3. 공동이용시설 설치에 따른 특례

– 자율주택정비사업으로 신축하는 건물에 공동이용시설을 설치하는 경우 이에 해당하는 바닥면적은 시·도조례에 따라 용적률 산정에서 제외 가능

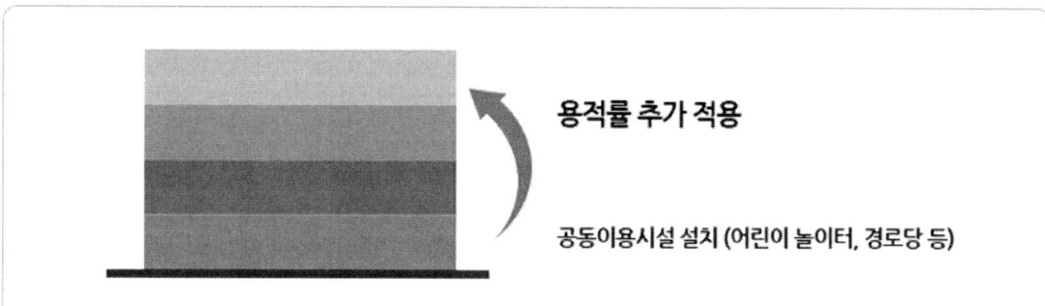

[그림 3-20] 자율주택정비사업 공동이용시설 설치에 따른 용적률 추가 적용

출처 : 한국감정원 http://www.kab.co.kr)

4. 도시재생활성화 지역에 근린 재생형 활성화 계획이 반영 된 경우

– 조경, 대지안의 공지, 건축물의 높이 제한을 1/2 범위에서 완화

– 부대시설 및 부대복리시설의 설치 기준 완화

(2) 진행 공공지원 및 금융지원

1. 한국감정원, 한국국토정보공사, 주택협회 등 공공이 진행을 지원
   - 사업계획승인대상 건축물 : 단독주택 30호 이상, 공동주택 : 30세대 이상
   - 단지형 연립, 다세대로써 주거전용면적 $30m^2$ 이상, 진입도로 폭 6m 이상은 50세대

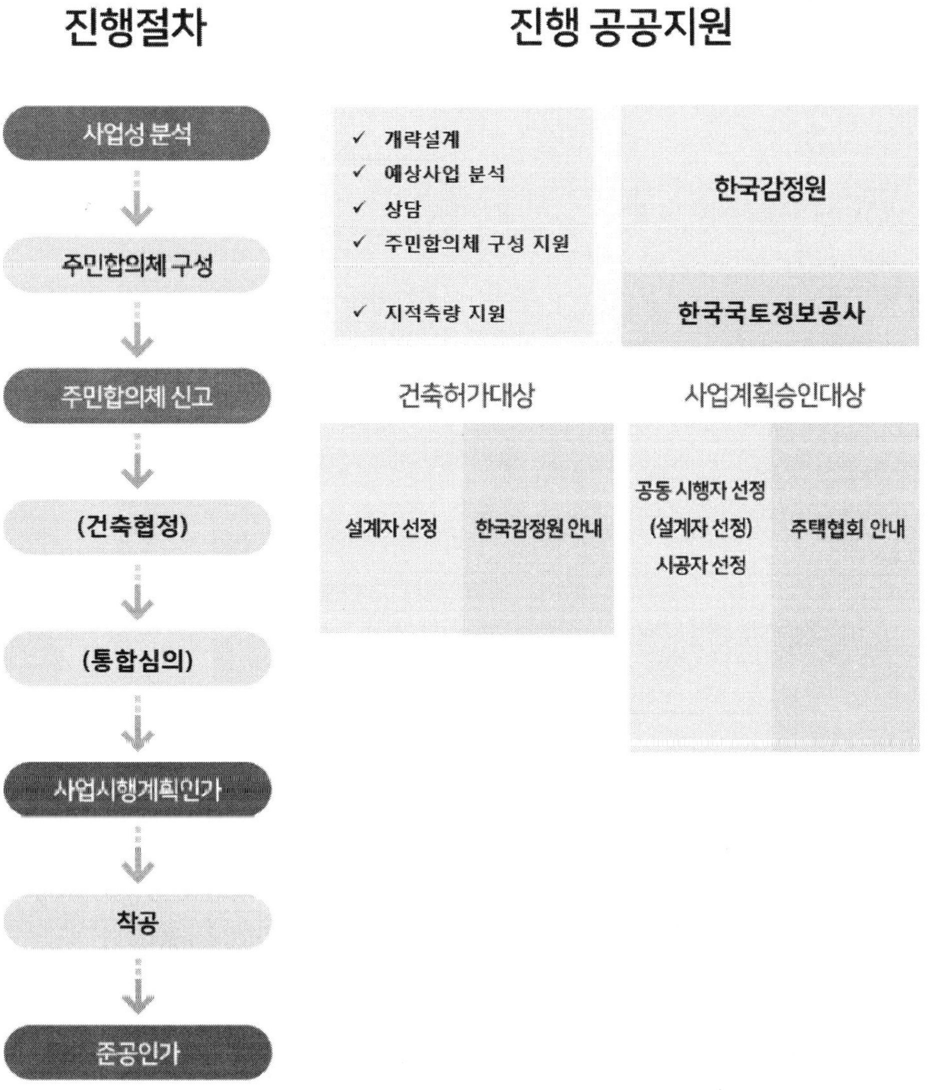

[그림 3-21] 자율주택정비사업 진행 공공지원

2. 금융, 매입 및 기존 임차인 지원
   - 주택토지보증공사 초기사업비 융자(총 사업비 5%이내, 금리 1.5%)
   - 주택도시보증공사 본 사업비 융자(총 사업비 50%이내, 금리 1.5%)
   - 연면적의 20% 이상을 임대주택으로 공급할 경우 70%까지 융자
   - LH, 임대리츠를 통한 기존 임차인 우선 입주권 부여
   - 미분양 리스크 저감을 위해 LH 또는 '소규모정비 임대리츠'가 일반분양분 선매입 지원, 준공 후 미분양분은 매입지원하지 않음

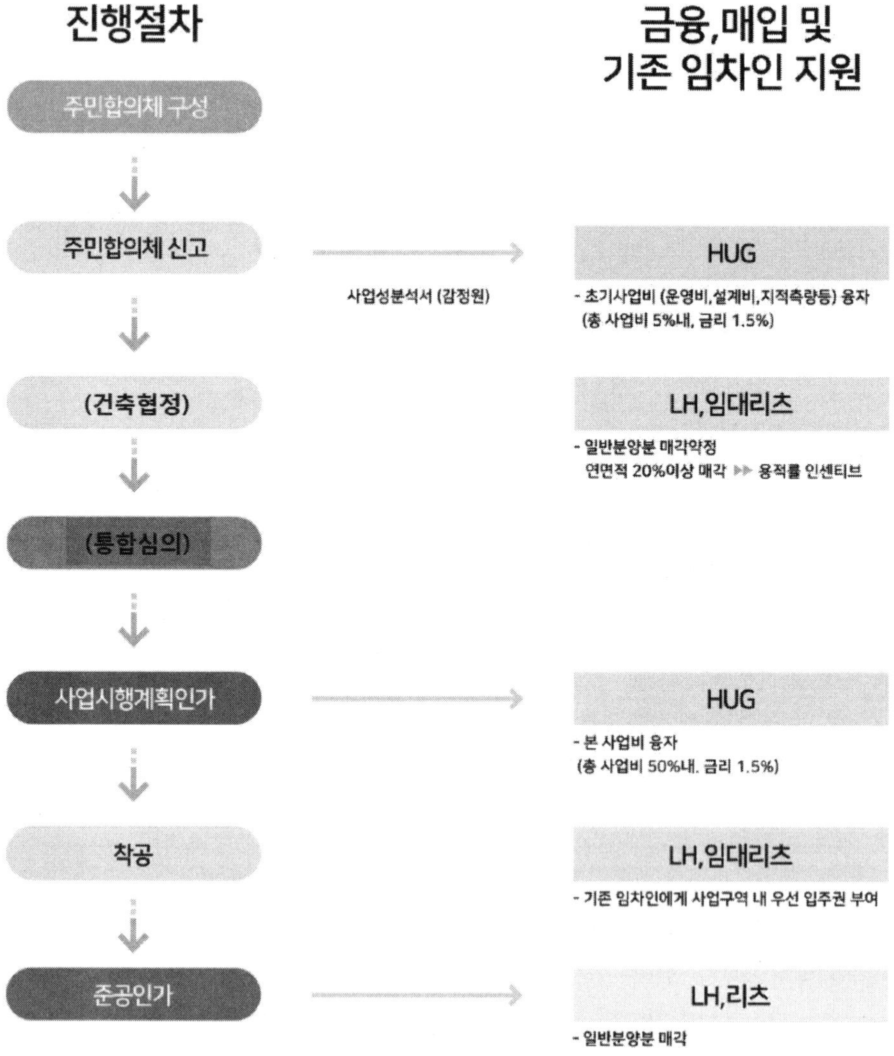

[그림 3-22] 자율주택정비사업 금융, 매입 및 임차인 지원

〈표 3-1〉 주택도시보증공사 자율주택정비사업 융자상품

구분		초기 사업비	본 사업비
신청조건	자금 용도	주민합의체 신고 이후부터 사업 시행계획인가 이전까지의 사업비	사업시행계획인가 이후부터 준공인가시까지의 사업비
	융자 조건	총 사업비의 5% (연 1.5%의 금리)	총 사업비의 50%~70%(연 1.5%의 금리) 매입확약비율 등에 따라 차등적용
	융자 기간	3년 이내(주민합의체 신고 ~본 사업비 대출일)	5년 이내(융자실행일~준공 후 6개월 이내)
	상환 방법	만기일시상환 (중도상환수수료 없음)	만기일시상환(중도상환수수료 없음)
	HUG 보증 지원	없음(근저당권설정) 선순위물권 해지조건	있음 총 사업비 50~90% 보증(공공시행자는 보증불요)
신청방법		통합지원센터의 사업성 분석 자료를 첨부하여 HUG에 신청 공동관리계좌 개설 후 초기사업비 입금	HUG에 신청 총 사업비 확정 후 공동관리계좌로 융자 사업비 입금

(3) 자율주택정비사업 통합지원센터

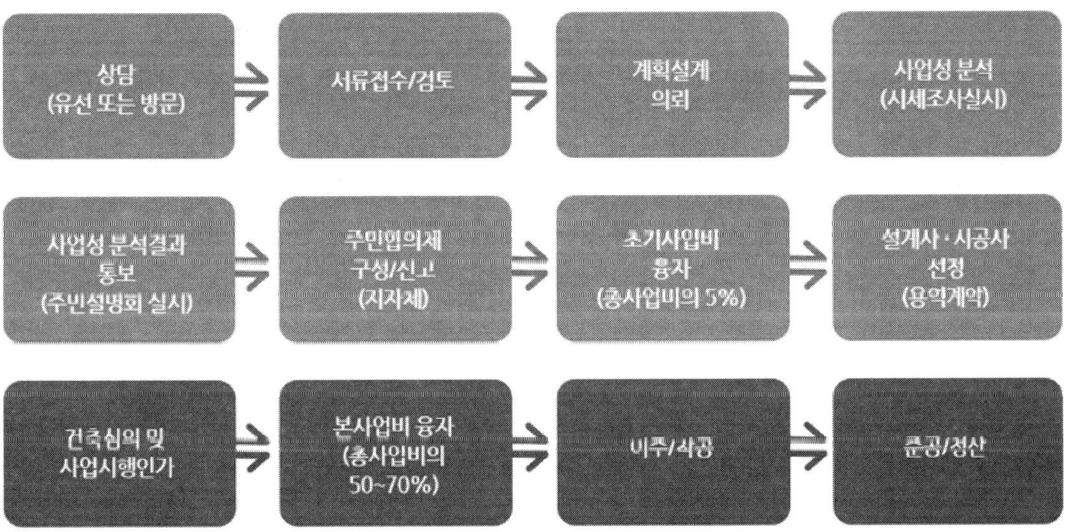

[그림 3-23] 한국감정원 통합지원 절차

1. 통합지원센터로서의 한국감정원의 역할
   - 상담 및 접수에서부터 준공/청산까지 원스톱 서비스 지원
   - 사업개요 및 사업절차 안내(전화 및 방문상담)
   - 사업성 분석 및 주민합의체 구성 지원
   - 설계사무소 및 시공사 추천(주민이 의뢰할 경우)
   - 인허가 지원 및 사업관리
   - 사업비 융자 및 청산 관련 업무 지원

〈표 3-2〉 자율주택정비사업의 통합지원 절차[16)]

구분	내용
사업신청 및 초기사업성 분석	- 서류 검토(법적요건 및 동의율) - 지적정리가능 여부 확인(LX) - 계획설계 의뢰 (비용은 신청자 본인이 부담(200만원 이내) - 초기사업성 분석 및 결과 통보
주민설명회 및 주민합의체 구성	- 주민설명회 개최 - 주민합의체 구성(전원합의 필요) 지원
인·허가 사전준비	- 일반분양분 매입 결정 - 매입확약(주민합의체→LH, 소규모정비임대리츠) - 지자체 협조(인·허가/지적정리 등) - 초기사업비 융자(HUG→주민합의체) - 설계사무소 및 시공사 선정
인·허가 및 본 사업성 분석	- 사업시행계획서 작성 지원 - 심의 및 사업시행계획 인가 - 인·허가 도면기준 본 사업성 분석 - 본 사업비 융자 신청(주민합의체→HUG)
이주 지원	- 이주 및 철거 관련 주민설명회 - 이주대책 지원
청산	- 지적정리 및 확정측량(LX) - 청산관련 주민설명회 실시 일반분양분 매입(LH)청산 (관리처분) 관련 절차 및 청산금 안내 입주관리(건설사) 및 관리업체 선정 지원

16) 해당 토지등소유자 총수의 50%이상 동의 시 신청가능

서류검토 및 사업성분석 신청서

접수번호	접수일	처리일	처리기간 30일 이내

① 신청인	성 명	생년월일
	주 소 (전화번호 :	

② 대상사업지	사업대상지역 □ 도시활력증진사업구역 □ 지구단위계획구역 □ 정비사업 해제지역 □ 현지개량방식의 주거환경개선사업구역 □ 도시재생활성화지역 □ 시 · 도 조례로 정하는 지역
	소재지 주소
	주택유형 □ 단독주택 □ 다가구주택 □ 다세대주택 □ 연립주택
	건축물용도 | 대지면적 | 건축면적 | 연면적

자율주택정비사업 서류검토 및 사업성분석을 신청합니다.

년 월 일

신청인(또는 대리인) (서명 또는 인)

국토교통부 장관 귀하

첨부서류	1. 토지이용계획 확인원 2. 등기부등본(토지 ,건물), 대장(토지, 건축물) 3. 참여자 개인정보 수집·이용 동의서

처리절차

신청서 작성 → 접수 및 검토 → 사업성분석 실시 및 회신

※ 본 사업의 서류검토 및 사업성분석 신청은 **반드시 해당 토지등소유자 총수의(50% 이상) 과반의 동의 요건을 충족하여야 신청이 가능 합니다.**

[그림 3-24] 한국감정원 서류검토 및 사업성분석 신청서

3-2 가로주택정비사업

[1] 가로주택정비사업의 개념

(1) 가로주택정비사업의 시행방법

1. 가로주택정비사업은 시장·군수등에게 인가받은 사업시행계획에 따라 주택 등을 건설하여 공급하거나 보전 또는 개량하는 방법으로 시행

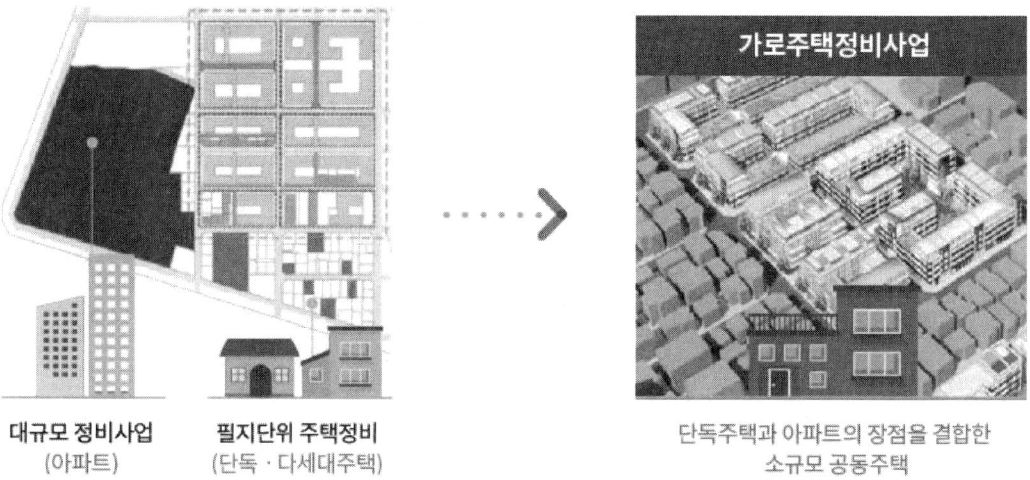

[그림 3-25] 필지단위 주택정비사업인 가로주택정비사업

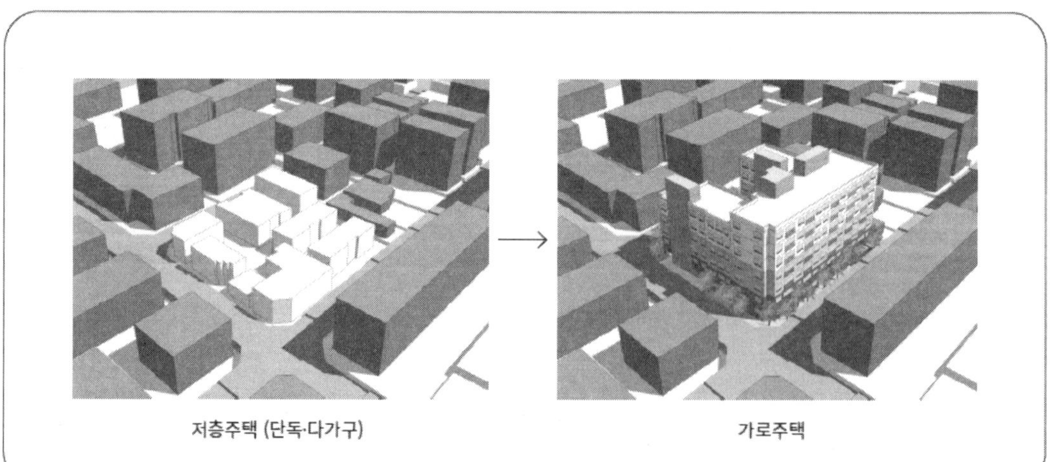

[그림 3-26] 저층주택(단독·다가구) 중심의 가로주택정비사업

2. 가로구역의 전부 또는 일부에서 시행 가능

[그림 3-27] 가로구역의 전부 또는 일부에서 시행 예시

3. 가로구역 내에서 사업의 찬성 및 반대여부에 따라 사업시행구역 확정

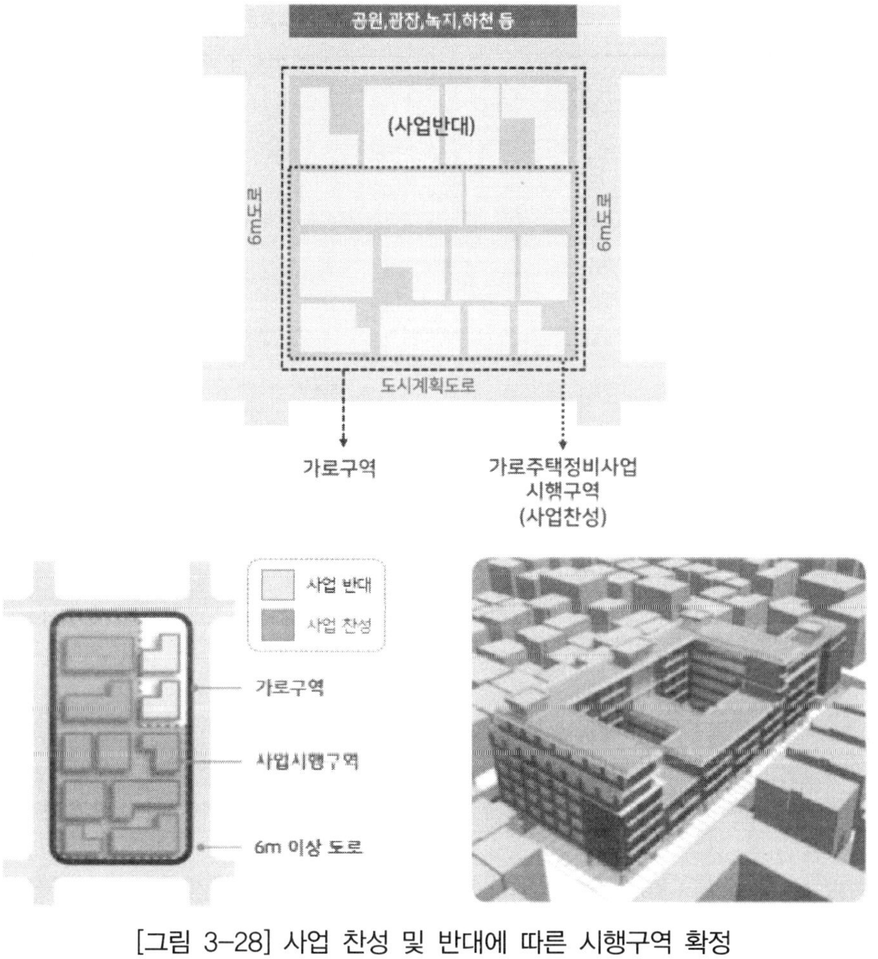

[그림 3-28] 사업 찬성 및 반대에 따른 시행구역 확정

(2) 가로구역의 요건 및 범위

1. 가로구역의 요건

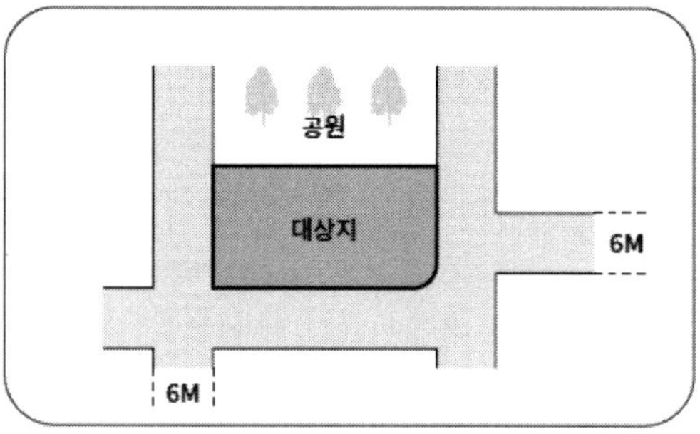

1. 아래의 요소로 둘러싸여 있을 것

- 도시계획도로
- 너비 6미터 이상의 일반도로
- 공원, 광장, 녹지, 하천, 공공공지, 공용주차장, 도로예정지

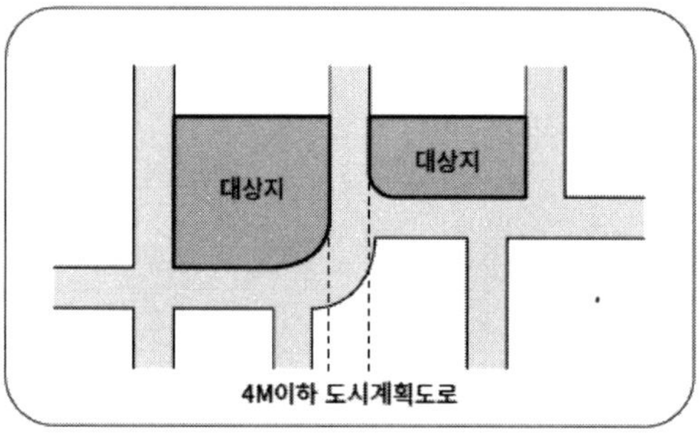

2. 사업대상지를 통과하는 너비 4미터 초과 도시계획도로가 없을 것

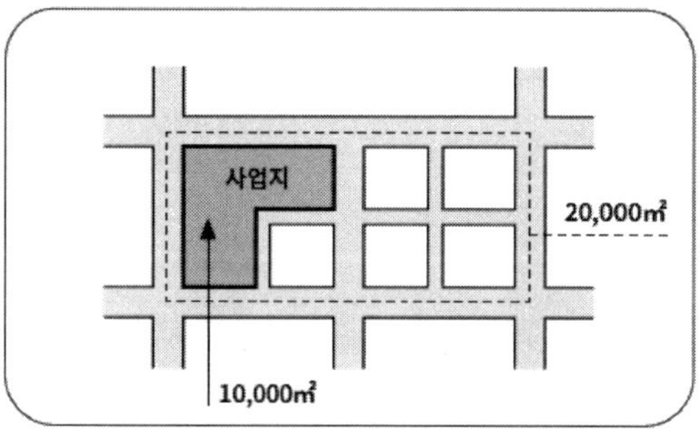

3. 면적이 아래와 같을 것

- 1만 제곱미터 미만
- 1만 3,000제곱미터 미만
  (시·도조례로 가로구역 면적을 정하는 경우)
- 2만 제곱미터 미만
  (지자체 도시계획위원회 심의를 거친 경우 최대 가능)

[그림 3-29] 가로구역의 요건

2. 가로구역의 범위 확대
   - 가로구역이 1만제곱미터가 넘을 경우 사도를 개설하여 사업시행구역을 분할하여 사업 시행가능
   - 공공성 요건을 충족하고 도시계획위원회의 심의를 거친 경우에는 2만제곱미터까

지 사업시행구역을 확대 가능, 투기과열지구도 확대 허용

- 공공성 요건이란 LH 등 공공참여, 확정지분제, 공공임대주택 10% 이상을 포함한 저렴주택 공급, 지구단위계획 등 수립 및 도시계획위원회 심의 의무화
- 공공성 요건 충족 시 분양가상한제 적용 제외

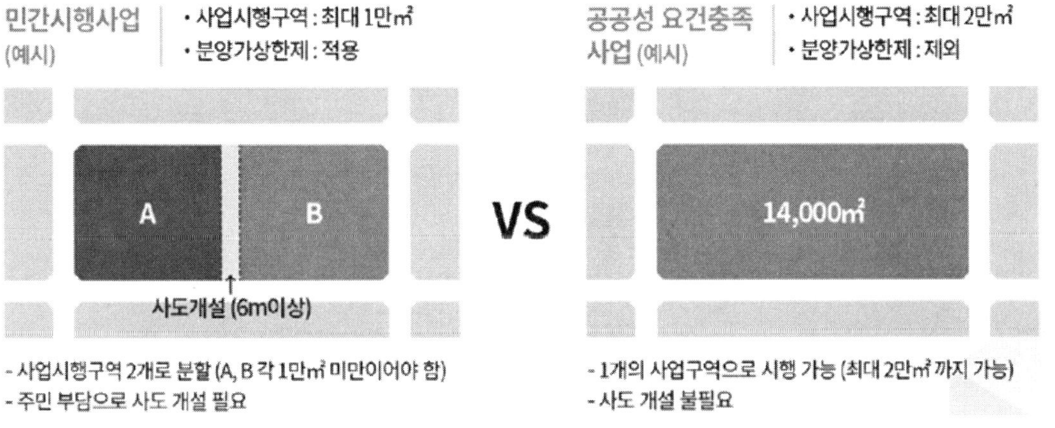

[그림 3-30] 가로구역의 범위 확대

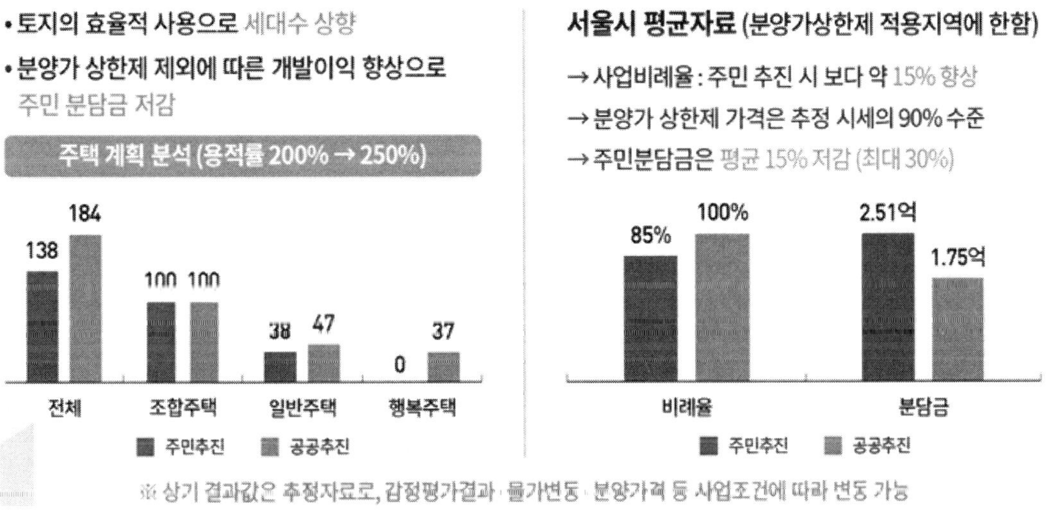

[그림 3-31] 규제완화를 통한 사업성 분석 예시

[2] 가로주택정비사업의 장점

(1) 사업절차의 간소화로 기간 및 비용절감

1. 기존 정비사업과 달리 구역지정과 추진위 단계가 없으므로 기간 단축

[그림 3-32] 가로주택정비사업의 장점

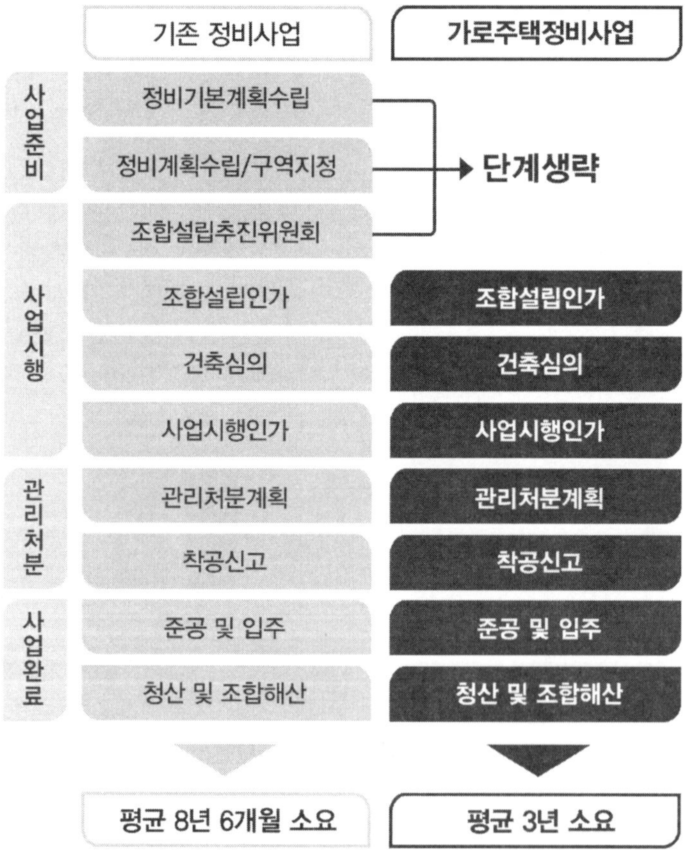

[그림 3-33] 정비사업 시행절차 비교

- 사업시행계획인가 시 관리처분계획을 포함하므로 사업절차를 간소화

2. 소수의 이해관계자에 의한 사업추진의 신속성
   - 사업기간 단축에 따른 비용절감

(2) 관리처분계획에 따라 3주택까지 공급

1. 토지등소유자의 종전자산 가격의 범위 내에서 최대 3주택까지 공급 가능

(3) 다양한 공공지원

1. 주택도시보증공사(HUG)의 도시재생기금 상품으로 융자 지원하여 주민부담 최소화
2. 각종 건축규제 완화
3. 공공임대주택 및 공공지원민간임대주택을 전체 연면적 또는 세대수 대비 20% 이상의 범위에서 건설하는 경우 「국토의 계획 및 이용에 관한 법률」에 따른 용적률 상한까지 건축 가능
   - 제2종일반주거지역의 경우 용적률을 200%에서 250%까지 완화

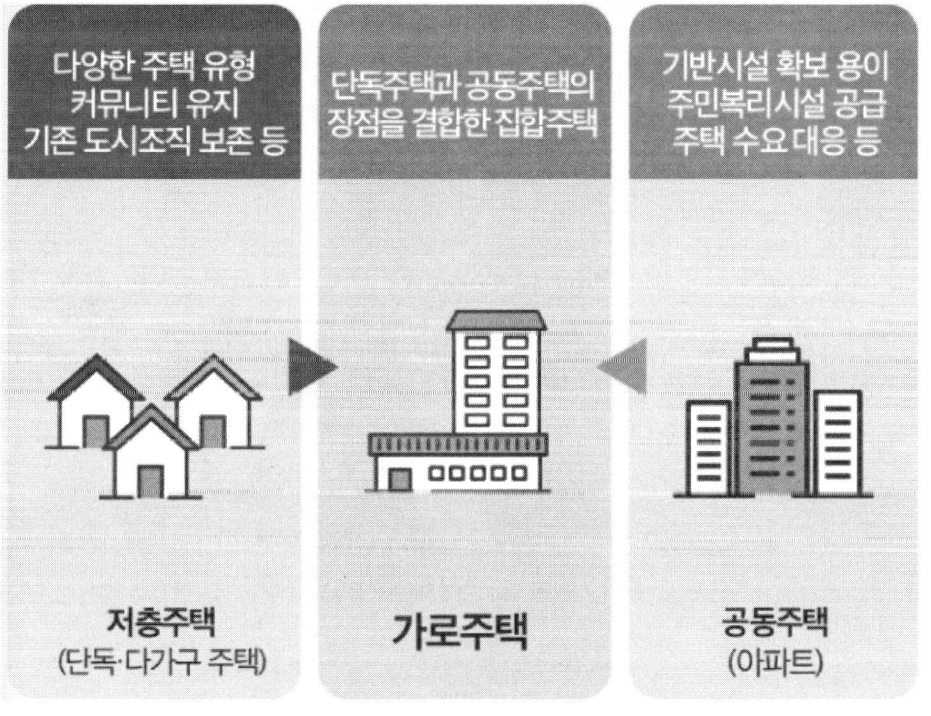

[그림 3-34] 가로주택정비사업의 특징

3-3 소규모재건축사업

[1] 소규모재건축사업의 개념

(1) 소규모주택정비사업의 정의와 시행방법

1. 정비기반시설이 양호한 지역에서 소규모로 공동주택을 재건축하기 위한 사업
2. 시장·군수 등에게 인가받은 사업시행계획에 따라 주택, 부대시설·복리시설 및 오피스텔[17)]을 건설하여 공급하는 방법으로 시행

[그림 3-35] 소규모재건축사업의 시행

17) 「건축법」 제2조제2항에 따른 업무시설 중 오피스텔

(2) 소규모주택정비사업의 대상

1. 공동주택
2. 사업시행 상 불가피한 경우 주택단지에 위치하지 아니한 토지 또는 건축물을 포함하여 사업 시행 가능
   - 진입도로 등 정비기반시설 및 공동이용시설의 설치에 필요한 토지 또는 건축물
   - 건축행위가 불가능한 토지 또는 건축물
   - 편입가능한 면적은 주택단지 면적의 100분의 20 미만

[그림 3 36] 소규모재건축 예정 단지

[2] 소규모재건축사업의 요건

(1) 소규모주택정비사업의 대상지역 및 기준

1. 사업시행구역 면적 1만제곱미터 미만
2. 노후·불량건축물의 수가 전체 건축물 수의 3분의 2 이상일 것
   -「도시 및 주거환경정비법」 제12조에 따른 재건축사업 정비계획 입안을 위한 안전진단 실시 필요 없음
3. 기존주택의 세대수가 200세대 미만일 것

Chapter 4

가로주택정비사업·
소규모재건축사업 시행 절차

4-1 시행자 및 시공자 등
4-2 주민합의체의 구성 및 조합의 설립
4-3 사업시행계획
4-4 사업시행을 위한 조치
4-5 공사완료에 따른 조치

4-1 시행자 및 시공자 등

[1] 가로주택정비사업·소규모재건축사업의 시행자

(1) 직접시행

1. 토지등소유자가 20명 미만인 경우에는 토지등소유자가 직접 시행
2. 토지등소유자가 조합을 설립하여 조합이 직접 시행

1. 주민이 시행 (특례법 17조3항)

• 토지등소유자*의 80% 이상(토지면적의 3분의 2 이상) 소유자의 동의로 **조합**을 설립해 직접 시행
• 토지등소유자가 20명 미만일 경우, 전원 합의로 **주민합의체**를 꾸려 직접 시행

: 제3자의 관여 없이 주민 이해에 따라 사업을 추진할 수 있으나, 전문성 있는 인력이 없을 경우 시행 속도가 더딜 수 있음

*토지등소유자 : 사업대상지에 위치한 토지 또는 건축물의 소유자, 해당 토지의 지상권자

[그림 4-1] 주민이 시행

(2) 공동시행

1. 주민합의체의 동의 또는 조합원의 과반수 동의 필요

2. 주민이 타 기관과 공동으로 시행

• **조합원 과반수가 동의할 경우**
• **토지등소유자가 20명 미만일 경우**
→ 시장·군수 등, 한국토지주택공사(LH) 등 지방공기업, 건설업자, 등록사업자, 신탁업자, 부동산투자회사와 공동으로 시행 가능

: 전문 기관의 지원으로 사업을 안정적으로 추진할 수 있으나, 관리비가 발생해 사업성이 낮아질 수 있음

[그림 4-2] 주민이 타 기관과 공동으로 시행

2. 공동시행자
   - 시장·군수등 / 토지주택공사등 / 건설업자 / 등록사업자 / 신탁업자 / 부동산투자회사

실무 Tip

「도시 및 주거환경정비법」 제29조제4항 및 제118조제7항

- 토지등소유자 또는 조합원의 과반수 동의를 받아 시공자를 선정할 경우 경쟁입찰 또는 수의계약(2회 이상 유찰된 경우로 한정)의 방법으로 건설업자 또는 등록사업자를 시공자로 선정하여야한다. 다만 조합원 100인 이하의 조합은 조합총회에서 정관으로 정하는 바에 따라 선정 할 수 있다.
- 조합이 건설업자와 공동으로 정비사업을 시행하는 경우로서 조합과 건설업자 사이에 협약을 체결하는 경우 해당 건설업자를 시공자로 본다.

「빈집 및 소규모주택 정비에 관한 특례법」 제56조

- 「도시 및 주거환경정비법」 제118조를 준용하고 있지 않으므로 공동시행하는 건설업자를 경쟁입찰 등을 통한 방법으로 선정하는 것이 아니라 시공자로 보기 위해서는 국토교통부의 유권해석 또는 및 개정이 필요

(3) 공공시행

3. 공공이 시행 (특례법 18조)

- **토지면적의 2분의1 이상의 토지소유자 & 토지등소유자의 3분의2 이상이 요청할 경우**
- **사업대상지 안에 있는 국공유지 또는 공공기관 소유토지의 면적이 2분의1 이상으로서, 토지등소유자의 과반수가 동의할 경우**
- **주민합의체 신고 또는 조합설립인가 이후 3년 이내 사업시행계획인가 신청이 없을 경우**

→ 시장·군수 등이 사업을 시행하거나 한국토지주택공사(LH) 등 지방공기업을 사업시행자로 지정할 수 있음

: 동의 등 절차를 위해 별도의 주민대표기구를 구성해야 함

: 공공이 직접 추진해 사업이 신속하게 진행되고, 공공의 정책적 지원이 가능할 수 있음

[그림 4-3] 공공이 시행

1. 공공시행자
   - 시장·군수등이 직접 시행
   - 토지주택공사등(토지주택공사등이 건설업자 또는 등록사업자와 공동으로 시행하는 경우를 포함)
2. 공공시행 지정요건
   - 천재지변, 「재난 및 안전관리 기본법」 제27조 또는 「시설물의 안전관리에 관한 특별법」 제14조에 따른 사용제한·사용금지, 그 밖의 불가피한 사유로 긴급하게 사업을 시행할 필요가 있는 경우
   - 토지등소유자가 주민합의체를 신고한 날 또는 조합이 조합설립인가를 받은 날부터 3년 이내에 사업시행계획인가를 신청하지 아니한 경우
   - 사업이 장기간 지연되거나 권리관계에 대한 분쟁 등으로 해당 조합 또는 토지등소유자가 시행하는 사업을 계속 추진하기 어려운 경우
   - 사업시행계획인가가 취소된 경우
   - 사업시행구역의 국유지·공유지 면적 또는 국유지·공유지와 토지주택공사등이 소유한 토지를 합한 면적이 전체 토지면적의 2분의 1 이상으로서 토지등소유자 과반수가 공공시행에 동의하는 경우
   - 사업시행구역의 토지면적의 2분의 1 이상의 토지소유자와 토지등소유자의 3분의 2 이상에 해당하는 자가 공공시행을 요청한 경우
3. 공공시행의 고시 및 통보
   - 지방자치단체의 공보에 고시
   - 고시내용 : 사업의 종류 및 명칭, 사업시행자의 성명 및 주소, 사업시행구역의 위치 및 면적, 사업의 착수예정일 및 준공예정일
   - 고시내용을 토지등소유자에게 통보
   - 다만, 천재지변, 사용제한·사용금지, 불가피한 사유로 긴급하게 사업을 시행할 필요가 있는 경우에는 토지등소유자에게 지체 없이 사업의 시행 사유·시기 및 방법 등을 통보
4. 주민합의체 신고 또는 조합설립인가의 취소
   - 사업시행자의 지정·고시일 다음 날 취소 됨

(4) 지정개발

1. 지정개발자
   - 사업시행구역 면적의 3분의 1이상의 토지를 신탁받은 신탁업자

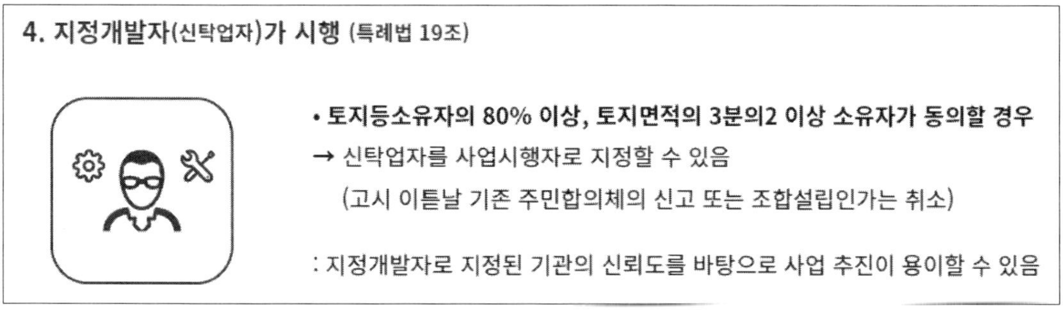

[그림 4-4] 지정개발자

   - 가로주택정비사업의 경우 토지등소유자의 80%이상, 토지면적의 3분의 2이상 및 공동주택은 각 동별 구분소유자의 과반수 동의가 필요
   - 소규모재건축사업의 경우 공동주택의 각 동별 구분소유자의 과반수 동의, 전체 구분소유자의 4분의 3 이상 및 토지면적의 4분의 3 이상의 토지소유자의 동의가 필요
2. 지정개발자 지정의 고시 및 통보
   - 지방자치단체의 공보에 고시
   - 사업의 종류 및 명칭, 사업시행자의 성명 및 주소, 사업시행구역의 위치 및 면적, 사업의 착수예정일 및 준공예정일을 토지등소유자에게 통보
3. 지정개발자 동의 전 토지등소유자 제공 사항
   - 토지등소유자별 분담금 추산액 및 산출근거
   - 추정분담금의 산출 등과 관련한 사업시행계획에서 정한 사업개요, 토지등소유자별 종전자산 추정가액, 건축물의 분양수입 추정가액, 사업에 필요한 비용의 추정가액 등
4. 주민합의체 신고 또는 조합설립인가의 취소
   - 지정개발자의 지정·고시일 다음 날 취소 됨

5. 주민이 시행하던 사업을 타 기관이 대신 시행 (도시및주거환경정비법 28조)

- **정비사업이 장기간 지연되거나, 조합 또는 토지등소유자가 더이상 추진하기 어렵다고 인정할 경우**
- **조합 또는 토지등소유자(조합을 설립한 경우에는 조합원) 과반수가 동의해 요청하는 경우**

→ 시장 · 군수 등이 직접 시행하거나 지정개발자에게 대신 시행하도록 할 수 있음

[그림 4-5] 주민이 시행하던 사업을 타 기관이 대신 시행

[2] 시공자

(1) 시공자의 선정

1. 토지등소유자가 주민합의서에서 정하는 바에 따라 건설업자 또는 등록사업자를 시공자로 선정
2. 조합은 조합 총회에서 경쟁입찰 또는 수의계약(2회 이상 경쟁입찰이 유찰된 경우로 한정)의 방법으로 건설업자 또는 등록사업자를 시공자로 선정
   - 단, 조합원 100명 이하인 조합은 조합 총회에서 정관으로 정하는 바에 따라 선정
3. 공공시행자 및 지정개발자 지정 고시 후 건설업자 또는 등록사업자를 시공자로 선정
   - 주민대표회의 또는 토지등소유자 전체회의는 경쟁입찰 또는 수의계약(2회 이상 경쟁입찰이 유찰된 경우로 한정)의 방법으로 시공자를 추천 가능

〈표 4-1〉 주민대표회의 또는 토지등소유자 전체회의 시공자 추천 경쟁입찰 요건

경쟁입찰의 요건	비고
일반경쟁입찰·제한경쟁입찰 또는 지명경쟁입찰	
해당 지역에서 발간되는 일간신문에 1회 이상 입찰을 위한 공고를 하고, 입찰 참가자를 대상으로 현장설명회를 개최할 것	
해당 지역 주민을 대상으로 합동홍보설명회를 개최할 것	
토지등소유자를 대상으로 제출된 입찰서에 대한 투표를 실시하고 그 결과를 반영할 것	

- 사업시행자는 추천받은 자를 시공자로 선정
- 조합원이 100명 이하일 경우 주민대표회의 또는 토지등소유자 전체회의에서 별도로 정하는 바에 따라 선정

(2) 시공자와의 계약

1. 「지방자치단체를 당사자로 하는 계약에 관한 법률」 제9조 및 「공공기관의 운영에 관한 법률」 제39조 미적용
   - 시장·군수등 또는 토지주택공사등이 공동으로 시행하는 경우
   - 주민대표회의 또는 토지등소유자 전체회의가 추천한 시공자를 선정하는 경우
2. 기존 건축물의 철거 공사에 관한 사항을 포함
   - 「석면안전관리법」에 따른 석면 조사·해체·제거를 포함)에 관한 사항을 포함
3. 시공보증서 제출
   - 시공보증을 위하여 조합 또는 토지등소유자에 제출
   - 시장·군수등 또는 토지주택공사등은 미제출

(3) 시공자의 선정기준

1. 소규모주택정비사업의 시공자 및 정비사업전문관리업자 선정기준
   - 2018. 2. 23. 시행 [국토교통부고시 제2018-128호, 2018. 2. 23., 제정]
   - 「도시 및 주거환경정비법」(이하 "도시정비법"이라 한다) 제29조제3항에 따른 「정비사업 계약업무 처리기준」 제2조부터 제39조까지를 준용
2. 시공자 선정 시 예외사항
   - 사업시행자가 시공자를 내역입찰로 선정하는 경우 입찰서 제출마감일 35일 이전에 현장설명회를 개최
   - 대의원회가 총회에 상정할 건설업자를 선정하는 경우 3인 이상을 선정
   - 다만, 입찰에 참가한 건설업자등이 2인인 경우에는 모두 총회에 상정
   - 시공자 선정 총회를 개최하기에 앞서 합동홍보설명회를 1회 이상 개최

소규모주택정비사업의 시공자 및 정비사업전문관리업자 선정기준
[시행 2018. 2. 23.]
[국토교통부고시 제2018-128호, 2018. 02. 23. 제정]

[그림 4-6] 시공자 선정방법

3. 선정기준 적용 제외
   - 토지등소유자 또는 조합원이 100인 이하인 가로주택정비사업 및 소규모재건축사업은 조합 총회에서 정관으로 정하는 바에 따라 시공자를 선정
   - 토지등소유자 또는 조합원 전원의 동의를 얻어 별도의 선정기준을 마련한 경우 그 기준에 따라 시공자 선정
4. 「정비사업 계약업무 처리기준」
   - 2018. 2. 9. 시행 [국토교통부고시 제2018-101호, 2018. 2. 9., 제정]

〈표 4-2〉 정비사업 계약업무 처리기준 시공사 선정 기준

구분	내용	비고
적용범위	건설업자등을 시공자로 선정하거나 추천하는 경우	공동시행을 위해 선정하는 경우를 포함
입찰의 방법	일반경쟁 또는 지명경쟁의 방법	
수의계약	일반경쟁입찰이 미 응찰 또는 단독 응찰의 사유로 2회 이상 유찰된 경우	총회의 의결 필요
지명경쟁	5인 이상의 입찰대상자를 지명하여 3인 이상의 입찰참가 신청	대의원회의 의결 필요
입찰 공고	전자조달시스템 또는 1회 이상 일간신문에 공고	현장설명회 개최일로부터 7일 전까지
지명경쟁 입찰공고	전자조달시스템과 일간신문에 공고 + 내용증명우편으로 통지	
입찰 공고 등의 내용	1. 사업계획의 개요(공사규모, 면적 등) 2. 입찰의 일시 및 방법 3. 현장설명회의 일시 및 장소 4. 부정당업자의 입찰 참가자격 제한에 관한 사항 5. 입찰참가에 따른 준수사항 및 위반(홍보위반 포함)시 자격 박탈에 관한 사항 6. 그 밖에 사업시행자등이 정하는 사항	건설업자등에게 이사비, 이주비, 이주촉진비,재건축부담금, 그 밖에 시공과 관련이 없는 사항에 대한 금전이나 재산상 이익 요청 불가
검토사항	설계도서, 공사비 명세서, 물량산출 근거, 시공방법, 자재사용서 등 시공 내역의 적정성을 검토	건설업자등이 설계를 제안하는 경우
건설업자등의 금품 등 제공 금지 등	건설업자등은 입찰서 작성시 이사비, 이주비, 이주촉진비, 「재건축초과이익 환수에 관한 법률」 제2조제3호에 따른 재건축부담금, 그 밖에 시공과 관련이 없는 사항에 대한 금전이나 재산상 이익을 제공하는 제안 금지	금융기관의 이주비 대출에 대한 이자를 사업시행자등에 대여하는 것을 제안하는 것은 가능
제안 가능 내용	금융기관으로부터 조달하는 금리 수준으로 추가 이주비를 사업시행자등에 대여하는 것을 제안하는 것은 가능	종전 토지 또는 건축물을 담보로 한 금융기관의 이주비 대출 이외의 이주비
현장설명회 포함내용	1. 설계도서(사업시행계획인가를 받은 경우 사업시행계획인가서를 포함하여야 한다) 2. 입찰서 작성방법·제출서류·접수방법 및 입찰유의사항 등 3. 건설업자등의 공동홍보방법 4. 시공자 결정방법 5. 계약에 관한 사항 6. 기타 입찰에 관하여 필요한 사항	입찰서 제출마감일 20일 전까지 (내역입찰의 경우에는 입찰서 제출마감일 45일 전까지) 현장설명회를 개최

〈표 4-2〉 정비사업 계약업무 처리기준 시공사 선정 기준

구분	내용	비고
입찰서의 접수 및 개봉	1. 사업시행자등은 전자조달시스템을 통해 입찰서를 접수 2. 전자조달시스템에 접수한 입찰서 이외의 입찰 부속서류는 밀봉된 상태로 접수 3. 입찰 부속서류를 개봉하고자 하는 경우에는 부속서류를 제출한 입찰참여자의 대표(대리인)와 사업시행자등의 임원 등 관련자, 그 밖에 이해관계자 각 1인이 참여한 공개된 장소에서 개봉	입찰 부속서류 개봉 시에는 일시와 장소를 입찰참여자에게 통지
대의원회의 의결	1. 제출된 입찰서를 모두 대의원회에 상정 2. 총회에 상정할 6인 이상의 건설업자등을 선정 3. 입찰에 참가한 건설업자등이 6인 미만인 때에는 모두 총회에 상정	소규모주택정비사업은 3인 이상을 선정 입찰 참가 건설업자 2인인 경우에는 모두 총회에 상정
의결방법	대의원회 재적의원 과반수가 직접 참여한 회의에서 비밀투표의 방법으로 의결	서면결의서 또는 대리인을 통한 투표 불가
건설업자등의 홍보	1. 총회에 상정될 건설업자등이 결정된 때에는 토지등소유자에게 이를 통지 2. 건설업자등의 합동홍보설명회를 2회 이상 개최 3. 총회에 상정하는 건설업자등이 제출한 입찰제안서에 대하여 시공능력, 공사비 등이 포함되는 객관적인 비교표를 작성하여 토지등소유자에게 제공	합동홍보설명회를 개최할 때에는 개최일 7일 전까지 일시 및 장소 토지등소유자에게 통지
홍보 불가 내용	건설업자등의 임직원, 시공자 선정과 관련하여 홍보 등을 위해 계약한 용역업체의 임직원 등은 토지등소유자 등을 상대로 개별적인 홍보 불가	홍보를 목적으로 사은품 등 물품·금품·재산상의 이익을 제공 불가
홍보공간 제공	합동홍보설명회(최초 합동홍보설명회를 말한다) 개최 이후 건설업자등의 신청을 받아 정비구역 내 또는 인근에 개방된 형태의 홍보공간을 1개소 제공할 수 있음	홍보공간에서는 토지등소유자 등에게 홍보 가능
홍보직원 명단 제출	1. 홍보를 수행할 직원(건설업자등의 직원을 포함)의 명단을 등록 2. 홍보직원의 명단을 등록하기 이전에 홍보를 하거나, 등록하지 않은 홍보직원이 홍보를 하여서는 안됨	등록된 홍보직원의 명단을 토지등소유자 공개 가능

〈표 4-2〉 정비사업 계약업무 처리기준 시공사 선정 기준

구분	내용	비고
총회의 의결	1. 토지등소유자 과반수가 직접 출석하여 의결 2. 대리인이 참석한 때에는 직접 출석 인정 3. 총회 직접 참석이 어려운 경우 서면으로 의결권을 행사 가능	서면결의서를 철회하고 시공자선정 총회에 직접 출석하여 의결하지 않는 한 직접 참석자에는 미포함
서면의결권 행사	1. 서면의결권 행사는 조합에서 지정한 기간·시간 및 장소에서 서면결의서를 배부 받아 제출 2. 조합원의 서면의결권 행사를 위해 조합원 수 등을 고려하여 서면결의서 제출기간·시간 및 장소를 정하여 운영	시공자 선정을 위한 총회 개최 안내 시 서면결의서 제출요령을 충분히 고지
총회에서 홍보	총회에서 시공자 선정을 위한 투표 전에 각 건설업자등별로 조합원들에게 실명할 수 있는 기회를 부여	
계약의 체결	선정된 시공자와 계약을 체결하는 경우 계약의 목적, 이행기간, 지체상금, 실비정산방법, 기타 필요한 사유 등을 기재한 계약서를 작성하여 기명날인	선정된 시공자가 정당한 이유 없이 3개월 이내에 계약을 체결하지 아니하는 경우에는 총회의 의결을 거쳐 해당 선정을 무효
공사비 검증	공사비 검증이 완료된 경우 검증보고서를 총회에서 공개하고 공사비 증액을 의결	인터넷과 그 밖의 방법을 병행하여 공개

(4) 공사비 검증

1. 공사비 검증의 필요성
   - 투명하고 객관적인 공사비 검증을 통한 조합원 부담금 경감
   - 조합과 시공자 간의 분쟁 및 갈등 조기해소로 신속한 사업추진 가능
   - 정비사업의 고질적인 비리(저가수주 후 공사비 과다증액 등) 예방
2. 공사비 검증 수행 기관
   - 한국감정원에서 공사비 검증 수행
3. 공사비 검증 신청 조건
   - 사업시행계획인가 전에 시공자를 선정한 경우에는 공사비의 10% 이상이 증액되는 경우
   - 사업시행계획인가 이후에 시공자를 선정한 경우에는 공사비의 5% 이상이 증액되

는 경우
- 공사비 검증이 완료된 이후 공사비가 추가로 증액되는 경우
- 토지등소유자 10분의 1 이상이 사업시행자등에 공사비 증액 검증을 요청하는 경우
- 그 밖에 사유로 사업시행자등이 공사비 검증을 요청하는 경우

4. 공사비 검증 절차

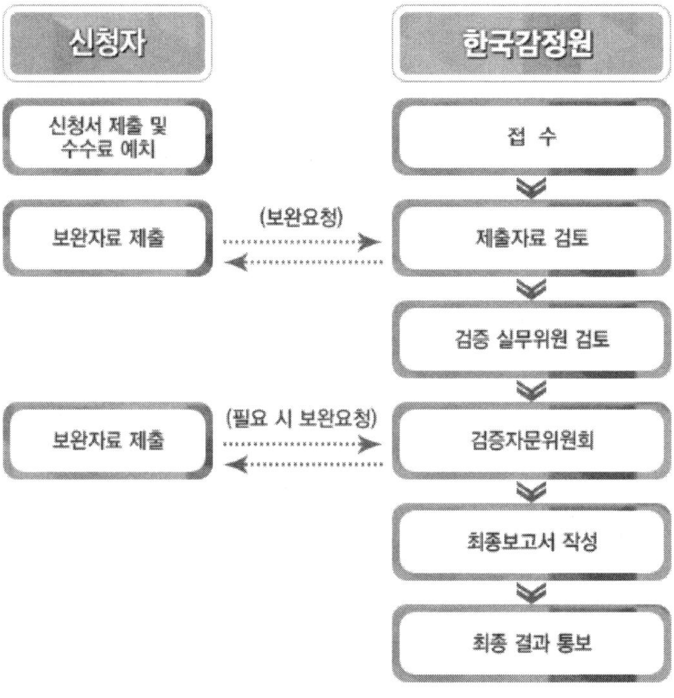

[그림 4-7] 한국감정원 정비사업 공사비 검증 절차

- 검증비용을 예치
- 설계도서, 공사비 명세서, 물량산출근거, 시공방법, 자재사용서 등 공사비 변동내역 등을 검증기관에 제출
- 검증기관은 접수일로부터 60일 이내에 그 결과를 신청자에게 통보
- 다만, 부득이한 경우 10일의 범위 내에서 1회 연장
- 서류의 보완기간은 검증기간에서 제외

5. 제출서류
   - 공사비 목록 및 사유서
   - 사업개요 및 추진경과, 단계별 도급계약서, 시공자 입찰관련 서류
   - 사업시행계획(변경)인가서등 인·허가 관련 서류
   - 변경 전·후 설계도 및 시방서(특기시방 포함), 지질조사서, 자재설명서
   - 공사비 총괄표, 변경 전·후 공사비 내역서, 일위대가, 물량산출서, 공량산출서, 단가산출서 등 공사비 내역을 증빙하는 서류
   - 기타 검증기관이 요구하는 검증에 필요한 서류
6. 한국감정원에서 정한 검증기간 및 수수료.
   - 전체 또는 증액 공사비가 1,000억 원 미만인 경우에는 접수일로부터 60일 이내
   - 전체 또는 증액 공사비가 1,000억 원 이상인 경우에는 접수일로부터 75일 이내 (※ 부득이한 경우 10일 범위 내에서 1회 연장가능)

- 전체공사 검증 수수료

전체 공사비	수수료 (VAT별도)
100억원 이하	5,000,000원(기본수수료)
100억원 초과 500억원 이하	5,000,000원 + 100억원 초과액의 40/100,000
500억원 초과 1,000억원 이하	21,000,000원 + 500억원 초과액의 25/100,000
1,000억원 초과 2,000억원 이하	33,500,000원 + 1,000억원 초과액의 15/100,000
2,000억원 초과	48,500,000원 + 2,000억원 초과액의 5/100,000

- 증액공사 검증 수수료

증액 공사비	수수료 (VAT별도)
10억원 이하	5,000,000원(기본수수료)
10억원 초과 50억원 이하	5,000,000원 + 10억원 초과액의 40/10,000
50억원 초과 100억원 이하	21,000,000원 + 50억원 초과액의 25/10,000
100억원 초과 200억원 이하	33,500,000원 + 100억원 초과액의 15/10,000
200억원 초과	48,500,000원 + 200억원 초과액의 5/10,000

[그림 4-8] 한국감정원 정비사업 공사비 검증 수수료

[3] 정비사업전문관리업자

(1) 정비사업전문관리업자의 선정

1. 주민합의체는 정비사업전문관리업자를 선정하는 경우 주민합의서로 정하는 바에 따라 선정
2. 조합은 조합 총회에서 국토교통부장관이 정하는 경쟁입찰 또는 수의계약(2회 이상 경쟁입찰이 유찰된 경우로 한정)의 방법으로 선정

(2) 정비사업전문관리업자의 선정기준

1. 소규모주택정비사업의 시공자 및 정비사업전문관리업자 선정기준
   - 2018. 2. 23. 시행 [국토교통부고시 제2018-128호, 2018. 2. 23., 제정]
   - 「도시 및 주거환경정비법」(이하 "도시정비법"이라 한다) 제29조제3항에 따른 「정비사업 계약업무 처리기준」 제2조부터 제39조까지를 준용
2. 정비사업전문관리업자 선정 시 예외사항
   - 사업시행자가 가로주택정비사업 및 소규모재건축사업의 정비사업전문관리업자를 지명경쟁입찰을 통해 선정하는 경우 3인 이상의 입찰대상자를 지명
   - 2인 이상의 입찰참가 신청이 있어야 유효
3. 선정기준 적용 제외
   - 토지등소유자 또는 조합원 전원의 동의를 얻어 별도의 선정기준을 마련한 경우 그 기준에 따라 정비사업전문관리업자를 선정 가능

[4] 일반 계약 처리기준

(1) 일반 계약 처리기준의 적용 제외

1. 「빈집 및 소규모주택 정비에 관한 특례법」 제56조에서는 「도시 및 주거환경정비법」 제29조 준용 조항 없음
   - 「전자조달의 이용 및 촉진에 관한 법률」에 따른 전자조달시스템 이용 적용 제외
   - 시공자 선정 및 정비사업전문관리업자의 선정을 제외하고는 「정비사업 계약업무 처리기준」 미적용
2. 일반 계약의 규모에 따른 일반경쟁입찰, 제한경쟁입찰, 지명경쟁입찰, 수의계약 등

의 기준이 되는 「도시 및 주거환경정비법 시행령」제24조 적용 제외

- 소규모주택정비사업에서 일반 계약은 일반 계약 처리기준 및 지명경쟁이나 수의계약 입찰 조건 등을 참조하여 조합의 정관 및 이사회, 대의원회, 토지등소유자 전체회의 등에서 정할 사항임

(2) 「정비사업 계약업무 처리기준」에 따른 일반 계약 처리기준 참조

〈표 4-3〉 일반 계약 처리기준

구분	내용	비고
적용범위	정비사업을 추진하기 위하여 체결하는 공사, 용역, 물품구매 및 제조 등 계약	
입찰의 방법	정비사업 과정에서 계약을 체결하는 경우 일반경쟁입찰	지명경쟁이나 수의계약 가능 기준[18]
입찰의 유효	2인 이상의 유효한 입찰참가 신청	
지명경쟁에 의한 입찰	4인 이상의 입찰대상자를 지명하여야 하고, 3인 이상의 입찰 참가 신청	입찰대상자를 지명 대의원회의 의결
입찰공고	전자조달시스템 또는 1회 이상 일간신문(전국 또는 해당 지방을 주된 보급지역으로 하는 일간신문)에 입찰을 공고	입찰서 제출마감일 7일 전까지
지명경쟁 입찰공고	내용증명우편으로 입찰대상자에게 통지(도달)	입찰서 제출마감일 7일 전까지
현장설명회 개최 시	입찰서 제출 전에 현장설명회를 개최하는 경우 전자조달시스템 또는 1회 이상 일간신문에 입찰을 공고 지명경쟁입찰은 내용증명우편으로 입찰대상자에게 통지	현장설명회 개최일 7일 전까지
건설공사 및 전문공사 입찰 공고	1. 추정가격이 10억원 이상 50억원 미만인 경우 : 15일 전까지 공고 2. 추정가격이 50억원 이상인 경우 : 40일 전까지 공고	현장설명회를 실시하지 아니하는 경우
재입찰	입찰서 제출마감일 5일 전까지 공고	긴급한 재해예방·복구 등을 위하여 필요한 경우 포함
입찰 공고 등의 내용	1. 사업계획의 개요(공사규모, 면적 등) 2. 입찰의 일시 및 장소 3. 입찰의 방법(경쟁입찰 방법, 공동참여 여부 등) 4. 현장설명회 일시 및 장소 5. 부정당업자의 입찰 참가자격 제한에 관한 사항 6. 입찰참가에 따른 준수사항 및 위반시 자격 박탈에 관한 사항 7. 그 밖에 사업시행자등이 정하는 사항	

〈표 4-3〉 일반 계약 처리기준

구분	내용	비고
현장설명회	1. 정비구역 현황 2. 입찰서 작성방법·제출서류·접수방법 및 입찰유의사항 3. 계약대상자 선정 방법 4. 계약에 관한 사항 5. 그 밖에 입찰에 관하여 필요한 사항	
부정당업자의 입찰 참가자격 제한	1. 금품, 향응 또는 그 밖의 재산상 이익을 제공하거나 제공의사를 표시하거나 제공을 약속하여 처벌을 받았거나, 입찰 또는 선정이 무효 또는 취소된 자(소속 임직원을 포함한다) 2. 입찰신청서류가 거짓 또는 부정한 방법으로 작성되어 선정 또는 계약이 취소된자	대의원회의 의결
입찰서의 접수	밀봉된 상태로 입찰서(사업 참여제안서 포함)를 접수	
입찰서의 개봉	입찰서를 제출한 입찰참여자의 대표(대리인)와 사업시행자등의 임원 등 관련자, 그 밖에 이해관계자 각 1인이 참여한 공개된 장소에서 개봉	입찰서 개봉 시에는 일시와 장소를 입찰참여자에게 통지
입찰참여자의 홍보	설계업자, 정비사업전문관리업자 등을 선정하고자 할 때에는 이를 토지등소유자(조합원)가 쉽게 접할 수 있는 일정한 장소의 게시판에 7일 이상 공고	인터넷 등에 병행하여 공개
합동홍보설명회	일시 및 장소를 정하여 토지등소유자에게 통지	개최 7일 전까지
개별홍보 불가	홍보관·쉼터 설치, 홍보책자 배부, 세대별 방문, 인터넷 홍보 등 개별적인 홍보 불가	홍보를 목적으로 사은품 등 물품·금품·재산상의 이익을 제공하거나 제공 약속 불가
계약 체결 대상의 선정	예산으로 정한 사항 외에 조합원에게 부담이 되는 계약, 시공자·설계자 또는 감정평가업자, 정비사업전문관리업자의 선정 및 변경은 총회의 의결	그 외의 계약은 대의원회의 의결
총회의 의결	대의원회에서 총회에 상정할 4인 이상의 건설업자등을 선정	입찰 참가자가 4인 미만인 때에는 모두 총회에 상정
입찰 무효	토지등소유자 등을 상대로 하는 개별적인 홍보를 하는 행위가 적발된 건수의 합이 3회 이상인 경우 해당 입찰 무효	해당 입찰이 무효로 됨에 따라 단독 응찰이 된 경우 유효한 경쟁입찰임
계약의 체결	정당한 이유 없이 3개월 이내에 계약을 체결하지 아니하는 경우에는 해당 선정을 무효	총회 또는 대의원회의 의결

18) 「도시 및 주거환경정비법 시행령」 제24조제1항에 해당하는 경우

〈표 4-4〉 지명경쟁이나 수의계약 입찰 조건

입찰종류	해당 내용	조건
지명(指名)경쟁	계약의 성질 또는 목적에 비추어 특수한 설비·기술·자재·물품 또는 실적이 있는 자가 아니면 계약의 목적을 달성하기 곤란한 경우	입찰대상자가 10인 이내
	「건설산업기본법」에 따른 건설공사	추정가격이 3억 원 이하
	「건설산업기본법」에 따른 전문공사	추정가격이 1억 원 이하
	공사관련 법령에 따른 공사	추정가격이 1억 원 이하
	물품 제조·구매, 용역, 그 밖의 계약	추정가격 1억 원 이하
수의계약	「건설산업기본법」에 따른 건설공사	추정가격이 2억 원 이하
	「건설산업기본법」에 따른 전문공사	추정가격이 1억원 이하
	공사관련 법령에 따른 공사	추정가격이 8천만 원 이하
	물품의 제조·구매, 용역, 그 밖의 계약	추정가격 5천만원 이하
	송, 재난복구 등 예측하지 못한 긴급한 상황에 대응	경쟁에 부칠 여유가 없는 경우
	일반경쟁입찰이 입찰자가 없거나 단독 응찰의 사유	2회 이상 유찰된 경우

[5] 전자조달시스템

(1) 국가전자조달시스템

1. 나라장터
   - 대한민국이 만든 전자조달 세계 대표 브랜드 "국가종합전자조달시스템(나라장터, KONEPS[19])"
   - 국가종합전자조달시스템(KONEPS)은 조달업무 전 과정을 온라인으로 처리하는 선진 전자조달시스템
   - 모든 공공기관의 입찰정보가 공고되고, 1회 등록으로 어느 기관 입찰에나 참가할 수 있는 공공조달 단일창구(Single Window) 역할을 수행
   - 공공기관과 민간기업의 시간과 비용을 획기적으로 절감

19) KONEPS : Korea ON-line e-Procurement System

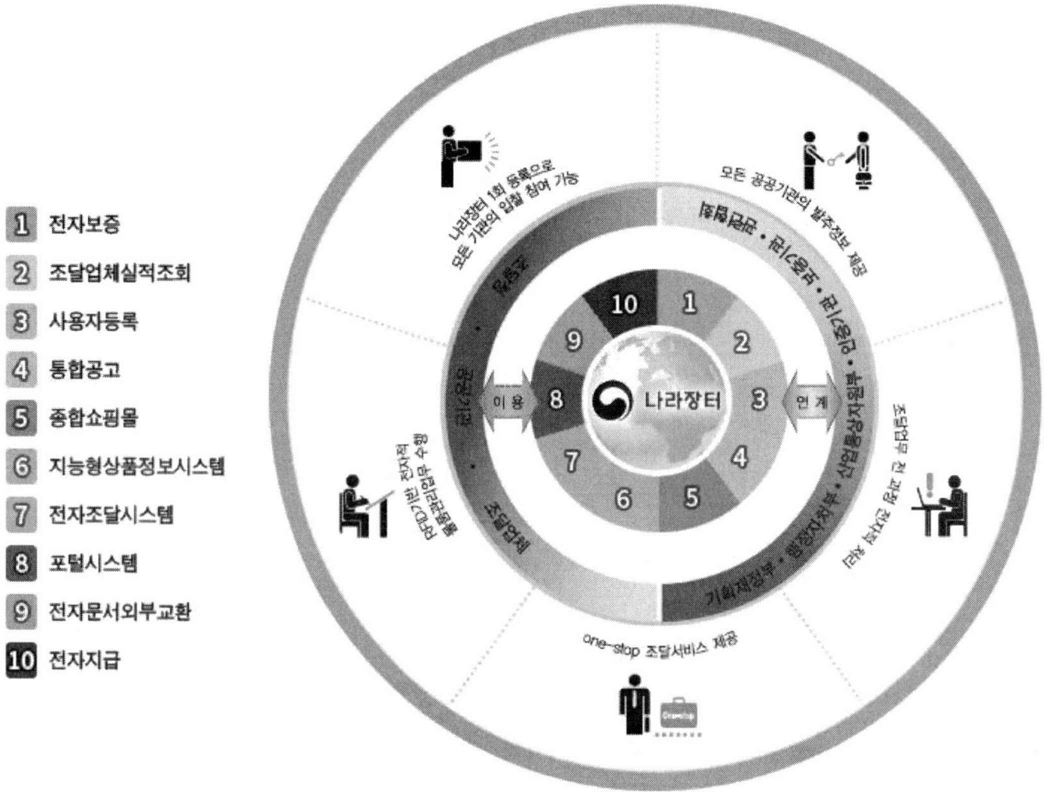

[그림 4-9] 나라장터의 역할

2. 나라장터의 특징
   - 모든 공공기관과 조달기업이 이용하는 공공조달 단일 창구
   - 조달기업은 분야별 면허 등 자격요건을 미리 나라장터에 등록하면 1회 등록만으로 모든 공공기관의 입찰에 참가
   - 조달기업은 나라장터 한 곳에서 모든 공공기관의 입찰 정보를 획득
   - 입찰공고, 입찰, 계약, 대금지급 등 조달 프로세스 전 과정을 전자화
   - 입찰부터 계약, 대금지급까지 조달 전 과정이 인터넷에서 편리하게 처리되고, 166종의 관련 서류를 전자화해 빠르게 처리함으로써 공공기관, 조달기업 모두 효율적인 조달 업무를 수행

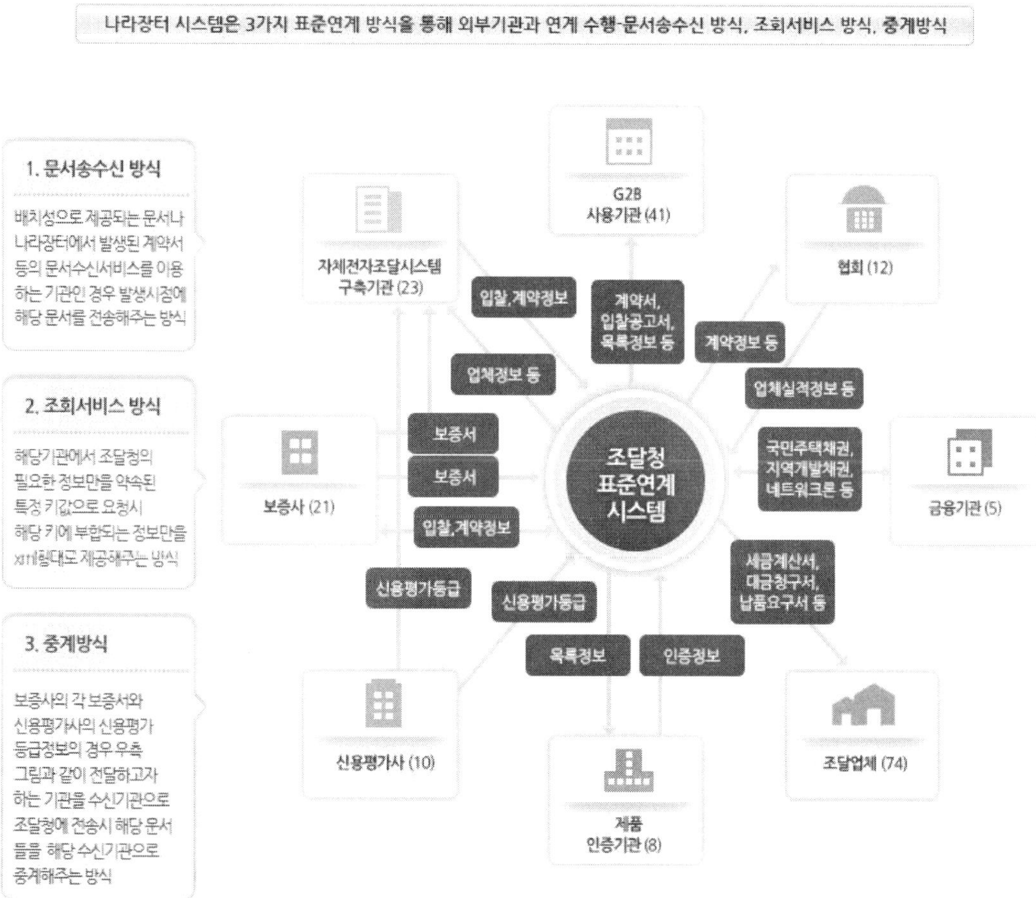

[그림 4-10] 나라장터의 3가지 표준연계 방식

- 150개 기관의 조달관련 정보를 연계하여 조달기업은 별도의 문서, 증빙서류 제출 없이 입찰, 계약, 대금지급 등 조달 전 과정을 'ONE-Stop' 처리

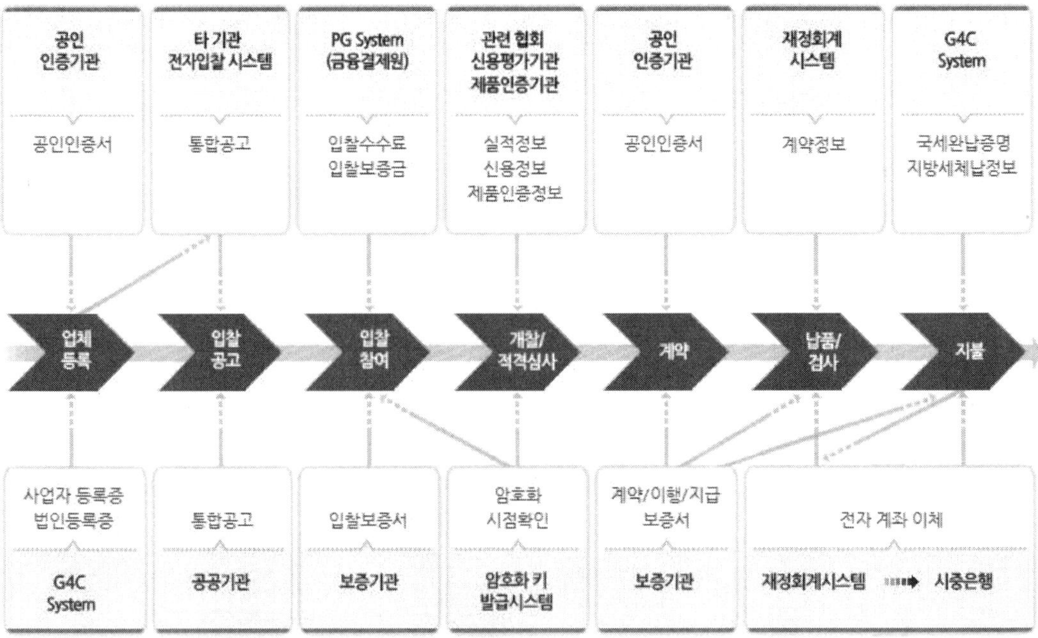

[그림 4-11] 시스템 연계를 통한 ONE-Stop 서비스

3. 나라장터의 기능

- (전자입찰) 입찰 공고, 조달기업의 입찰참가 신청, 투찰, 개찰 및 자격심사를 통해 낙찰자 선정
- (전자계약) 공인인증, 최신 생체지문인식 기술을 적용하여 계약서 작성 및 전자서명, 각 종 보증서 처리 인지세 납부, 채권매입 등 계약 체결에 필요한 모든 업무를 처리
- (전자지불) 제품, 서비스, 시설물에 대한 검사, 대금청구, 지불까지 전 과정을 국가, 지자체, 교육기관 등 3대 주요 재정정보시스템과 연계하여 처리
- (종합쇼핑몰) 수시 구매가 필요한 상용 물품이나 서비스 등의 경우, 조달기업은 자사의 상품을 종합쇼핑몰에 등록하고,공공기관은 종합쇼핑몰에서 직접 검색하여 원하는 상품 구매
- (목록정보) 250만개 품목의 상품 정보를 UNSPSC 분류체계를 활용하여 빠르게 등록, 조회하여 공공기관,조달기업은 구매 대상이 되는 물품, 서비스 등의 설명, 규격, 품질 정보 등 공유

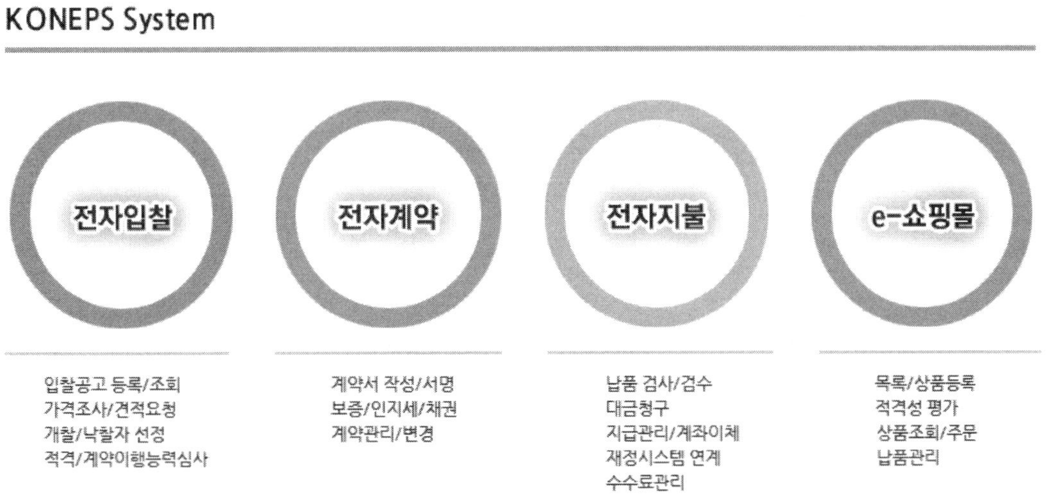

[그림 4-12] 나라장터의 다양한 기능

[그림 4-13] 나라장터 3.0

3. 나라장터를 통한 입찰공고

[그림 4-14] 나라장터 홈페이지

[그림 4-15] 나라장터 입찰공고 검색 화면

민간 발주 용역 입찰공고 상세

온라인 매뉴얼

1. 본 공고 입찰에 참여하고자 하는 분들은 공고 내용을 충분히 숙지하신 후 입찰에 참가하여 주시기 바랍니다.
2. 민간에서 발주한 입찰 건의 입찰참가자격, 적격심사기준 등 입찰에 관한 세부내용은 해당 민간발주자에게 직접 문의하시기 바랍니다.

[나의공고 관리]

공고찜하기 | 현장설명참가신청 | 지명경쟁자료조회 | 적격심사심사표 | 지문투찰

[공고일반]

공고분류	용역		
공고종류	실공고	게시일시	2020/04/25 17:21
입찰공고번호	20200437223 - 00	참조번호	20200425
공고명	동성하이타운 가로주택정비사업 시공자 선정 입찰공고 본 공고는 지문인식 전자입찰제도가 적용되오니 미리 지문보안토큰에 지문정보를 등록하여야 합니다.		
공고기관	동성하이타운 가로주택정비사업조합		
입찰방식	전자입찰	계약방법	일반경쟁
낙찰방법	제안서 평가에 의한 낙찰자결정	재입찰	재입찰 없음
입찰자격	공고서 참조		
관련공고			

[입찰집행 및 진행 정보]

담당자	이지영		
입찰개시일시	2020/04/25 18:00:00	입찰마감일시	2020/05/25 15:00:00
개찰(입찰)일시	2020/05/25 16:00:00	개찰장소	조합사무실
입찰참가자격등록 마감일시	2020/05/24 18:00:00 조달청 입찰참가등록 가능시간은 평일 09:00~18:00 이며, 토요일, 일요일 및 공휴일은 업무처리가 불가합니다. 본 입찰에 참여하는 업체는 입찰참가자격등록마감일시까지 나라장터에 경쟁입찰참가자격등록(특히 물품, 업종 등 자격 제한 사항 필히 확인)을 해야 합니다.		
입찰보증서 접수마감일시			
현장설명일시	2020/05/04 15:00:00	현장설명장소	조합사무실

[입찰금액]

부가가치세포함여부	부가세 포함 (입찰가격은 부가가치세를 포함한 금액을 제출하셔야 합니다.)
배정예산	

[투찰제한 - 일반]

지역제한	공고서 참조
업종제한	공고서 참조

[용역정보]

순번	용역명	용역현장명	완수기한일자
1	동성하이타운 가로주택정비사업 시공자 용역	부산시 남구 대연동 1756-9번지	2026/05/29

[첨부 파일]

No.	문서구분	파일명
1	공고서	20200437223-00_1587802757822_2020_07_시공자 선정 입찰공고.hwp
2	공고서	20200437223-00_1587802757822_시공자 입찰지침서.hwp

[그림 4-16] 나라장터 입찰공고 상세 조회 화면

(2) 전자입찰

1. 전자입찰의 방법
   - 전자입찰은 일반경쟁의 방법[20]으로 입찰을 부쳐야 한다.
2. 전자입찰을 통한 계약대상자의 선정 방법
   - 투찰 및 개찰 후 최저가로 입찰한 자를 선정하는 최저가방식
   - 입찰가격과 실적·재무상태·신인도 등 비가격요소 등을 종합적으로 심사하여 선정하는 적격심사방식
   - 입찰가격과 사업참여제안서 등을 평가하여 선정하는 제안서평가방식
3. 전자입찰 공고
   - 입찰서 제출마감일 7일 전까지 전자조달시스템에 입찰을 공고
   - 입찰서 제출 전에 현장설명회를 개최하는 경우에는 현장설명회 개최일 7일 전까지 공고
   - 지명경쟁입찰의 경우에는 현장설명회 개최일 7일 전까지 내용증명우편으로 입찰대상자에게 통지.
4. 전자입찰 공고 내용
   - 사업계획의 개요(공사규모, 면적 등)
   - 입찰의 일시 및 장소
   - 입찰의 방법(경쟁입찰 방법, 공동참여 여부 등)
   - 현장설명회 일시 및 장소(현장설명회를 개최하는 경우)
   - 부정당업자의 입찰 참가자격 제한에 관한 사항
   - 입찰참가에 따른 준수사항 및 위반시 자격 박탈에 관한 사항
   - 그 밖에 사업시행자등이 정하는 사항
   - 적격심사방식 또는 제안서평가방식으로 계약대상자를 선정하는 경우 평가항목별 배점표를 작성하여 입찰 공고 시 공개
5. 입찰서의 접수 및 개봉
   - 전자조달시스템을 통해 입찰서를 접수
   - 전자조달시스템에 접수한 입찰서 이외의 입찰 부속서류는 밀봉된 상태로 접수
   - 입찰 부속서류를 개봉하고자 하는 경우에는 부속서류를 제출한 입찰참여자의 대

---

20) 「도시 및 주거환경정비법 시행령」 제24조제1항제1호가목에 해당하는 경우 지명경쟁의 방법

표(대리인)와 사업시행자등의 임원 등 관련자, 그 밖에 이해관계자 각 1인이 참여한 공개된 장소에서 개봉.

- 입찰 부속서류 개봉 시에는 일시와 장소를 입찰참여자에게 통지

6. 전자입찰 계약의 체결
   - 사업시행자등은 전자입찰을 통해 계약대상자가 선정될 경우 전자조달시스템에 따라 계약을 체결할 수 있음
   - 전자입찰을 통해 계약된 사항에 대해서는 전자조달시스템에서 그 결과를 공개.

실무 Tip

서울특별시 재개발·재건축 클린업시스템(http://cleanup.seoul.go.kr/cleanup)

- 공공지원 시공자 선정기준 (서울특별시 고시 제2019-159호, 2019.5.30.)
- 공공지원 설계자 선정기준 (서울특별시 고시 제2018-247호, 2018.8.9.)
- 공공지원 정비사업전문관리업자 선정기준 (서울특별시 고시 제2018-249호, 2018.8.9.)
- 공동사업시행 건설업자 선정기준 (서울특별시 고시 제2019-160호, 2019.5.30.)
- 정비사업의 표준공동사업시행 협약서 (서울특별시 고시 제2019-161호, 2019.5.30.)

※ 기타 참고자료

- 정비사업 추진주체 사용비용 보조 업무처리기준 (서울특별시 고시 제2019-400호, 2019.12.5.)
- 서울특별시 정비사업 조합 등 표준 예산·회계규정 (서울특별시 고시 제2018-248호, 2018.8.9.)
- 서울특별시 정비사업 전문조합관리인 선정기준 (서울특별시 고시 제2018-206호, 2018.7.5.)
- 서울특별시 정비사업 표준선거관리규정 (서울특별시 고시 제2017-243호, 2017.7.6.)
- 서울특별시 정비사업 의사진행 표준운영규정 (서울특별시 고시 제2017-45호, 2017.2.16.)
- 조합설립 지원을 위한 업무기준 (서울특별시 고시 제2016-354호, 2016.11.10.)
- 서울특별시 정비사업 조합 등 표준 행정업무규정 (서울특별시 고시 제2015-163호, 2015.6.18.)

부산광역시 정비사업 통합홈페이지(http://dynamice.busan.go.kr)

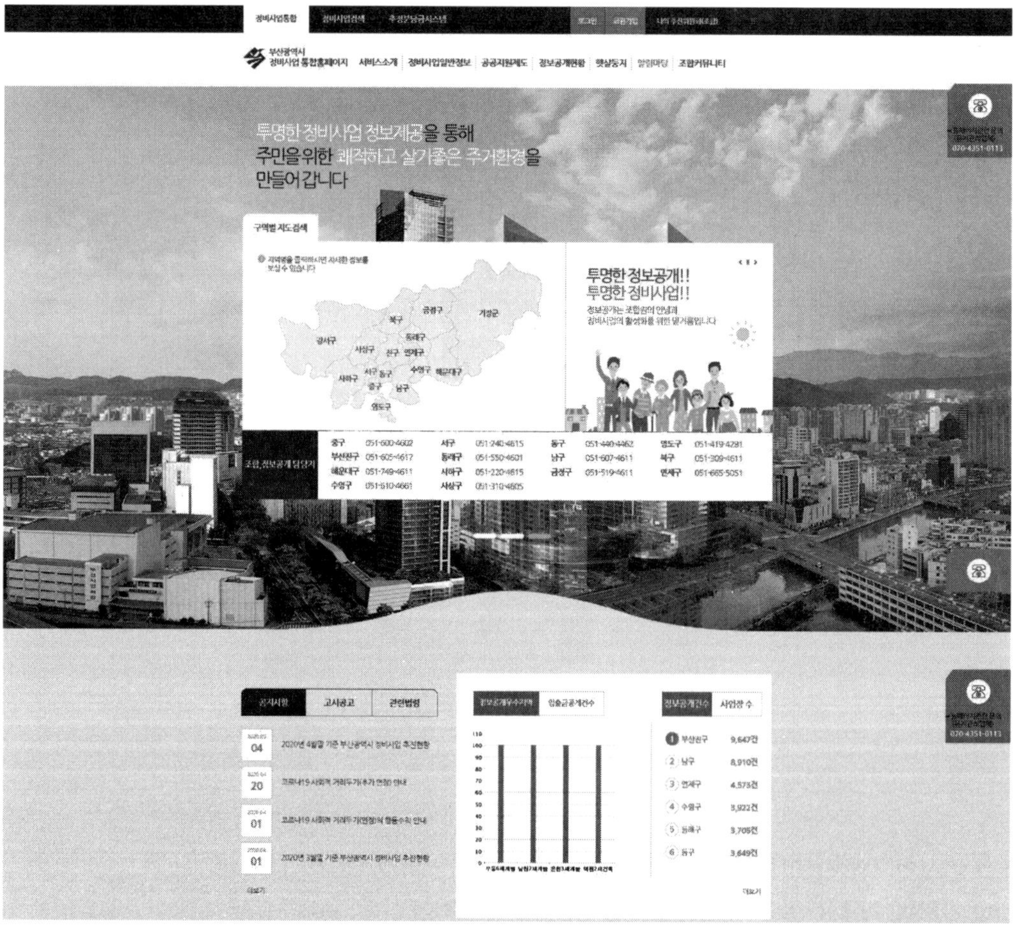

4-2 주민합의체의 구성 및 조합의 설립

[1] 주민합의체의 구성

(1) 주민합의체 구성요건

1. 토지등소유자가 20명 미만인 경우
2. 토지등소유자 전원의 합의로 주민합의체 대표자를 선임
3. 주민합의서를 작성하여 시장·군수등에게 신고

(2) 주민합의서 포함 내용

1. 주민합의체의 명칭
2. 사업시행구역의 위치 및 범위
3. 주민합의체의 목적 및 사업 내용
4. 주민합의체를 구성하는 자의 성명, 주소 및 생년월일
   - 법인, 법인 아닌 사단이나 재단 및 외국인의 경우 등록번호
5. 주민합의체 대표자의 성명, 주소 및 생년월일
6. 시공자 또는 정비사업전문관리업자의 선정
7. 주민합의체의 의결사항 및 의결방법
8. 주민합의체의 구성 및 운영에 필요한 사항
   - 주민합의체의 소집, 사무, 의결방법 등 주민합의체 운영에 관한 사항
   - 주민합의체가 자체적으로 정하는 운영규약
     설계자의 선정 및 변경
   - 개략적인 사업시행계획서 등

(3) 주민합의체 신고 사항의 변경

1. 주민합의체 변경 신고서[21] 제출
2. 경미한 사항의 변경은 예외
   - 예산의 집행 또는 토지등소유자의 부담이 되는 사항 이외의 사항 등

---

21) 「빈집 및 소규모주택 정비에 관한 특례법 시행규칙」 [별지 제9호서식]

(4) 주민합의체 해산

1. 주민합의체를 구성하는 자의 과반수 동의 후 시장·군수등에게 해산신고

■ 빈집 및 소규모주택 정비에 관한 특례법 시행규칙[별지 제10호서식]

주민합의체 해산 신고서

※ 색상이 어두운 난은 신청인이 적지 않습니다. (앞쪽)

접수번호	접수일시	처리기간

Ⅰ. 주민합의체 해산 개요

주민합의체 개요	명칭 (인가번호)	
	위치 및 범위	
주민합의체 대표자	성명	생년월일
	주소	
해산사유		

「빈집 및 소규모주택 정비에 관한 특례법」 제22조제5항과 같은 법 시행규칙 제8조제3항에 따라 주민합의체의 해산을 신고합니다.

년 월 일

신청인 (서명 또는 인)

특별자치시장・특별자치도지사
시장・군수・구청장 귀하

210㎜ × 297㎜[백상지(80g/㎡) 또는 중질지(80g/㎡)]

[그림 4-17] 주민합의체 해산 신고서

(뒤쪽)

II. 주민합의체 해산 동의자

위치(지번)	면적(㎡)	성명	주 소	생년월일 (법인, 외국인 등의 경우 등록번호	동의 여부	서명 또는 인

[그림 4-17] 주민합의체 해산 신고서[22)]

22) 「빈집 및 소규모주택 정비에 관한 특례법 시행규칙」 [별지 제10호서식]

[2] 조합의 설립과 설립인가

(1) 조합 설립 요건

1. 가로주택정비사업
   - 토지등소유자의 10분의 8 이상 및 토지면적의 3분의 2 이상의 동의
   - 사업시행구역의 공동주택은 각 동(복리시설의 경우에는 주택단지의 복리시설 전체를 하나의 동으로 본다)별 구분소유자의 과반수 동의
   - 공동주택의 각 동별 구분소유자가 5명 이하인 경우는 구분소유자 동의요건 제외
   - 공동주택 외의 건축물은 해당 건축물이 소재하는 전체 토지면적의 2분의 1 이상 동의
2. 소규모재건축사업
   - 주택단지의 공동주택의 각 동(복리시설의 경우에는 주택단지의 복리시설 전체를 하나의 동으로 본다)별 구분소유자의 과반수 동의
   - 공동주택의 각 동별 구분소유자가 5명 이하인 경우는 구분소유자 동의요건 제외
   - 주택단지의 전체 구분소유자의 4분의 3 이상 동의
   - 토지면적의 4분의 3 이상의 토지소유자 동의

〈표 4-5〉 가로주택정비사업·소규모재건축사업 동의요건 비교표

구분	가로주택정비사업	소규모재건축사업	비고
토지등소유자	80% 이상	75% 이상	주택단지 전체 구분소유자
토지면적	67% 이상	75% 이상	
각 동별 구분소유자	50% 이상	50% 이상	복리시설 전체가 하나의 동
5명 이하인 동	동의요건 제외	동의요건 제외	각 동별 동의요건 미적용
공동주택 외 건축물 소재 토지 (주택단지 외 토지 및 건축물)	토지면적 50% 이상	소유자의 75% 이상 토지면적의 67% 이상	소규모재건축에서 사업시행 상 불가피한 경우 주택단지 외 토지 및 건축물 편입가능

(2) 조합 설립 인가 시 제출서류

1. 정관
2. 공사비 등 소규모주택정비사업에 드는 비용(정비사업비)과 관련된 자료 등
   - 조합원 명부 : 조합원 자격을 증명하는 서류(등기사항전부증명서 등) 포함
   - 공사비 등 소규모주택정비사업에 드는 비용 등이 기재된 토지등소유자의 조합설립 동의서 및 동의사항을 증명하는 서류
   - 토지·건축물 또는 지상권이 수인의 공유에 속하는 경우에는 그 대표자의 선임 동의서
   - 창립총회 회의록(창립총회 참석자 명부 포함)
   - 창립총회에서 대의원을 선임한 경우에는 선임된 자의 자격을 증명하는 서류
   - 주택건설예정세대수, 사업시행구역의 지번·지목 및 등기명의자, 도시·군관리계획상의 용도지역, 대지(가로주택정비사업의 경우 해당 가로구역의 범위 포함) 및 주변현황을 기재한 사업계획서
   - 도로예정지를 입증하는 서류(가로주택정비사업 부지의 일부가 도로예정지에 접한 경우로 한정)
   - 사업시행구역의 위치도 및 현황사진
   - 사업시행구역 안의 토지 및 건축물의 지형이 표시된 지적현황도
   - 매도청구대상명부 및 매도청구계획서

〈표 4-6〉 도로예정지를 입증하는 서류

관계법령	도로 너비	도로의 종류	제출서류
「국토의 계획 및 이용에 관한 법률」	6미터 이상	도시계획도로	도시·군관리계획도서와 계획설명서
「사도법」	6미터 이상	사도	1. 계획도면 2. 공사계획서 3. 공사경비 예산명세서 4. 설계도(평면도, 종단면도, 횡단면도, 그 밖에 주요 부분에 대한 상세도) 5. 구조검토서(교량 등 주요 구조물을 설치하는 경우) 6. 수리검도서(기존 배수체계를 저해할 우려가 있는 경우) 7. 사용검사 전 사도의 사용계획서(사도의 개축·증축 또는 변경 허가를 받는 경우로서 사용검사 전 사도를 사용하려는 경우)
그 밖의 관계 법령	6미터 이상	일반도로	해당 법령에서 정한 계획도서와 계획설명서

(3) 조합 설립 변경 인가

1. 조합 총회에서 조합원의 3분의 2 이상의 찬성으로 의결
2. 인가받은 사항 중 변경내용 및 그 증명서류를 첨부하여 시장·군수등의 인가
3. 경미한 사항을 변경하는 경우에는 조합 총회의 의결 없이 시장·군수등에게 신고한 후 변경

〈표 4-7〉 신고 가능한 경미한 사항

내용	비고
착오·오기 또는 누락임이 명백한 사항	
조합의 명칭 및 주된 사무소의 소재지와 조합장의 성명 및 주소	조합장의 변경이 없는 경우로 한정
조합원의 교체 또는 신규가입	토지 또는 건축물의 매매 등으로 조합원의 권리가 이전된 경우
조합임원 또는 대의원의 변경	총회의 의결 또는 대의원회의 의결을 거친 경우로 한정
건설되는 건축물의 설계 개요	
정비사업비의 변경	
조합원이 변경되는 경우	현금 청산으로 인하여 정관에서 정하는 바에 따라 변경되는 경우
법령 또는 조례 등의 개정에 따라 단순한 정리를 요하는 사항	서울특별시·부산광역시 조례 등
사업시행계획의 변경에 따라 변경되어야 하는 사항	서울특별시·부산광역시 조례 등
관리처분계획의 변경에 따라 변경되어야 하는 사항	부산광역시 조례
매도청구대상자가 추가로 조합에 가입함에 따라 변경되어야 하는 사항	서울특별시·부산광역시 조례 등

(4) 주택건설 사업 등의 등록

1. 조합설립인가를 받은 날을 주택법에 따른 주택건설 사업의 등록일로 봄

(5) 사단법인에 관한 규정 준용

1. 조합은 법인으로 함
2. 조합에는 조합원으로 구성되는 총회를 두고 총회의 소집 절차·시기 등은 정관으로 정함

3. 조합에 관하여는 「빈집 및 소규모주택 정비에 관한 특례법」에 규정된 것을 제외하고는 「민법」 중 사단법인에 관한 규정을 준용
   - 조합의 법인격·정관·임원 등에 관하여는 「도시 및 주거환경정비법」 제38조 및 제40조부터 제46조까지를 준용

(6) 조합설립인가의 절차

1. 토지등소유자에 대한 동의 사항[23)]
   - 건축되는 건축물의 설계 개요
   - 정비사업비
   - 정비사업비의 분담기준
   - 사업 완료 후 소유권의 귀속에 관한 사항
   - 정관
2. 동의서의 검인 방법
   - 동의서에 기재할 사항을 기재한 후 관련 서류를 첨부하여 시장·군수등에게 검인을 신청
   - 시장·군수등은 동의서 기재사항의 형식적인 사항을 확인하고 해당 동의서에 연번을 부여한 후 검인
   - 검인 신청일로부터 20일 이내에 검인
   - 검인을 받지 아니한 서면동의서는 효력 없음
3. 조합설립인가의 통지
   - 정관으로 정하는 바에 따라 토지등소유자에게 내용을 통지
   - 이해관계인에게 열람

23) 「빈집 및 소규모주택 정비에 관한 특례법 시행규칙」 [별지 제12호서식] 에 포함

■ 빈집 및 소규모주택 정비에 관한 특례법 시행규칙[별지 제11호서식]

조합설립(변경)인가 신청서

[[ ]가로주택정비사업, [ ]소규모재건축사업]

※ 색상이 어두운 난은 신청인이 작성하지 않고, [ ]에는 해당되는 곳에 √표를 합니다. (앞쪽)

접수번호	접수일시	처리기간 30일

신청인	조합 명칭				
	대표자	성명		생년월일	
		주소		전화번호	
조합 설립 내용	주된 사무소 소재지			전화번호	
	사업 시행 예정 구역	구역 명칭		구역면적	㎡
		위치			
	조합원 수		명	사업시행인가 신청예정시기	구역지정 고시일(년 월 일)부터 ( ) 이내
동의 사항	토지등 소유자 수		명 (토지소유자: 명) (건축물소유자: 명) (지상권자: 명) (주택 및 토지소유자: 명) (부대시설ㆍ복리시설 및 토지소유자: 명)	동의율	% (동의자 수 / 토지등소유자 수)
정비사업 전문관리업자	명 칭			대표자	
	주된 사무소 소재지			전화번호	

「빈집 및 소규모주택 정비에 관한 특례법」 제23조와 같은 법 시행규칙 제9조에 따라 위와 같이 조합설립(변경)인가를 신청합니다.

년 월 일

신청인 대표 (서명 또는 인)

특별자치시장ㆍ특별자치도지사
시장ㆍ군수ㆍ구청장 귀하

210㎜×297㎜[백상지(80g/㎡) 또는 중질지(80g/㎡)]

[그림 4-18] 조합설립(변경)인가 신청서[24)]

[3] 조합원의 자격

(1) 조합원의 자격

1. 가로주택정비사업
   - 사업시행구역에 위치한 토지 또는 건축물의 소유자, 해당 토지의 지상권자
2. 소규모재건축사업
   - 사업시행구역에 위치한 건축물 및 그 부속토지의 소유자
   - 소규모재건축사업에 동의한 자만 해당
   - 투기과열지구로 지정된 지역에서 조합설립인가 후 해당 사업의 건축물 또는 토지를 양수한 자는 조합원 자격 상실
   - 단, 매매·증여 그 밖의 권리의 변동을 수반하는 일체의 행위를 포함하되, 상속·이혼으로 인한 양도·양수의 경우는 제외
   - 조합원의 자격을 취득할 수 없는 경우 손실보상

〈표 4-8〉 투기과열지구 양도인의 경우에 따른 조합원 인정 조건

내용	조건
세대원의 근무 상 또는 생업상의 사정이나 질병치료·취학·결혼으로 세대원 모두 해당 사업시행구역이 위치하지 아니한 특별시·광역시·특별자치시·특별자치도·시 또는 군으로 이전하는 경우	세대주가 포함된 세대의 구성원
상속으로 취득한 주택으로 세대원 모두 이전하는 경우	
세대원 모두 해외로 이주하거나 세대원 모두 2년 이상 해외에 체류하는 경우	
조합설립인가일부터 2년 이내에 사업시행계획인가 신청이 없는 경우	해당 사업의 건축물을 2년 이상 계속하여 소유하고 있는 경우
사업시행계획인가일부터 2년 이내에 착공 신고 등을 하지 아니한 경우	해당 사업의 건축물 또는 토지를 2년 이상 계속하여 소유하고 있는 경우
착공 신고 등을 한 날부터 3년 이내에 준공인가를 받지 아니한 경우	해당 사업의 토지를 3년 이상 계속하여 소유하고 있는 경우
국가·지방자치단체 및 금융기관에 대한 채무를 이행하지 못한 경우	해당 사업의 건축물 또는 토지에 대한 경매 또는 공매가 시작되는 경우

24) 「빈집 및 소규모주택 정비에 관한 특례법 시행규칙」 [별지 제11호서식]

(2) 대표 조합원

1. 대표자의 선임동의서 제출

〈표 4-9〉 여러 명을 대표하는 조합원

기준	비고
토지 또는 건축물의 소유권과 지상권이 여러 명의 공유에 속하는 때	
여러 명의 토지등소유자가 1세대에 속하는 때	동일한 세대별 주민등록표상에 등재되어 있지 아니한 배우자 및 미혼인 19세 미만의 직계비속은 1세대
1세대로 구성된 여러 명의 토지등소유자가 세대를 분리하여 동일한 세대에 속하지 아니하는 때	조합설립인가 후 이혼 및 19세 이상 자녀의 분가(세대별 주민등록을 달리하며 실거주지를 분가한 경우)는 제외
1명의 토지등소유자로부터 토지 또는 건축물의 소유권이나 지상권을 양수하여 여러 명이 소유하게 된 때	조합설립인가 후

[4] 토지등소유자의 동의방법

(1) 동의방법

1. 서면동의서에 토지등소유자가 성명을 적고 지장(指章)을 날인하는 방법
2. 주민등록증, 여권 등 신원을 확인할 수 있는 신분증명서의 사본을 첨부
3. 서면동의가 필요한 경우
   - 토지등소유자가 직접 시행하거나 공동 시행하는 경우
   - 가로주택정비사업·소규모재건축사업의 공공사업시행자 및 지정개발자를 정하는 경우
   - 조합을 설립하는 경우
   - 주민대표회의를 구성하는 경우
   - 사업시행계획인가를 신청하는 경우

(2) 주민대표회의의 구성

1. 가로주택정비사업 또는 소규모재건축사업의 토지등소유자가 시장·군수등 또는 토지

주택공사등을 사업시행자로 지정하는 경우 주민대표기구 구성

(3) 토지등소유자 전체회의의 구성

1. 소규모주택정비사업의 토지등소유자는 지정개발자가 사업을 시행하는 경우 토지등소유자 전원으로 구성되는 회의 구성
2. 지정개발자가 토지등소유자 전체회의의 의결을 거쳐야 할 사항
   - 시행규정의 확정 및 변경
   - 정비사업비의 사용 및 변경
   - 정비사업전문관리업자와의 계약 등 토지등소유자의 부담이 될 계약
   - 시공자의 선정 및 변경

(4) 토지등소유자의 동의자 수 산정 방법

1. 가로주택정비사업
   - 토지면적에 관한 동의자 수를 산정하는 경우에는 토지소유자를 말함

〈표 4-10〉 가로주택정비사업의 토지등소유자의 동의자 수 산정 방법

기준	산정방법
1필지의 토지 또는 하나의 건축물을 여럿이서 공유할 때	그 여럿을 대표하는 1인을 토지등소유자로 산정
토지에 지상권이 설정되어 있는 경우	토지의 소유자와 해당 토지의 지상권자를 대표하는 1인을 토지등소유자로 산정
1인이 다수 필지의 토지 또는 다수의 건축물을 소유하고 있는 경우	필지나 건축물의 수에 관계없이 토지등소유자를 1인으로 산정
둘 이상의 토지 또는 건축물을 소유한 공유자가 동일한 경우	그 공유자 여럿을 대표하는 1인을 토지등소유자로 산정

2. 소규모재건축사업

〈표 4-11〉 소규모재건축사업의 토지등소유자의 동의자 수 산정 방법

기준	산정방법
소유권 또는 구분소유권을 여럿이서 공유하는 경우	그 여럿을 대표하는 1인을 토지등소유자로 산정
1인이 둘 이상의 소유권 또는 구분소유권을 소유하고 있는 경우	소유권 또는 구분소유권의 수에 관계없이 토지등소유자를 1인으로 산정
둘 이상의 소유권 또는 구분소유권을 소유한 공유자가 동일한 경우	그 공유자 여럿을 대표하는 1인을 토지등소유자로 산정
추진위원회의 구성 또는 조합의 설립에 동의한 자로부터 토지 또는 건축물을 취득한 자	추진위원회의 구성 또는 조합의 설립에 동의한 것으로 봄
토지등기부등본·건물등기부등본·토지대장 및 건축물관리대장에 소유자로 등재될 당시 주민등록번호의 기록이 없고 기록된 주소가 현재 주소와 다른 경우	소재가 확인되지 아니한 자는 토지등소유자의 수 또는 공유자 수에서 제외
국·공유지	재산관리청 각각을 토지등소유자로 산정

(5) 동의의 철회 방법

1. 동의의 철회 또는 반대의사 표시의 시기
   - 동의의 철회 또는 반대의사의 표시는 해당 동의에 따른 인·허가 등을 신청하기 전까지 가능
   - 최초로 동의한 날부터 30일까지만 철회
   - 단, 조합설립에 대한 동의는 창립총회 후에는 철회 불가
2. 동의 철회 방법
   - 철회서에 토지등소유자가 성명을 적고 지장(指章)을 날인
   - 주민등록증 및 여권 등 신원을 확인할 수 있는 신분증명서 사본을 첨부
   - 동의의 상대방 및 시장·군수등에게 내용증명의 방법으로 발송
   - 시장·군수등이 철회서를 받은 때에는 지체 없이 동의의 상대방에게 철회서가 접수된 사실을 통지
3. 동의 철회 및 반대 의사표시의 효력 발생
   - 철회서가 동의의 상대방에게 도달한 때 또는 시장·군수등이 동의의 상대방에게 철회서가 접수된 사실을 통지한 때 중 빠른 때

■ 빈집 및 소규모주택 정비에 관한 특례법 시행규칙[별지 제12호서식]

조합설립 동의서

[[ ]가로주택정비사업, [ ]소규모재건축사업]

※ 색상이 어두운 난은 동의자가 작성하지 않고, [ ]에는 해당되는 곳에 √표를 합니다. (총3쪽 중 제1쪽)

행정기관에서 부여한 일련번호 범위		일련번호	/

Ⅰ. 동의자 현황

<table>
<tr><td rowspan="2">인 적
사 항</td><td>성 명</td><td></td><td>생년월일</td><td></td></tr>
<tr><td>주민등록상
주 소</td><td></td><td>전화번호</td><td></td></tr>
<tr><td rowspan="12">소유권
현 황
※ 가로주택정비사업인 경우</td><td rowspan="4">토 지
(총 필지)</td><td colspan="2">소 재 지 (공유 여부)</td><td>면적(㎡)</td></tr>
<tr><td colspan="2">( )</td><td></td></tr>
<tr><td colspan="2">( )</td><td></td></tr>
<tr><td colspan="2">( )</td><td></td></tr>
<tr><td rowspan="4">건 축 물</td><td colspan="2">소 재 지 (허가 유무)</td><td>동 수</td></tr>
<tr><td colspan="2">( )</td><td></td></tr>
<tr><td colspan="2">( )</td><td></td></tr>
<tr><td colspan="2">( )</td><td></td></tr>
<tr><td rowspan="4">지 상 권
(건축물 외의 수목 또는 공작물의 소유 목적으로 설정한 권리를 말합니다)</td><td colspan="2">설 정 토 지</td><td>지상권의 내용</td></tr>
<tr><td colspan="2"></td><td></td></tr>
<tr><td colspan="2"></td><td></td></tr>
<tr><td colspan="2"></td><td></td></tr>
<tr><td rowspan="2">소유권
현 황
※ 소규모재건축사업인 경우</td><td>소유권 위치
(주소)</td><td colspan="3">(단독주택)
(아파트 · 연립주택)
(상가)</td></tr>
<tr><td>등기상
건축물지분
(면적, ㎡)</td><td></td><td>등기상
대지지분
(면적, ㎡)</td><td></td></tr>
</table>

210㎜ × 297㎜[백상지(80g/㎡) 또는 중질지(80g/㎡)]

[그림 4-19] 조합설립동의서[25)]

(총3쪽 중 제2쪽)

Ⅱ. 동의 내용

1. 조합설립 및 정비사업 내용

가. 신축건축물의 설계 개요	대지 면적 (공부상 면적)	건축 연면적	규 모	비 고
	㎡	㎡		
나. 공사비 등 정비사업에 드는 비용	철거비	신축비	그 밖의 비용	합 계

다. 나목에 따른 비용의 분담	1) 조합정관에 따라 경비를 부과·징수하고, 관리처분 시 임시청산하며, 조합청산 시 청산금을 최종 확정한다. 2) 조합원 소유 자산의 가치를 조합 정관에서 정하는 바에 따라 산정하여 그 비율에 따라 비용을 부담한다. 3) 분양대상자별 분담금 추산방법(예시) 분양대상자별 분담금 추산액 = 분양예정인 대지 및 건축물의 추산액 - (분양대상자별 종전의 토지 및 건축물의 가격 × 비례율*) * 비례율 = (사업완료 후의 대지 및 건축물의 총수입 - 총사업비) / 종전의 토지 및 건축물의 총가액
라. 신축건축물 구분소유권의 귀속에 관한 사항	※ 개별 정비사업의 특성에 맞게 정합니다. 다만, 신축 건축물의 배정은 토지소유자의 의사가 최대한 반영되도록 하되, 같은 면적의 주택 분양에 경합이 있는 경우에는 종전 토지 및 건축물의 가격 등을 고려하여 우선순위를 정하거나 추첨에 따르는 등 구체적인 배정방법을 정하여 향후 관리처분계획을 수립할 때 분양면적별 배분의 기준이 되도록 합니다. (예시) 1) 사업시행 후 분양받을 주택 등의 면적은 분양면적(전용면적+공용면적)을 기준으로 하고, 대지는 분양받은 주택 등의 면적에 비례하여 공유지분으로 분양한다. 2) 조합 정관에서 정하는 관리처분계획에 관한 기준에 따라 주택을 소유한 조합원의 신축 건축물에 대한 분양면적 결정은 조합원의 신청규모를 우선적으로 고려하되, 같은 규모에서 경합이 있는 경우에는 종전 토지 및 건축물의 가격이 높은 순서에 따르고, 동·호수는 전산추첨으로 결정한다. 3) 조합원에게 우선분양하고 남는 주택 및 상가 등 복리시설은 관계 법령과 조합정관에서 정하는 바에 따라 일반분양한다. 4) 토지는 사업완료 후 지분등기하며 건축물은 입주조합원 각자 보존등기한다.

2. 조합장 선정 동의

조합의 대표자(조합장)는 조합원총회에서 조합 정관에 따라 선출된 자로 한다.

[그림 4-19] 조합설립동의서

25) 「빈집 및 소규모주택 정비에 관한 특례법 시행규칙」 [별지 제12호서식]

(총3쪽 중 제3쪽)

3. 조합 정관 승인
「빈집 및 소규모주택 정비에 관한 특례법」 제23조에 따라 조합을 설립할 때 그 조합정관을 신의성실의 원칙에 따라 준수하며, 조합 정관에서 정하는 바에 따라 조합 정관이 변경되는 경우 이의 없이 따른다.

* 조합 정관 간인은 임원 및 감사 날인으로 대체합니다.

4. 사업시행계획서
「빈집 및 소규모주택 정비에 관한 특례법」 제23조에 따라 조합을 설립할 때 작성한 사업시행계획서와 같이 가로주택정비사업·소규모재건축사업을 한다.

※ 이 동의서를 제출한 경우에도 조합 설립에 반대하고자 할 경우 「빈집 및 소규모주택 정비에 관한 특례법 시행령」 제20조에 따라 조합설립인가를 신청하기 전까지 동의를 철회할 수 있습니다. 다만, 동의 후 「빈집 및 소규모주택 정비에 관한 특례법 시행령」 제20조제1항 각 호의 사항이 변경되지 않은 경우에는 최초로 동의한 날부터 30일까지만 철회할 수 있으며, 30일이 지나지 않은 경우에도 조합설립을 위한 창립총회 후에는 철회할 수 없습니다.

위와 같이 본인은 (　　　　　　　) 가로주택정비사업·소규모재건축사업 시행구역의 토지등소유자로서 위의 동의 내용을 숙지하고 동의하며, 「빈집 및 소규모주택 정비에 관한 특례법」 제23조에 따른 조합의 설립에 동의합니다. 또한, 위의 조합 설립 및 사업내용은 사업시행계획인가 내용, 시공자 등과의 계약 내용 및 제반 사업비의 지출 내용에 따라 변경될 수 있으며, 그 내용이 변경됨에 따라 조합원 청산금 등의 조정이 필요할 경우 「빈집 및 소규모주택 정비에 관한 특례법」 및 같은 법 시행령에서 정하는 변경절차를 거쳐 사업을 계속 추진하는 것에 동의합니다.

년　　월　　일

위 동의자 : (자필로 이름을 써넣음) 지장 날인

(　　　　　　) 가로주택정비사업
(　　　　　　) 소규모재건축사업
조합설립추진대표자 귀중

첨부서류	1. 토지등소유자 신분증명서 사본 1부.	수수료 없음

[그림 4-19] 조합설립동의서

실무 Tip

– 대표소유자 선임동의서 양식 예

대표소유자 선임동의서(공유소유자만 작성)

1. 소유권 현황

권리 내역	구분		
권리 내역	토지 (총　　필지)	소재지(공유여부)	면적(㎡)
		(　　)	
		(　　)	
		(　　)	
	건축물	소재지(허가 유무)	동 수
		(　　)	
	지상권(건축물 외의 수목 또는 공작물의 소유 목적으로 설정한 권리를 말합니다)	설정 토지	지상권의 내용

상기 소유 물건의 공동소유자는 ______________을 대표소유자로 선임하고 ○○○○○ 가로주택정비사업조합과 관련한 소유자로서의 법률행위는 대표소유자가 행하는데 동의합니다.

년　　월　　일

○ 대표자(선임수락자)

성　　명 :　　　　(서명)　지장날인
생 년 월 일 :
전 화 번 호 :

○ 위임자(동의자)

① 성　　명 :　　　　(서명)　지장날인
생 년 월 일 :
전 화 번 호 :

② 성　　명 :　　　　(서명)　지장날인
생 년 월 일 :
전 화 번 호 :

③ 성　　명 :　　　　(서명)　지장날인
생 년 월 일 :
전 화 번 호 :

※ 첨부 : 대표자 및 위임자 모두 「빈집 및 소규모주택정비에 관한 특례법」 제25조에 따른 주민등록증, 여권 등 신원을 확인할 수 있는 신분증명서의 사본

○○○○○ 가로주택정비사업조합 귀중

[5] 조합의 운영

(1) 조합의 법인격

1. 조합은 법인으로 함
2. 조합은 조합설립인가를 받은 날부터 30일 이내에 주된 사무소의 소재지에서 등기하는 때에 성립
   - 설립목적
   - 조합의 명칭
   - 주된 사무소의 소재지
   - 설립인가일
   - 임원의 성명 및 주소
     임원의 대표권을 제한하는 경우 그 내용
   - 전문조합관리인을 선정한 경우 그 성명 및 주소
3. 조합의 명칭
   - "정비사업조합"이라는 문자를 사용하여야 함

(2) 조합의 정관

1. 정관의 기재사항

〈표 4-12〉 조합정관의 주요 기재사항

구분	기재사항
조합	조합의 명칭 및 사무소의 소재지 정비사업의 종류 및 명칭 정비구역의 위치 및 면적* 정비사업의 시행연도 및 시행방법 조합의 합병 또는 해산에 관한 사항 정관의 변경절차
조합원	조합원의 자격* 조합원의 제명·탈퇴 및 교체* 조합원의 권리·의무에 관한 사항 공유지분 소유권자의 대표자 선정에 관한 사항 특정무허가건축물 또는 기존무허가건축물소유자의 조합원 자격에 관한 사항

〈표 4-12〉 조합정관의 주요 기재사항

구분	기재사항
조합임원	조합의 임원의 수 및 업무의 범위 조합임원의 권리·의무·보수·선임방법·변경 및 해임 임원의 임기, 업무의 분담 및 대행 등에 관한 사항 이사회의 설치 및 소집, 사무, 의결방법 등 이사회의 운영에 관한 사항 조합직원의 채용 및 임원 중 상근(常勤)임원의 지정에 관한 사항 직원 및 상근임원의 보수에 관한 사항
대의원회	대의원의 수, 선임방법, 선임절차 및 대의원회의 의결방법 대의원회의 구성, 개회와 기능, 의결권의 행사방법 및 그 밖에 회의의 운영에 관한 사항
총회	총회의 소집 절차·시기 및 의결방법 총회의 개최 및 조합원의 총회소집 요구 총회의 의결을 거쳐야 할 사항의 범위
조합의 회계	조합의 비용부담 및 조합의 회계* 정비사업의 시행에 따른 회계 및 계약에 관한 사항 융자금액 상환에 관한 사항 융자신청 당시 담보 등을 제공한 조합장 등이 변경될 경우 채무승계에 관한 사항
업체의 선정	정비사업의 공동시행에 관한 사항 시공자·설계자의 선정 및 계약서에 포함될 내용* 정비사업전문관리업자에 관한 사항
정비사업비 등	정비사업비의 부담 시기 및 절차* 수용재결 또는 매도청구소송 지연에 따른 이자 지급 토지 및 건축물 등에 관한 권리의 평가방법에 관한 사항 정비기반시설 및 공동이용시설의 부담에 관한 개략적인 사항
사업시행 관련	사업시행계획서의 변경에 관한 사항 임대주택의 건설 및 처분에 관한 사항 관리처분계획 및 청산(분할징수 또는 납입에 관한 사항 포함)에 관한 사항 정비사업이 종결된 때의 청산절차 청산금의 징수·지급의 방법 및 절차 공고·공람 및 통지의 방법 정비구역 내 공가 발생 시 안전조치 및 보고 사항

2. 표준정관의 보급

– 시·도지사는 표준정관을 작성하여 보급 할 수 있음

3. 정관의 변경
   - 총회를 개최하여 조합원 과반수의 찬성 필요
   - 정관의 기재사항 중 별표(*)의 경우에는 조합원 3분의 2 이상의 찬성 필요
   - 시장·군수등의 인가 필요
4. 정관의 경미한 사항의 변경
   - 시장·군수등에게 신고로 가능

〈표 4-13〉 조합정관의 경미한 변경사항

구분	기재사항
조합	조합의 명칭 및 사무소의 소재지에 관한 사항 정비구역 또는 정비계획의 변경에 따라 변경되어야 하는 사항
조합임원	조합임원의 수 및 업무의 범위에 관한 사항 임원의 임기, 업무이 분담 및 대행 등에 관한 사항 조합직원의 채용 및 임원 중 상근임원의 지정에 관한 사항과 직원 및 상근임원의 보수에 관한 사항
대의원회	대의원회의 구성, 개회와 기능, 의결권의 행사방법, 그 밖에 회의의 운영에 관한 사항
총회	총회의 소집 절차·시기 및 의결방법에 관한 사항 총회의 의결을 거쳐야 할 사항의 범위에 관한 사항
업체의 선정	정비사업전문관리업자에 관한 사항
사업시행 관련	공고·공람 및 통지의 방법에 관한 사항 임대주택의 건설 및 처분에 관한 사항
기타사항	착오·오기 또는 누락임이 명백한 사항
시·도조례로 정하는 사항	예산의 집행 또는 조합원의 부담이 되지 않는 사항 착오 또는 오기가 명백한 자구의 정정 법령·조례 변경 및 표준정관에 따른 변경 등

(3) 조합의 임원

1. 조합임원의 구성
   - 조합장 1명과 이사, 감사로 구성
   - 조합장은 선임일부터 관리처분계획인가를 받을 때까지는 해당 정비구역에서 거주(영업을 하는 자의 경우 영업)하여야 함
2. 조합임원의 요건
   - 정비구역에서 거주하고 있는 자로서 선임일 직전 3년 동안 정비구역 내 거주 기

간이 1년 이상일 것
- 정비구역에 위치한 건축물 또는 토지(소규모재건축사업의 경우에는 건축물과 그 부속토지)를 5년 이상 소유하고 있을 것

3. 조합이사와 감사의 수
   - 조합의 이사의 수는 3명 이상
   - 토지등소유자의 수가 100인을 초과하는 경우 이사의 수는 5명 이상
   - 감사의 수는 1명 이상 3명 이하
   - 이사와 감사의 수는 정관으로 정함
4. 조합임원의 임기
   - 조합임원의 임기는 3년 이하의 범위에서 정관으로 정함
   - 연임 가능
5. 조합임원의 선출방법
   - 정관으로 정함
   - 총회 의결을 거쳐 조합임원의 선출에 관한 선거관리를 「선거관리위원회법」에 따라 선거관리위원회에 위탁 가능

(4) 전문조합관리인

1. 전문조합관리인의 선정

〈표 4-14〉 전문조합관리인 요건

구분	경력기준
변호사, 공인회계사, 법무사, 세무사, 건축사 도시계획·건축분야의 기술사, 감정평가사 행정사(일반행정사를 말함)	정비사업관련 업무에 5년 이상 종사
조합임원	5년 이상 종사
공무원 또는 공공기관의 임직원	정비사업 관련 업무에 5년 이상 종사
정비사업전문관리업자에 소속	정비사업 관련 업무에 10년 이상 종사
건설사업자에 소속	정비사업 관련 업무에 10년 이상 종사
전체 합산 경력 5년 이상인 사람	같은 시기의 경력은 중복 계산 안됨 정시사업전문관리업자 및 건설사업자 소속 경력은 2분의 1만 포함 계산

- 전문조합관리인의 선정이 필요하다고 인정되는 때
- 조합원 3분의 1 이상이 전문조합관리인의 선정을 요청하는 때
- 공개모집을 통해 조합의 의견 청취
- 전문조합관리인의 임기는 3년

2. 전문조합관리인의 조합임원 업무 대행 요건
   - 조합임원이 사임, 해임, 임기만료, 그 밖에 불가피한 사유 등으로 직무를 수행할 수 없는 때부터 6개월 이상 선임되지 아니한 경우
   - 총회에서 조합원 과반수의 출석과 출석 조합원 과반수의 동의로 전문조합관리인의 선정을 요청하는 경우
3. 전문조합관리인의 교육 이수
   - 전문조합관리인은 선임 후 6개월 이내에 주택건설 제도, 도시 및 주택 정비사업 관련 제도, 정비사업 관련 회계 및 세무 관련 사항 등의 교육을 60시간 이상 이수 하여야 함
   - 다만, 선임 전 최근 3년 이내에 해당 교육을 60시간 이상 받은 경우 예외

(5) 조합임원의 직무 및 결격사유

1. 조합장
   - 조합장은 조합을 대표하고, 그 사무를 총괄하며, 총회 또는 대의원회의 의장
   - 조합장이 대의원회의 의장이 되는 경우에는 대의원으로 봄
   - 법인의 대리인은 조합임원으로 선임 가능
2. 감사의 조합 대표
   - 조합장 또는 이사가 자기를 위하여 조합과 계약이나 소송을 할 때
3. 임원의 겸직 금지
   - 같은 목적의 정비사업을 하는 다른 조합의 임원 또는 직원 겸직 금지
4. 조합임원 등의 결격사유
   - 미성년자·피성년후견인 또는 피한정후견인
   - 파산선고를 받고 복권되지 아니한 자
   - 금고 이상의 실형을 선고받고 그 집행이 종료되거나 집행이 면제된 날부터 2년이 경과되지 아니한 자
   - 금고 이상의 형의 집행유예를 받고 그 유예기간 중에 있는 자

- 「빈집 및 소규모주택 정비에 관한 특례법」을 위반하여 벌금 100만원 이상의 형을 선고받고 10년이 지나지 아니한 자

5. 조합임원의 퇴임
   - 조합임원의 결격사유에 해당하게 되거나 선임 당시 그에 해당하는 자이었음이 판명된 경우
   - 조합임원의 거주 및 소유 자격요건을 갖추지 못한 경우
   - 퇴임된 임원이 퇴임 전에 관여한 행위는 그 효력을 유지
   - 시장·군수등이 전문조합관리인을 선정한 경우 전문조합관리인이 업무를 대행할 임원은 당연 퇴임
6. 조합임원의 해임
   - 조합원 10분의 1 이상의 요구로 소집된 총회에서 조합원 과반수의 출석과 출석 조합원 과반수의 동의를 받아 해임 가능
   - 요구자 대표로 선출된 자가 해임 총회의 소집 및 진행을 할 때에는 조합장의 권한을 대행

(6) 총회

1. 총회의 소집
   - 조합에는 조합원으로 구성되는 총회를 둠
   - 총회는 조합장이 직권으로 소집하거나 조합원 5분의 1 이상 또는 대의원 3분의 2 이상의 요구로 조합장이 소집
   - 조합임원의 권리·의무·보수·선임방법변경 및 해임에 관한 사항을 변경하기 위한 총회의 경우는 조합원 10분의 1 이상의 요구로 조합장이 소집
   - 조합임원의 사임, 해임 또는 임기만료 후 6개월 이상 조합임원이 선임되지 아니한 경우에는 시장·군수등이 조합임원 선출을 위한 총회 소집 가능
2. 총회의 소집통지
   - 총회가 개최되기 7일 전까지 회의 목적·안건·일시 및 장소를 정하여 조합원에게 통지
   - 표준정관에서는 총회개최 14일전부터 회의 목적의 소집·안건·일시 및 장소를 게시판 등에 게시하고 조합원에게는 7일 전까지 등기우편으로 발송·통지하도록 규정하고 있음

3. 총회의 의결을 거쳐야 할 사항
   - 정관의 변경
   - 자금의 차입과 그 방법·이자율 및 상환방법
   - 정비사업비의 세부 항목별 사용계획이 포함된 예산안 및 예산의 사용내역
   - 예산으로 정한 사항 외에 조합원에게 부담이 되는 계약
   - 시공자·설계자 또는 감정평가업자의 선정 및 변경
   - 감정평가업자 선정 및 변경은 총회의 의결을 거쳐 시장·군수등에게 위탁 가능
   - 정비사업전문관리업자의 선정 및 변경
   - 조합임원의 선임 및 해임
   - 정비사업비의 조합원별 분담내역
   - 사업시행계획서의 작성 및 변경
   - 관리처분계획의 수립 및 변경
   - 청산금의 징수·지급(분할징수·분할지급 포함)과 조합 해산 시의 회계보고
   - 정비사업비의 금액 및 징수방법
   - 조합의 합병 또는 해산에 관한 사항
   - 대의원의 선임 및 해임에 관한 사항
   - 건설되는 건축물의 설계 개요의 변경
   - 정비사업비의 변경
4. 총회의 의결 정족수

〈표 4-15〉 총회의 의결 요건

구분	출석요건	직접출석 요건	의결요건	비고
정기총회, 임시총회 등	과반수 출석	100분이 10 이상	출석 조합원 과반수 찬성	
창립총회	과반수 출석	100분의 20 이상	출석 토지등소유자의 과반수 찬성	소규모재건축사업의 경우 조합설립에 동의한 조합원
시공자선정총회	과반수 출석	과반수	출석 조합원의 과반수 득표	대리인 참석은 직접 출석 인정 서면의결권은 직접참석자에 불포함

〈표 4-15〉 총회의 의결 요건

구분	출석요건	직접출석 요건	의결요건	비고
사업시행계획서의 작성 및 변경과 관리처분계획의 수립 및 변경 총회	과반수 출석	100분의 20 이상	조합원 과반수의 찬성	
정비사업비가 100분의 10 이상 늘어나는 경우	과반수 출석	100분의 20 이상	조합원 3분의 2이상의 찬성	생산자물가상승률분 및 손실보상 금액은 제외

5. 서면으로 의결권 행사
   - 서면으로 의결권을 행사하는 경우 : 정족수 산정 시 출석한 것으로 봄
   - 다만, 시공자 선정총회의 경우 서면으로 의결권을 행사할 수 있으나, 서면결의서를 철회하고 시공자선정 총회에 직접 출석하여 의결하지 않는 직접 참석자에는 포함되지 않음
6. 대리인을 통한 의결권 행사
   - 조합원이 권한을 행사할 수 없어 배우자, 직계존비속 또는 형제자매 중에서 성년자를 대리인으로 정하여 위임장을 제출하는 경우
   - 해외에 거주하는 조합원이 대리인을 지정하는 경우
   - 법인인 토지등소유자가 대리인을 지정하는 경우

(7) 대의원회

1. 대의원회의 구성
   - 조합원의 수가 100명 이상인 조합은 대의원회를 두어야 함
   - 대의원회는 조합원의 10분의 1 이상으로 구성
   - 단, 조합원의 10분의 1이 100명을 넘는 경우에는 조합원의 10분의 1의 범위에서 100명 이상으로 구성
   - 조합장이 아닌 조합임원은 대의원 불가
2. 대의원회의 선임
   - 조합원 중에서 선출
   - 대의원의 선임 및 해임에 관하여는 정관으로 정함

- 대의원의 구체적인 수는 정관으로 함
- 법인의 대리인은 대의원으로 선임 가능
- 표준정관에서는 궐위된 대의원의 보궐선임은 대의원 5인 이상의 추천을 받아 대의원회가 보궐 선임하는 것으로 규정

3. 대의원회의 소집
   - 조합장이 필요하다고 인정하는 때에 소집
   - 정관으로 정하는 바에 따라 소집청구가 있는 때로부터 14일 이내 소집
   - 대의원의 3분의 1 이상이 회의의 목적사항을 제시하여 청구하는 때로부터 14일 이내 소집
   - 조합장이 기간 내에 정당한 이유 없이 대의원회를 소집하지 아니한 때에는 감사가 지체 없이 소집
   - 감사가 소집하지 아니하는 때에는 소집을 청구한 사람의 대표가 소집하며 미리 시장·군수등의 승인을 받아야 함
   - 소집주체에 따라 감사 또는 소집을 청구한 사람의 대표가 의장의 직무를 대행
   - 대의원회의 소집은 집회 7일 전까지 그 회의의 목적·안건·일시 및 장소를 기재한 서면을 대의원에게 통지
   - 정관으로 정하는 바에 따라 대의원회의 소집내용을 공고
4. 대의원회가 총회의 권한을 대행할 수 없는 사항
   - 총회의 의결사항 중 법에서 정하는 사항 외에는 대의원회가 총회의 권한을 대행 가능

〈표 4-16〉 대의원회가 총회의 권한을 대행할 수 없는 사항

대행할 수 없는 사항	대행할 수 있는 사항
정관의 변경에 관한 사항	총회의결사항으로 정하지 않은 경미한 사항의 변경
자금의 차입과 그 방법·이자율 및 상환방법에 관한 사항	
예산으로 정한 사항 외에 조합원에게 부담이 되는 계약에 관한 사항	예산으로 정산 사항에 해당하는 계약
시공자·설계자 또는 감정평가업자의 선정 및 변경에 관한 사항	
정비사업전문관리업자의 선정 및 변경에 관한 사항	

〈표 4-16〉 대의원회가 총회의 권한을 대행할 수 없는 사항

대행할 수 없는 사항	대행할 수 있는 사항
조합임원의 선임 및 해임 대의원의 선임 및 해임에 관한 사항	정관에 따라 임기 중 궐위된 자(조합장은 제외)를 보궐 선임하는 경우
사업시행계획서의 작성 및 변경에 관한 사항 (정비사업의 중지 또는 폐지에 관한 사항 포함)	사업시행계획서의 경미한 변경
수립 및 변경에 관한 사항	관리처분계획의 경미한 변경
정관에 따라 조합원의 동의가 필요한 사항	
조합의 합병 또는 해산에 관한 사항	사업완료로 인한 해산
건설되는 건축물의 설계 개요의 변경에 관한 사항	
정비사업비의 변경에 관한 사항	

5. 대의원회의 의결

- 대의원회는 재적대의원 과반수의 출석과 출석대의원 과반수의 찬성으로 의결
- 시공자 선정과 관련한 대의원회는 재적의원 과반수가 직접 참여한 회의에서 비밀투표의 방법으로 의결하고 서면결의서를 통한 투표는 인정하지 않음
- 대의원회는 사전에 통지한 안건만 의결 가능
- 단, 사전에 통지하지 아니한 안건으로서 대의원회의 회의에서 정관으로 정하는 바에 따라 채택된 안건의 경우는 의결 가능
- 특정 대의원의 이해와 관련된 사항에 대해서는 그 대의원은 의결권을 행사할 수 없음

실무 Tip

– 조합총회 참석용 서면결의서(예시) 및 서면결의서 회송용 봉투

서 면 결 의 서(예시)

※ 도시 및 주거환경정비법 제81조에 따라 공개 요청이 있는 경우 이름·주소 등을 포함하여 공개됩니다.

소유자 성명		생년월일	
소 유 지 번	서울특별시 구 동 –		

상기 본인은 20 년 월 일( ) 시에 개최되는 회의에 참석할 수 없는 바, 조합등으로부터 회의 관련 일체의 사항을 상세하게 통보받아 본 서면결의서로 회의의 참석을 갈음하며, 아래와 같이 의결권을 행사합니다.

– 아 래 –

안건	안 건 내 용		안건내용 확인	의사표시	
				찬성	반대
제1호	일반 안건		(O,X 표시)	(기장 또는 서명)	(기장 또는 서명)
제2호	업체 선정의 건 (※기호 1, 2번 중 한 개 업체에만 의사표시)	기호1번	(O,X 표시)	(기장 또는 서명)	
		기호2번	(O,X 표시)	(기장 또는 서명)	
제3호	업체 선정의 건 (※기호 1, 2번 중 한 개 업체에만 의사표시)	기호1번	(O,X 표시)	(기장 또는 서명)	
		기호2번	(O,X 표시)	(기장 또는 서명)	
제4호	일반 안건		(O,X 표시)	(기장 또는 서명)	(기장 또는 서명)
제5호	일반 안건		(O,X 표시)	(기장 또는 서명)	(기장 또는 서명)

– 의사표시란에 본인 자필로 서명 또는 지장 날인하시기 바라며, 다른 경우 무효 처리될 수 있습니다.

20 년 월 일

서면결의자(조합원등) (자필로 이름을 써넣음) 지장날인

○○정비사업 조합등 귀중

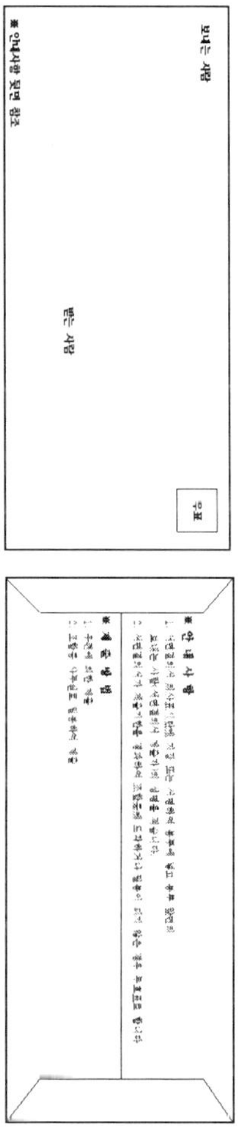

4–3 사업시행계획

[1] 건축심의와 통합심의

(1) 건축심의

1. 지방건축위원회에서 심의

- 사업시행계획서를 작성하기 전 심의
- 사업시행자가 시장·군수등인 경우는 심의 제외

2. 건축심의에 포함할 사항
   - 가로주택정비사업을 시행하는 경우 가로구역의 요건을 충족하는지 여부에 관한 사항
   - 건축물의 주용도·건폐율·용적률 및 높이에 관한 계획(건축협정을 체결한 경우 건축협정의 내용을 포함)
   - 건축물의 건축선에 관한 계획
   - 정비기반시설의 설치계획
   - 공동이용시설의 설치계획
   - 환경보전 및 재난방지에 관한 계획
   - 주택의 규모 및 건설비율에 관한 사항
   - 임대주택 건설에 관한 사항
   - 안전 및 범죄예방 환경 설계 계획에 관한 사항
3. 건축심의의 제외 사항
   - 사업시행구역이 지구단위계획구역인 경우
   - 중앙도시계획위원회 또는 시·도도시계획위원회의 심의(건축위원회와 도시계획위원회 공동심의 포함)를 거친 사항
4. 건축심의 신청 전 사업시행자의 동의 또는 의결
   - 토지등소유자는 주민합의서에서 정하는 동의
   - 조합은 조합 총회에서 조합원 과반수의 찬성으로 의결
   - 단, 정비사업비가 100분의 10(생산자물가상승률분 및 손실보상 금액은 제외) 이상 늘어나는 경우에는 조합원 3분의 2 이상의 찬성으로 의결
   - 지정개발자는 토지등소유자의 과반수 동의 및 토지면적 2분의 1 이상의 토지소유자의 동의

(2) 통합심의

1. 둘 이상의 심의가 필요한 경우 통합하여 심의
   - 「건축법」에 따른 건축심의
   - 「국토의 계획 및 이용에 관한 법률」에 따른 도시·군관리계획 및 개발행위 관련 사항

- 시장·군수등이 필요하다고 인정하는 경우

2. 특별시장·광역시장·특별자치시장 또는 특별자치도지사에게 요청하는 경우
   - 도시·군관리계획 중 용도지역·용도지구를 지정 또는 변경하는 경우
   - 용적률 상한까지 건축하는 경우
3. 통합심의와 관련된 서류는 시장·군수등이 정한 제출기한 내에 제출
4. 공동위원회 구성
   - 지방건축위원회
   - 지방도시계획위원회
   - 시장·군수등이 필요하다고 인정하는 심의 권한을 가진 관련 위원회(국가교통위원회, 교통영향평가심의위원회, 경관위원회 등)
   - 25명 이상 30명 이하의 위원으로 구성
5. 통합심의의 방법과 절차
   - 공동위원회 개최 7일전까지 회의 일시, 장소 및 상정 안건 통보
   - 재적위원 과반수의 출석으로 개의, 출석위원 과반수의 찬성으로 의결
   - 당사자 또는 관계자를 출석하게 하여 의견을 듣거나 설명
   - 사업계획승인과 관련된 사항, 당사자 또는 관계자의 의견 및 설명, 관계 기관의 의견 등을 종합적으로 검토하여 심의
   - 회의 시 회의내용을 녹취, 회의록으로 작성하고 보존
6. 통합심의를 거친 경우 심의내용에 대하여 검토·심의·조사·협의·조정 또는 재정을 거친 것으로 봄

(3) 사전결정신청제도

1. 면적기준을 초과하는 가로구역에서 가로주택정비사업을 시행하려는 경우
   - 주민합의서를 신고 및 조합설립인가 신청 전
   - 사업시행구역의 규모와 정비기반시설 및 공동이용시설의 적정성 여부 사전결정 신청 가능
   - 신청 절차, 신청 서류, 통지 등에 관하여는 「건축법」 준용

[2] 분양공고 및 분양신청

(1) 분양공고

1. 건축심의 결과 통지받은 날부터 90일 이내에 통지 및 공고
   - 해당지역에서 발행되는 일간신문에 공고
2. 토지등소유자에게 통지할 내역 및 공고 사항

〈표 4-17〉 분양공고의 통지 및 공고 사항

내용	통지 또는 공고
분양대상자별 종전의 토지 또는 건축물의 명세 및 건축심의에 따른 심의 결과를 통지받은 날을 기준으로 한 가격	통지
건축심의 전에 건축물의 붕괴 등 안전사고의 우려가 있거나 폐공가(廢公家)의 밀집으로 범죄발생의 우려가 있어 철거된 건축물은 시장·군수등에게 허가를 받은 날을 기준으로 한 가격	통지
- 분양대상자별 분담금의 추산액	통지
- 분양신청기간	통지
- 사업의 종류··명칭 및 사업시행구역의 위치·면적	통지 및 공고
건축물의 주용도·건폐율·용적률 및 높이에 관한 계획 (건축협정을 체결한 경우 건축협정의 내용 포함)	통지 및 공고
건축물의 건축선에 관한 계획	통지 및 공고
정비기반시설의 설치계획	통지 및 공고
공동이용시설의 설치계획	통지 및 공고
- 분양대상 대지 또는 건축물의 내역	통지 및 공고
분양신청 자격 및 방법	통지 및 공고
분양신청 기간 및 장소	통지 및 공고
토지등소유자 외 권리자의 권리신고 방법	통지 및 공고
분양신청을 하지 아니한 자에 대한 조치	통지 및 공고
분양신청서	통지 및 공고
분양신청 안내문	통지 및 공고
철거 및 이주예정일	통지 및 공고

거제동 가로주택정비사업조합 공고 제2019-32호

거제동 가로주택정비사업 조합원 분양신청 공고

「빈집 및 소규모주택 정비에 관한 특례법」 제28조 및 동법 시행령 제25조의 규정에 의거하여 거제동 가로주택정비사업의 조합원 분양신청을 아래와 같이 공고하오니 조합원 여러분께서는 분양신청기간 내에 분양신청을 완료하여 주시기 바라며, 별도로 통지되는 분양신청관련 통지를 받지 못한 조합원은 본 공고로 갈음합니다.

- 아 래 -

1. 사업의 종류·명칭 및 사업시행구역의 위치·면적
① 사업의 종류·명칭 : 가로주택정비사업 / 거제동 가로주택정비사업
② 사업시행구역의 위치·면적 : 부산광역시 연제구 거제동 43번지 일원 / 8,521㎡

2. 건축물의 주용도·건폐율·용적률 및 높이, 건축물의 건축선에 관한 계획, 정비기반시설, 공동이용시설의 설치계획
① 주용도 : 공동주택(아파트) 2개동 192세대 및 부대복리시설
② 건폐율 : 13.15% ③ 용적율 : 240.21% ④ 높이 : 79.5㎡(지하2층, 지상27층)
⑤ 건축물의 건축선에 관한 계획 : 해당없음 ⑥ 정비기반시설 설치계획 : 해당없음
⑦ 공동이용시설 설치계획 : 845.5547㎡(경로당, 어린이놀이터, 주민운동시설, 주민휴게시설, 주민공동시설, 관리사무소, 경비실)

3. 분양대상 대지 또는 건축물 내역
① 아파트 (단위 : ㎡)

구분	TYPE	세대수	전용면적	주거공용	공급면적 (전용+주거공용)	기타공용면적	지하주차장면적	계약면적
분양주택	59	59	59.9377	22.5752	82.5129	2.7176	38.8410	124.0716
	84A	52	84.9761	29.3937	114.3698	3.8529	55.0665	173.2892
	84B	81	84.9742	30.5713	115.5455	3.8528	55.0653	174.4636
소계		192	14,837.9917	5,336.6902	20,174.6819	672.7715	9,615.3631	30,462.8165

② 근린생활시설 (단위 : ㎡)

구분		101호	102호	103호	104호	105호	106호	107호	108호	109호	110호	소계
전용면적		53.50	102.48	79.11	122.52	58.22	147.48	80.71	58.63	87.32	66.03	856.00
공용면적		8.79	16.84	13.00	20.14	9.57	24.24	13.26	9.64	14.35	10.85	140.68
공급면적		62.29	119.32	92.11	142.66	67.79	171.72	93.97	68.27	101.67	76.88	996.68
기타공용면적	주차장	29.61	56.71	43.78	67.80	32.22	81.62	44.66	32.45	48.32	36.54	473.71
계약면적		91.90	176.03	135.89	210.46	100.01	253.33	138.64	100.71	149.99	113.42	1,470.39

※ 상기 내역은 건축심의 결과 기준이며, 향후 사업시행계획인가 시 변동될 수 있음

4. 분양신청 자격 및 방법
「빈집 및 소규모주택 정비에 관한 특례법」 제24조 및 조합정관 제9조에 의하여 조합원의 자격을 취득한 자는 조합에서 지정한 분양신청 기간 내에 분양신청서를 작성하고 구비서류를 조합사무실에 제출하여야 함

5. 분양신청 기간 및 장소
① 기간 : 2019년 9월 16일(월) ~ 2019년 10월 15일(화) (30일간) / (평일)10시~17시, (토/일/공휴일)사전예약시 탄력적으로 운영
② 장소 : 거제동 가로주택정비사업조합 사무실 (☎ 051-867-1050)

6. 토지등소유자 외의 권리자의 권리신고 방법
권리를 증명하는 서류 및 권리내역을 조합에 신고, 제출하여야 함.
※ 소유권 처분관련 권리(가등기권자, 가압류자, 가처분권자, 예고등기권자 등)및 기타소유권 이외의 권리.

7. 분양신청을 하지 아니한 자에 대한 조치
분양신청을 하지 아니한 자, 분양신청기간 종료 이전에 분양신청을 철회한 자, 관리처분계획에 따라 분양신청대상자에서 제외된 자는 「빈집 및 소규모주택 정비에 관한 특례법」 제36조에 따라 현금 청산함.

8. 분양신청 안내문
분양신청 안내문은 조합원 개인별로 별도 발송하여 드립니다.

9. 이주 및 철거 예정일
추후 개별 통지 예정

2019년 9월 11일

거제동 가로주택정비사업조합 조합장 양 세 훈 [직인생략]

거제동 가로주택정비사업조합 공고 제2019-48호

거제동 가로주택정비사업 조합원 분양신청 연장 공고

「빈집 및 소규모주택 정비에 관한 특례법」 제28조 및 동법 시행령 제25조의 규정에 의거하여 거제동 가로주택정비사업의 조합원 분양신청을 아래와 같이 연장 공고하오니 조합원 여러분께서는 연장 분양신청기간 내에 분양신청을 완료하여 주시기 바라며, 별도로 통지되는 분양신청관련 통지를 받지 못한 조합원은 본 공고로 갈음합니다.

- 아 래 -

1. 사업의 종류·명칭 및 사업시행구역의 위치·면적
① 사업의 종류·명칭 : 가로주택정비사업 / 거제동 가로주택정비사업
② 사업시행구역의 위치·면적 : 부산광역시 연제구 거제동 43번지 일원 / 8,521㎡
2. 건축물의 주용도·건폐율·용적률 및 높이, 건축물의 건축선에 관한 계획, 정비기반시설, 공동이용시설의 설치계획
① 주용도 : 공동주택(아파트) 2개동 192세대 및 부대복리시설 ② 건폐율 : 13.15%
③ 용적율 : 240.21% ④ 높이 : 79.5㎡(지하2층, 지상27층)
⑤ 건축물의 건축선에 관한 계획 : 해당없음 ⑥ 정비기반시설 설치계획 : 해당없음
⑦ 공동이용시설 설치계획 : 845.5547㎡(경로당, 어린이놀이터, 주민운동시설, 주민휴게시설, 주민공동시설, 관리사무소, 경비실)
3. 분양대상 대지 또는 건축물 내역
① 아파트 (단위:㎡)

구분	TYPE	세대수	전용면적	주거공용	공급면적 (전용+주공용)	기타공용 면적	지하주차장 면적	계약면적
분양주택	59	59	59.9377	22.5752	82.5129	2.7176	38.8410	124.0716
	84A	52	84.9761	29.3937	114.3698	3.8529	55.0665	173.2892
	84B	81	84.9742	30.5713	115.5455	3.8528	55.0653	174.4636
소 계		192	14,837.9917	5,336.6902	20,174.6819	672.7715	9,615.3631	30,462.8165

② 근린생활시설

구 분		101호	102호	103호	104호	105호	106호	107호	108호	109호	110호	소계
전용면적		53.50	102.48	79.11	122.52	58.22	147.48	80.71	58.63	87.32	66.03	856.00
공용면적		8.79	16.84	13.00	20.14	9.57	24.24	13.26	9.64	14.35	10.85	140.68
공급면적		62.29	119.32	92.11	142.66	67.79	171.72	93.97	68.27	101.67	76.88	996.68
기타공용면적	주차장	29.61	56.71	43.78	67.80	32.22	81.62	44.66	32.45	48.32	36.54	473.71
계약면적		91.90	176.03	135.89	210.46	100.01	253.33	138.64	100.71	149.99	113.42	1,470.39

※ 상기 내역은 건축심의 결과 기준이며, 향후 사업시행계획인가 시 변동될 수 있음
4. 분양신청 자격 및 방법
「빈집 및 소규모주택 정비에 관한 특례법」 제24조 및 조합정관 제9조에 의하여 조합원의 자격을 취득한 자는 조합에서 지정한 연장 분양신청 기간 내에 분양신청서를 작성하고 구비서류를 조합사무실에 제출하여야 함
5. 연장 분양신청 기간 및 장소
① 기 간 : 2019년 10월 16일(수) ~ 2019년 11월 4일(월) (20일간) / (평일)10시~17시, (토/일/공휴일)사전예약 시 탄력적으로 운영
② 장 소 : 거제동 가로주택정비사업조합 사무실 (☎ 051-867-1050)
6. 토지등소유자 외의 권리자의 권리신고 방법
권리를 증명하는 서류 및 권리내역을 조합에 신고, 제출하여야 함.
※ 소유권 처분관련 권리(가등기권자, 가압류자, 가처분권자, 예고등기권자 등)및 기타소유권 이외의 권리.
7. 분양신청을 하지 아니한 자에 대한 조치
분양신청을 하지 아니한 자, 분양신청기간 종료이전에 분양신청을 철회한 자, 관리처분계획에 따라 분양신청대상자에서 제외된 자는 「빈집 및 소규모주택 정비에 관한 특례법」 제36조에 따라 현금 청산함.
8. 분양신청 안내문 : 분양신청 안내문은 조합원 개인별로 별도 발송하여 드렸습니다.
9. 이주 및 철거 예정일 : 추후 개별 통지 예정

2019년 10월 16일

거제동 가로주택정비사업조합 조합장 양 세 훈 [직인생략]

[그림 4-20] 조합원 분양신청 공고 및 분양신청 연장공고 예시

(2) 분양신청

1. 분양신청 기간
   - 토지등소유자에게 통지한 날부터 30일 이상 60일 이내
   - 관리처분계획의 수립에 지장이 없다고 판단하는 경우 분양신청기간을 20일 범위에서 한 차례만 연장 가능
2. 분양신청 방법
   - 분양신청서에 소유권의 내역을 적어 사업시행자에게 제출
   - 우편에 의한 분양신청은 분양신청기간 내에 발송된 것임을 증명할 수 있는 우편(등기우편)만 가능

3. 재 분양 공고

– 사업시행계획인가의 변경으로 세대수 또는 주택규모가 달라지는 경우 가능

〈표 4-18〉 사업시행계획인가의 경미한 변경

<table>
<tr><th>내용</th><th>기준</th></tr>
<tr><td>국민주택을 건설하는 사업의 경우 주택도시기금으로 지원받는 금액의 총액이 증가하지 아니하는 경우</td><td>정비사업비의
20퍼센트 범위에서의 가감</td></tr>
<tr><td>소규모재건축사업의 경우</td><td rowspan="3">사업시행구역 면적의
20퍼센트 범위의 가감</td></tr>
<tr><td>가로주택정비사업의 변경 후 사업시행구역 면적이 1만제곱미터 미만인 경우</td></tr>
<tr><td>가로주택정비사업의 사업시행구역을 1만제곱미터 이상 2만제곱미터 미만의 범위에서 변경하는 경우
- 지구단위계획구역 및 지구단위계획이 지정·수립되어 있는 경우의 경미한 사항
- 지구단위계획구역을 지정할 수 있거나 지정해야 하는 경우가 아닌 경우</td></tr>
<tr><td>건축물이 아닌 부대시설 및 복리시설의 설치 규모 확대</td><td>그 위치를 변경하는 경우는 제외</td></tr>
<tr><td>세대수와 세대별 주거전용면적의 변경 없는 경우</td><td>세대별 주거전용면적의 20퍼센트 범위에서의 내부구조의 위치 또는 면적의 변경</td></tr>
<tr><td>내장재료 또는 외장재료의 변경</td><td></td></tr>
<tr><td>사업시행계획인가 시 부과된 조건을 이행하기 위한 인가사항의 변경</td><td></td></tr>
<tr><td>건축물 배치 및 주택단지 안의 도로선형 변경</td><td>건축물의 용도별 위치 및 설계를 변경하지 아니하는 범위 내</td></tr>
<tr><td>변경되는 부분의 높이가 1미터 이하이거나 전체 높이의 10분의 1 이하인 경우</td><td rowspan="3">건축물의 동수나 층수를 변경하지 아니하면서 변경되는 부분의 바닥면적의 합계가 50제곱미터 이하인 경우</td></tr>
<tr><td>허가를 받거나 신고를 하고 건축 중인 부분의 위치 변경범위가 1미터 이내인 경우</td></tr>
<tr><td>신고에 따른 건축허가를 받은 것으로 보는 규모에서 건축허가를 받아야 하는 규모로의 변경이 아닌 경우</td></tr>
<tr><td>연면적이 5천 제곱미터 이상인 건축물은 각 층의 바닥면적이 50제곱미터 이하의 범위에서 변경되는 경우</td><td>건축물의 동수나 층수를 변경하지 아니하면서 변경되는 부분이 연면적 합계의 10분의 1 이하인 경우</td></tr>
<tr><td>대수선에 해당하는 경우</td><td></td></tr>
<tr><td>사업시행자의 명칭 또는 사무소 소재지의 변경</td><td></td></tr>
<tr><td>조합설립인가 변경에 따른 사업시행계획서의 변경</td><td></td></tr>
</table>

– 사업시행계획인가의 경미한 변경은 재 분양 공고 불가

[별지 제8호서식]

분 양 신 청 서

신청인	성 명		생년월일		접수번호	※ 시행자가 기재
	주 소	(전화)			조합원번호	
	수인이 1인의 분양대상자로 신청하는 경우 함께 신청하는 자의 성명				(총 인)	

권리내역			소 재 지	지 목	면 적(㎡) 공부상	면 적(㎡) 편입	면 적(㎡) 소유	공 유 여 부	이 용 상 황	취 득 일 자	시행구역 외 주택소유 여부
	토지	소유토지	(계 필지)								

권리내역			소 재 지	지 목	면 적(㎡) 공부상	면 적(㎡) 점유인정	관 리 청	점 유 상 황	비 고 〈불하희망여부〉
	토지	점유국공유지	(계 필지)						

권리내역		소 재 지	연면적(㎡)	용 도	취 득 일	공 유 여 부	허 가 유 무	무 허 가 건물번호
	건축물	(계 동)						

분양희망의견	주 택 규 모		상가용도 등 및 규모	

「빈집 및 소규모주택 정비에 관한 특례법」 제28조, 같은 법 시행령 제25조 및 「서울특별시 빈집 및 소규모주택 정비에 관한 조례」 제31조에 따라 위와 같이 분양을 신청합니다.

년 월 일

신청인 (서명 또는 인)

구역 정비사업 사업시행자 귀하

제출서류	1. 토지 및 건축물에 관한 등기부등본 또는 환지예정지증명원 각 1부. 2. 토지대장 및 건축물대장 각 1부. 3. 무허가 건축물인 경우에는 무허가건물확인원 및 소유를 입증하는 서류 1부. 4. 주민등록표등본(신청인과 동일한 세대별주민등록표상에 등재되어 있지 아니하는 신청인 배우자의 주민등록표 등본 포함) 1부. 5. 수인이 1인의 분양대상자로 신청하는 경우에는 함께 신청하는 자의 분양신청서 가 1부. 6. 사업자등록증 기타 자격요건을 증빙하는 서류 1부.	

[그림 4-21] 조합원 분양신청서[26] 예시

26) 「서울특별시 빈집 및 소규모주택 정비에 관한 조례 시행규칙」 [별지 제8호 서식]

4. 분양신청을 다시 하게 하는 경우
   - 분양신청을 하지 아니한 자와 분양신청기간 종료 이전에 분양신청을 철회한 자
   - 단, 정관 등에서 정하고 있거나 총회의 의결을 거친 경우

[3] 사업시행계획인가

(1) 사업시행계획인가 및 변경 절차

1. 사업시행계획서의 사전 동의 또는 의결
   - 토지등소유자의 경우 주민합의서에서 정하는 토지등소유자의 동의
   - 조합인 경우 조합 총회에서 조합원 과반수의 찬성으로 의결
   - 단, 정비사업비가 100분의 10(생산자물가상승률분 및 손실보상 금액 제외) 이상 늘어나는 경우 조합원 3분의 2 이상의 찬성으로 의결
   - 지정개발자인 경우에는 토지등소유자 과반수 동의 및 토지면적 2분의 1 이상의 토지소유자의 동의
   - 사업의 중지 및 폐지하는 경우도 사전 동의 또는 의결 필요
   - 취약주택정비사업의 경우 토지등소유자의 동의 없이 가능
2. 사업시행계획서의 제출
   - 시장·군수등에게 제출
   - 정관, 총회의결서 사본 첨부
   - 토지등소유자 및 지정개발자의 경우 토지등소유자의 동의서 및 토지등소유자의 명부 첨부
   - 경미한 사항의 변경[27]인 경우에는 시장·군수등에게 신고
3. 일반인 공람
   - 시장·군수등이 사업시행계획인가를 하거나 사업시행계획서를 작성하는 경우
   - 관계 서류의 사본을 14일 이상 공람
   - 토지등소유자, 이해관계인 등은 공람 기간 이내에 시장·군수등에게 서면으로 의견을 제출 가능
4. 사업시행계획의 인가 여부 결정
   - 사업시행계획서 제출된 날부터 60일 이내에 사업시행자에게 통보

27) 〈표 4-12〉 사업시행계획인가의 경미한 변경 참조

5. 해당 지방자치단체의 공보에 고시
   - 사업시행계획인가 또는 사업을 변경·중지 또는 폐지하는 경우
   - 시장·군수등이 사업시행계획서를 작성한 경우 포함
   - 해당 지방자치단체의 인터넷 홈페이지에도 게재

〈표 4-19〉 공보에 고시 시 포함되어야 할 사항

<table>
<tr><th>사업시행계획인가의 고시</th><th>변경·중지 또는 폐지</th></tr>
<tr><td>사업의 종류 및 명칭</td><td>사업의 종류 및 명칭</td></tr>
<tr><td>사업시행구역의 위치 및 면적</td><td>사업시행구역의 위치 및 면적</td></tr>
<tr><td>사업시행자의 성명 및 주소</td><td>사업시행자의 성명 및 주소</td></tr>
<tr><td>사업의 시행기간</td><td>사업의 시행기간</td></tr>
<tr><td>사업시행계획인가일</td><td>사업시행계획인가일</td></tr>
<tr><td>수용·사용할 토지 또는 건축물의 명세 및
소유권 외의 권리의 명세(소규모재건축사업으로 한정)</td><td rowspan="5">변경·중지 또는 폐지의
사유 및 내용</td></tr>
<tr><td>건축물의 대지면적·건폐율·용적률·높이·용도 등 건축계획에
관한 사항</td></tr>
<tr><td>주택의 규모 등 주택건설계획</td></tr>
<tr><td>분양 또는 보류지의 규모 등 분양계획</td></tr>
<tr><td>정비기반시설의 귀속에 관한 사항</td></tr>
</table>

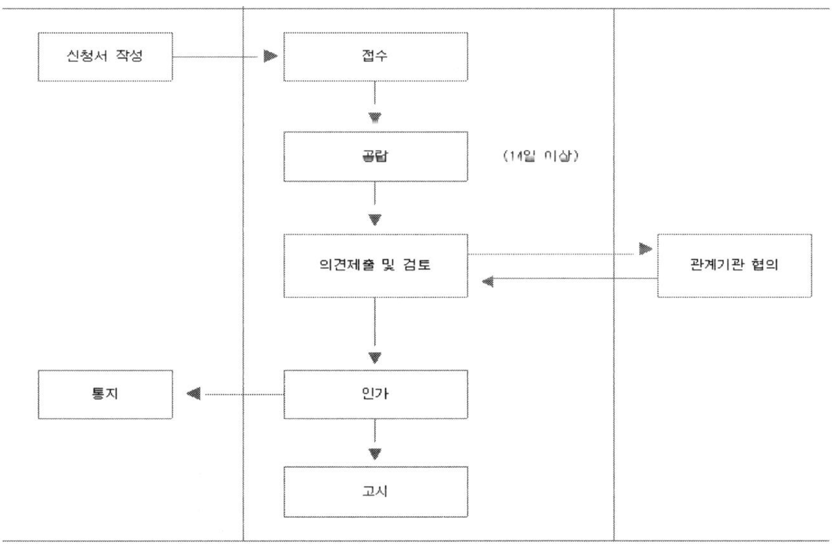

[그림 4-22] 사업시행계획인가 절차

(2) 사업시행계획서

1. 사업시행계획서에 포함해야 할 사항
   - 사업시행구역 및 그 면적
   - 토지이용계획(건축물배치계획을 포함한다)
   - 정비기반시설 및 공동이용시설의 설치계획
   - 임시거주시설을 포함한 주민이주대책
   - 사업시행기간 동안 사업시행구역 내 가로등 설치, 폐쇄회로 텔레비전 설치 등 범죄예방대책
   - 임대주택의 건설계획
   - 건축물의 높이 및 용적률 등에 관한 건축계획(건축협정을 체결한 경우 건축협정의 내용 포함)
   - 사업시행과정에서 발생하는 폐기물의 처리계획
   - 정비사업비
   - 분양설계 등 관리처분계획
2. 사업시행을 위한 사항으로 시·도 조례에 따라 포함해야 할 사항
   - 사업의 종류·명칭 및 시행기간
   - 사업시행자의 성명 및 주소
   - 사업의 자금 확보계획
   - 해당 사업의 토지 또는 건축물 등에 관한 명세와 권리자의 성명 및 주소
   - 사업의 시행에 지장이 있다고 인정되는 사업시행구역 내 건축물 또는 공작물 등의 명세
   - 기존 건축물의 철거계획서(석면이 함유된 건축자재가 사용된 경우 그 현황과 해당 자재의 철거 및 처리계획 포함)
   - 철거할 필요는 없으나 보수할 필요가 있다고 인정되는 기존 건축물의 명세 및 보수 계획
   - 토지이용계획에 포함된 건축물의 설계도서
   - 새로 설치되는 정비기반시설 및 종래의 정비기반시설의 조서 및 도면
   - 가로주택정비사업의 사업시행구역 면적을 1만제곱미터 이상 2만제곱미터 미만으로 변경하는 경우 지구단위계획구역을 지정할 수 있거나 지정해야 하는 경우 또는 지구단위계획구역 및 지구단위계획이 지정·수립되어 있는 경우로서 이를 변경

해야 하는 경우로 한정하되 토지소유자의 동의를 받은 사항과 지방도시계획위원회의 심의를 받은 결과
- 사업시행자에게 무상으로 양여되는 국유지·공유지의 조서
- 공동구 설치
- 「물의 재이용 촉진 및 지원에 관한 법률」에 따른 빗물이용시설의 설치·운영 등 빗물처리계획
- 사업의 완료 후 상가세입자에 대한 우선 분양 등에 관한 사항

3. 공공주택 건설계획을 포함하는 경우
- 공공주택의 구조·기능 및 설비에 관한 기준
- 부대시설·복리시설의 범위, 설치기준

(3) 시행규정

1. 시장·군수등, 토지주택공사등 또는 지정개발자가 단독으로 소규모주택정비사업을 시행하는 경우 시행규정에 포함해야 할 사항
- 소규모주택정비사업의 종류 및 명칭
- 소규모주택정비사업의 시행연도 및 시행방법
- 비용부담 및 회계
- 토지등소유자의 권리·의무
- 정비기반시설 및 공동이용시설의 부담
- 공고·공람 및 통지의 방법
- 토지 및 건축물에 관한 권리의 평가방법
- 관리처분계획 및 청산(분할징수 또는 납입에 관한 사항 포함) 다만, 수용의 방법으로 시행하는 경우 제외
- 시행규정의 변경 및 사업시행계획서의 변경
- 정비사업비 총액의 100분의 7 이하의 사업관리에 필요한 비용의 책정(사업시행자가 시장·군수등 및 토지주택공사등인 경우로 한정)
- 토지등소유자 전체회의(지정개발자가 사업시행자인 경우로 한정)

실무 Tip

건축심의 및 사업시행인가 과정에서 필요한 외주용역 및 조합이 선정해야 할 기타 협력업체

- 지반공학적 제반 기초 자료를 제공하기 위한 지반조사 (시추조사, 표준관입시험, 지하수위측정, 물성시험, 전단 시험, 일축압축시험, 공내 전단시험, 공내 재하시험, 하향탄성파 시험 등)
- 경계복원측량, 지적현황측량, 일반현황측량(이지목), 정비기반시설측량, 용지도작성(수치), 지형측량 등
- 「석면안전관리법」에 따른 석면조사 및 석면감리
- 「도시교통정비 촉진법」 및 「교통영향평가지침」에 따른 교통영향평가 및 약식교통영향평가, 교통성 검토 등
- 「주택법」 및 「주택건설기준등에 관한 규정」에 따른 소음방지대책의 수립을 위한 소음측정 및 예측 보고서 등
- 「교육환경보호에 관한 법률」에 따른 교육환경평가서 작성 및 교육환경영향평가
- 「소방시설공사업법」에 따른 전기소방설계 및 기계소방설계
- 「건축법」, 「철도안전법」 등 필요에 따른 흙막이가시설설계
- 「주택법」 및 「주택건설기준등에 관한 규정」, 「에너지절약형 친환경주택의 건설기준」에 따른 에너지 절약형 친화경 주택 의무 시행을 위한 에너지절약형 친환경주택 설계
- 「저탄소 녹색성장 기본법」 및 「녹색건축물 조성 지원법」, 「건축물의 에너지절약설계기준」에 따른 에너지절약계획서
- 「건축법」 및 「범죄예방 건축기준 고시」, 시 · 도조례에 따른 안전 및 범죄예방 환경 설계 계획
- 「자연재해대책법」 및 「재해영향평가등의 협의 실무지침」에 따른 사전재해영향성검토협의 및 소규모 재해영향평가등의 협의
- 「빈집 및 소규모주택 정비에 관한 특례법」에 따른 사업시행기간 동안 사업시행구역 내 가로등 설치, 폐쇄회로 텔레비전 설치 등 범죄예방대책 및 주민이주대책 등을 위한 이주관리, 범죄예방 용역

■ 빈집 및 소규모주택 정비에 관한 특례법 시행규칙[별지 제6호서식]

사업시행계획 [ ]인가 [ ]변경인가 신청서

※ 색상이 어두운 난은 신청인이 작성하지 않고, [ ]에는 해당되는 곳에 √ 표를 합니다. (총6쪽 중 제1쪽)

※ 작성 시 유의사항: 이 서식은 사업 유형별 여건에 따라 일부 항목을 추가하거나 삭제하여 작성할 수 있습니다.

접수번호	접수일시	처리기간 60일

사 업 구 분	[ ] 빈집정비사업 [ ] 가로주택정비사업	[ ] 자율주택정비사업 [ ] 소규모재건축사업

신청인					
	사업시행자 명칭			사업시행자 지정 근거 및 날짜	
	대표자	성 명		생 년 월 일	
		주 소	(전화) -		
	주된 사무소의 소재지		(전화) -		

사업 시행 구역										
	구 역 명 칭					시 행 면 적	(㎡)			
	위 치					건 축 물	동 (무허가 동)			
	거주가구 및 인구		가구(명)			도 시 계 획	지역 지구			
	지목별	지 목				국공유지 관리청별	관 리 청			
		면적(㎡) (필지 수)					면적(㎡) (필지 수)			

동의 내역	토 지 면 적		토 지 소 유 자 수		건축물소유자수	
	대상면적	㎡	대상소유자 수	인	대상소유자 수	인
	동의면적 (동의율)	㎡ (%)	동 의 자 수 (동 의 율)	인 (%)	동 의 자 수 (동 의 율)	인 (%)

정비사업전문 관 리 업 자	명 칭		대 표 자	
	주된 사무소의 소재지	(전화) -		

210㎜ × 297㎜[백상지(80g/㎡) 또는 중질지(80g/㎡)]

[그림 4-23] 사업시행계획인가(변경인가) 신청서[28]

28) 「빈집 및 소규모주택 정비에 관한 특례법 시행규칙」 [별지 제6호서식]

(총6쪽 중 제2쪽)

사업시행계획						
시행기간	사업시행계획인가일 ~ 일		사업비	원		
건축시설	토지 명칭		대지면적(㎡)		주용도	
건축시설	건축면적(㎡)		건축연면적(㎡)		지하면적(㎡)	
건축시설	건폐율(%)		용적률(%)		최고높이	
건축시설	층수(지상·지하)		주차장(대, ㎡)			

주택	공급구분	주택형태	동수	세대수	주택규모별 세대수(전용면적기준)				
주택									
주택	계								
주택	분양								
주택	임대								

정비기반시설	용도폐지 정비기반시설		새로 설치할 정비기반시설			
정비기반시설	종류	규모	종류	규모	시행자	비용부담자 및 부담내용
정비기반시설						
정비기반시설						
정비기반시설						

철거 또는 이전요구 대상	건축물 (동)	철거	이전	공작물 (개소)	철거	이전

개수대상 건축물	동	임시수용계획	

수용 또는 사용대상	토지	필지 수	면적(㎡)	권리자 수	건축물	동수	연면적(㎡)	권리자 수

세입자 대책	대상 세대수	임대주택 공급세대	주거대책비 지급세대	비대책 세대

[그림 4-23] 사업시행계획인가(변경인가) 신청서

(총6쪽 중 제3쪽)

<table>
<tr><td rowspan="7">건축물 및 건축시설</td><td>시행 전 건축물</td><td colspan="2">허가 건축물</td><td colspan="2">동</td><td>무허가 건축물</td><td colspan="3">동(새로 발생 동)</td></tr>
<tr><td rowspan="6">시행 후 건축물</td><td colspan="2">용도</td><td>대지면적</td><td>동수</td><td>층수</td><td>세대수</td><td>건축 연면적</td><td>비고</td></tr>
<tr><td rowspan="3">주택</td><td>소계</td><td></td><td></td><td></td><td></td><td></td><td></td></tr>
<tr><td>분양</td><td></td><td></td><td></td><td></td><td></td><td></td></tr>
<tr><td>임대</td><td></td><td></td><td></td><td></td><td></td><td></td></tr>
<tr><td colspan="2">상가</td><td></td><td></td><td></td><td></td><td></td><td></td></tr>
</table>

<table>
<tr><td rowspan="7">공급 계획</td><td rowspan="2">공급대상</td><td colspan="5">주택규모별(전용면적기준) 공급세대 수</td><td rowspan="2">상가 면적 (m²)</td><td colspan="2">그 밖의 건축 시설면적(m²)</td></tr>
<tr><td>계</td><td>m²</td><td>m²</td><td>m²</td><td>m²</td><td></td><td></td></tr>
<tr><td>계</td><td></td><td></td><td></td><td></td><td></td><td></td><td></td><td></td></tr>
<tr><td>토지등소유자</td><td></td><td></td><td></td><td></td><td></td><td></td><td></td><td></td></tr>
<tr><td>보류시설</td><td></td><td></td><td></td><td></td><td></td><td></td><td></td><td></td></tr>
<tr><td>일반분양</td><td></td><td></td><td></td><td></td><td></td><td></td><td></td><td></td></tr>
<tr><td>임대</td><td></td><td></td><td></td><td></td><td></td><td></td><td></td><td></td></tr>
</table>

<table>
<tr><td rowspan="3">분양 신청 및 권리 신고</td><td rowspan="2">구분</td><td colspan="4">분양신청</td><td rowspan="2">수인이 1인의 분양 대상자로 신청</td><td colspan="4">권리신고(권리종류별)</td></tr>
<tr><td>소계</td><td>토지 및 건축물 소유자</td><td>토지 소유자</td><td>건축물 소유자</td><td>소계</td><td></td><td></td><td></td></tr>
<tr><td>신청인 수</td><td></td><td></td><td></td><td></td><td>건 (인)</td><td></td><td></td><td></td><td></td></tr>
</table>

<table>
<tr><td rowspan="6">권리 자별 관리 처분 (단위: 인)</td><td rowspan="2">권리자별</td><td rowspan="2">대상</td><td colspan="4">분양</td><td rowspan="2">청산</td><td rowspan="2">수용</td><td rowspan="2">협의 매수</td><td rowspan="2">그 밖의 처분</td></tr>
<tr><td>소계</td><td>주택</td><td>상가</td><td>그 밖의 용도</td></tr>
<tr><td>계</td><td></td><td></td><td></td><td></td><td></td><td></td><td></td><td></td><td></td></tr>
<tr><td>토지 및 건축물소유자</td><td></td><td></td><td></td><td></td><td></td><td></td><td></td><td></td><td></td></tr>
<tr><td>토지 소유자</td><td></td><td></td><td></td><td></td><td></td><td></td><td></td><td></td><td></td></tr>
<tr><td>건축물 소유자</td><td></td><td></td><td></td><td></td><td></td><td></td><td></td><td></td><td></td></tr>
</table>

[그림 4-23] 사업시행계획인가(변경인가) 신청서

(총6쪽 중 제4쪽)

<table>
<tr><td>소유권 외의 권리</td><td>대 상</td><td>건</td><td>이전 설정</td><td>건</td><td>해지 또는 소멸</td><td>건</td></tr>
</table>

<table>
<tr><td rowspan="4">토지 소유권 변환</td><td>총면적</td><td>시행 전</td><td>사유 토지</td><td></td><td>국공유지</td><td></td><td>그 밖의 토지</td><td colspan="2"></td></tr>
<tr><td rowspan="3">㎡
(필지)</td><td rowspan="3">시행 후</td><td colspan="5">시행자 보유</td><td rowspan="2">시행자 보유 토지 배분 면적</td><td rowspan="2">그밖의 토지</td></tr>
<tr><td>청산</td><td>수용</td><td>협의 매수</td><td>국공 유지 매각</td><td>국유지 · 공유지 무상 양수</td></tr>
<tr><td></td><td></td><td></td><td></td><td></td><td></td><td></td></tr>
</table>

<table>
<tr><td rowspan="4">토지 용도 변환</td><td rowspan="2">용도</td><td colspan="4">택지</td><td colspan="4">공공시설</td><td colspan="3">그 밖의 용도</td></tr>
<tr><td>소계</td><td>공동 주택</td><td>단독 주택</td><td>그 밖의 건축 시설</td><td>소계</td><td></td><td></td><td></td><td>소계</td><td></td><td></td></tr>
<tr><td>시행 전 (㎡)</td><td></td><td></td><td></td><td></td><td></td><td></td><td></td><td></td><td></td><td></td><td></td></tr>
<tr><td>시행 후 (㎡)</td><td></td><td></td><td></td><td></td><td></td><td></td><td></td><td></td><td></td><td></td><td></td></tr>
</table>

<table>
<tr><td rowspan="5">공공시설</td><td colspan="5">신 설</td><td colspan="5">용 도 폐 지</td></tr>
<tr><td>종류</td><td>명칭</td><td>규모</td><td>설치비용</td><td>관리청</td><td>종류</td><td>명칭</td><td>규모</td><td>국공유지 (㎡)</td><td>무상양여 (㎡)</td></tr>
<tr><td></td><td></td><td></td><td></td><td></td><td></td><td></td><td></td><td></td><td></td></tr>
<tr><td></td><td></td><td></td><td></td><td></td><td></td><td></td><td></td><td></td><td></td></tr>
<tr><td></td><td></td><td></td><td></td><td></td><td></td><td></td><td></td><td></td><td></td></tr>
</table>

<table>
<tr><td rowspan="3">평가액 또는 추산액</td><td colspan="3">시행 전</td><td colspan="3">시행 후</td></tr>
<tr><td>계</td><td>토 지</td><td>건 축 물</td><td>계</td><td>토 지</td><td>건 축 물</td></tr>
<tr><td></td><td></td><td></td><td></td><td></td><td></td></tr>
</table>

<table>
<tr><td>자금운용</td><td>총 사업비</td><td></td><td></td><td>수입 추산액</td><td></td><td></td></tr>
</table>

[그림 4-23] 사업시행계획인가(변경인가) 신청서

(총6쪽 중 제5쪽)

일괄처리사항	주택건설사업계획승인 (　　　　)	건축허가 (　　　　)	가설건축물건축허가 (　　　　)
	가설건축물축조신고 (　　　　)	건축협의 (　　　　)	도로공사시행허가 (　　　　)
	도로점용허가 (　　　　)	일반수도사업인가 (　　　　)	전용상수도 · 전용공업수도설치인가 (　　　　)
	공공하수도사업허가 (　　　　)	개인하수처리시설설치신고 (　　　　)	국유지사용수익허가 (　　　　)
	공유지대부 · 사용허가 (　　　　)	사업착수 · 변경 또는 완료 신고 (　　　　)	자가용전기설비공사계획의 인가 · 신고 (　　　　)
	도시 · 군계획시설사업시행자 지정 (　　　　)	도시 · 군계획시설사업 실시계획인가 (　　　　)	소방동의 · 제조소등의 설치허가 (　　　　)

이 신청서 및 첨부서류에 기재한 내용과 같이 「빈집 및 소규모주택 정비에 관한 특례법」 제12조제1항, 제29조제1항 및 같은 법 시행규칙 제6조, 제10조에 따른 사업시행계획 [ ]인가 [ ]변경을 신청합니다.

년　　월　　일

신청인대표　　　　(서명 또는 인)

특별자치시장 · 특별자치도지사
시장 · 군수 · 구청장 귀하

첨부서류	1. 빈집정비사업 시행계획인가 또는 변경인가의 경우 가. 법 제13조에 따른 사업시행계획서 나. 법 제55조제2항에 따라 제출하여야 하는 서류 다. 변경 사유 및 내용을 설명하는 서류(변경인가의 경우에만 제출합니다) 2. 소규모주택정비사업 시행계획인가의 경우 가. 법 제29조제1항에 따른 결과등 나. 총회의결서 사본. 다만, 법 제17조제1항 및 같은 조 제3항제1호에 따라 사업을 토지등소유자가 시행하는 경우 또는 법 제19조제1항에 따른 지정개발자가 사업시행자인 경우에는 토지등소유자의 동의서 및 토지등소유자의 명부를 첨부한다 다. 법 제30조에 따른 사업시행계획서 라. 법 제55조제2항에 따라 제출하여야하는 서류 마. 변경 사유 및 내용을 설명하는 서류(변경인가의 경우에만 제출합니다)	수수료 없음

[그림 4-23] 사업시행계획인가(변경인가) 신청서

[4] 주택의 규모 및 건설비율

(1) 가로주택정비사업

1. 기존 단독주택의 호수(戶數)와 공동주택의 세대 수를 합한 수 이상의 주택을 공급
2. 건설하는 건축물의 층수
   -「국토의 계획 및 이용에 관한 법률」에 따름
   - 제2종일반주거지역인 경우 15층 이하의 범위에서 가로구역의 규모와 도로 너비 등을 고려하여 시·도조례로 층수제한을 따로 정하여 적용 가능

(2) 소규모재건축사업

1. 국민주택규모의 주택 건설비율
   - 전체 세대수의 100분의 90 이하
   - 국민주택규모는 주거전용면적이 85제곱미터 이하(수도권 제외 도시지역이 아닌 읍·면 지역은 100제곱미터이하)
   - 과밀억제권역에서 시행하는 재건축사업의 경우 전체 세대수의 60퍼센트 이상으로 하되 조합원에게 분양하는 주택의 주거전용면적의 합이 재건축하기 전의 주택의 주거전용면적의 합보다 작거나 30퍼센트의 범위에 클 경우 조합원 이외의 자에게 분양하는 주택을 모두 85제곱미터 이하 규모로 건설하는 경우 적용 제외

[5] 관리처분계획의 내용 및 수립기준

(1) 관리처분계획 수립에 포함해야 할 사항

1. 분양설계
2. 분양대상자의 주소 및 성명
3. 분양대상자별 분양예정인 대지 또는 건축물의 추산액
   - 임대관리 위탁주택에 관한 내용 포함
4. 보류지 등의 명세와 추산액 및 처분방법
   - 일반 분양분
   - 임대주택
   - 그 밖에 부대시설·복리시설 등

5. 분양대상자별 종전의 토지 또는 건축물 명세 및 건축심의에 따른 심의 결과를 받은 날을 기준으로 한 가격
   - 건축물의 붕괴 등 안전사고의 우려가 있거나 폐공가(廢公家)의 밀집으로 범죄발생의 우려가 있어 철거된 건축물은 시장·군수등에게 허가를 받은 날을 기준으로 한 가격
6. 정비사업비의 추산액 및 그에 따른 조합원 분담규모 및 분담시기
   - 소규모재건축사업의 경우 「재건축초과이익 환수에 관한 법률」에 따른 재건축분담금에 관한 사항 포함
7. 분양대상자의 종전 토지 또는 건축물에 관한 소유권 외의 권리명세
8. 세입자별 손실보상을 위한 권리명세 및 그 평가액
   - 취약주택정비사업의 경우로 한정
9. 소규모주택정비사업과 관련한 권리 등
   - 분양신청을 하지 아니하거나 분양신청을 철회한 자 또는 분양대상에서 제외된 자의 손실보상에 관한 협의를 하여야 하는 토지등소유자별 기존 토지·건축물 또는 그 밖의 권리의 명세와 처분방법
   - 비용의 부담비율에 의한 대지 및 건축물의 분양계획과 그 비용부담의 한도·방법 및 시기
   - 비용부담에 의하여 분양받을 수 있는 한도는 정관등에서 따로 정하는 경우를 제외하고는 기존 토지 또는 건축물의 가격의 비율에 따라 부담할 수 있는 비용의 50퍼센트를 기준으로 정함
   - 사업의 시행으로 인하여 용도가 폐지되는 정비기반시설 및 새로 설치되는 정비기반시설의 명세
   - 기존 건축물의 철거 예정시기
   - 관리처분계획 대상 물건조서 및 도면
   - 임대주택의 부지명세와 부지가액·처분방법 및 임대주택 공급대상 세입자 명부(임대주택을 건설하는 소규모주택정비사업에 한정)
   - 종전 토지의 지적 또는 임야도면
   - 동의서 또는 의결서 사본
   - 그 밖의 관리처분계획의 내용을 증빙하는 서류
10. 사업시행계획인가 총회 개최일부터 30일 전에 조합원에게 문서로 통지

(2) 관리처분계획 수립의 기준

1. 종전의 토지 또는 건축물의 면적, 이용 상황, 환경, 그 밖의 사항을 종합적으로 고려
   - 대지 또는 건축물이 균형 있게 분양신청자에게 배분되고 합리적으로 이용되도록 함
2. 지나치게 좁거나 넓은 토지 또는 건축물
   - 넓히거나 좁혀 대지 또는 건축물이 적정 규모가 되도록 조정
3. 너무 좁은 토지 또는 건축물이나 사업시행구역이 확정된 후 분할된 토지를 취득한 자에게는 현금으로 청산 가능
   - 사업시행구역의 확정 시점
   - 공공시행자 또는 지정개발자의 지정·고시일
   - 주민합의체 구성의 신고일
   - 조합설립인가일
4. 재해상 또는 위생상의 위해를 방지하기 위하여 토지의 규모를 조정할 특별한 필요가 있는 때
   - 너무 좁은 토지를 넓혀 토지에 갈음하여 보상 가능
   - 건축물의 일부와 그 건축물이 있는 대지의 공유지분을 교부 가능
5. 분양설계에 관한 계획 수립 기준일
   - 분양신청기간이 만료하는 날

(3) 관리처분계획의 세부수립의 기준

1. 가로주택정비사업 관리처분의 방법
   - 시·도조례로 분양주택의 주거전용면적을 제한하는 경우 그 면적 이하의 주택을 공급할 것
   - 하나의 건축물의 대지는 하나의 필지가 되도록 할 것. 다만, 주택단지의 경우에는 예외
   - 토지등소유자(지상권자를 제외)에게 분양할 것
   - 공동주택을 분양하는 경우 시·도조례로 정하는 금액·규모·취득시기 또는 유형에 관한 기준에 부합하지 아니하는 토지등소유자는 시·도조례로 정하는 바에 따라 분양대상에서 제외 가능
   - 하나의 필지로 된 대지 및 그 대지에 건축된 건축물(보류지 및 일반분양분 제외)

을 2인 이상에게 분양하는 경우 기존 토지 및 건축물의 가격 등에 따라 토지등소유자가 부담하는 비용의 비율에 따라 분양할 것

〈표 4-20〉 소규모주택정비사업 관리처분의 방법

주택공급 기준	관리처분의 방법
1세대 또는 1명이 하나 이상의 주택 또는 토지를 소유한 경우	1주택을 공급
같은 세대에 속하지 아니하는 2명 이상이 1주택 또는 1토지를 공유한 경우	1주택만 공급
2명 이상이 1토지를 공유한 경우	시·도조례로 정하는 바에 따라 주택을 공급
과밀억제권역에 위치하지 아니한 소규모재건축사업의 토지등소유자	소유한 주택 수만큼 공급
근로자(공무원인 근로자 포함) 숙소, 기숙사 용도로 주택을 소유하고 있는 토지등소유자	소유한 주택 수만큼 공급
국가, 지방자치단체 및 토지주택공사등	소유한 주택 수만큼 공급
공공기관지방이전 및 혁신도시 활성화를 위한 시책 등에 따라 이전하는 공공기관이 소유한 주택을 양수한 자	소유한 주택 수만큼 공급
종전 자산가격의 범위 또는 종전 주택의 주거전용면적의 범위	2주택 공급 가능, 단, 1주택은 주거전용면적을 60제곱미터 이하[29]
가로주택정비사업	3주택 이하로 한정
다가구주택을 소유한 자	종전 자산가격을 분양주택 중 최소분양단위 규모의 추산액으로 나눈 값(소수점 이하는 버림)만큼 공급
과밀억제권역에서 투기과열지구에 위치하지 아니한 소규모재건축사업의 경우	토지등소유자가 소유한 주택수의 범위에서 3주택 이하로 한정하여 공급

2. 소규모재건축사업 관리처분의 방법
   - 조합이 조합원 전원의 동의를 받아 따로 정한 기준 적용 가능
   - 기존 부대시설 또는 복리시설(부속토지 포함)의 소유자에게는 새로 건설되는 부대시설 또는 복리시설을 공급할 것

29) 이전고시일 다음 날부터 3년이 지나기 전에는 주택을 전매(매매·증여나 그 밖에 권리의 변동을 수반하는 모든 행위를 포함하되 상속의 경우는 제외)하거나 전매를 알선할 수 없음

〈표 4-21〉 가로주택정비사업 및 소규모재건축사업 공통 기준

관리처분의 기준	관리처분의 방법
건축물의 공용부분	각 권리자의 공유
공용부분에 대한 각 권리자의 지분비율	전용부분의 위치 및 바닥면적 등의 사항을 고려하여 정할 것
하나의 필지 2인 이상 분양 건축물 설치	건축물의 분양면적 비율에 따라 그 대지의 소유권 배분하고 토지의 소유관계는 공유
주택 + 그 밖의 용도의 건축물	건축물의 용도 및 규모 등을 고려하여 대지의 소유권을 합리적으로 배분
주택 및 부대시설·복리시설의 공급순위	기존 토지 또는 건축물의 가격을 고려하여 정할 것

〈표 4-22〉 가로주택정비사업 및 소규모재건축사업 부대시설·복리시설의 공급방법[30]

공급순위	기준			
	종전 건축물과 분양 건축물의 용도	사업자등록[31]	권리가액	공동주택 분양
1순위	동일하거나 유사	등록 함	분양건축물의 최소분양단위규모 추산액 이상인 자	공동주택을 분양받은 경우에는 그 분양가격을 제외
2순위	동일하거나 유사	등록 안함	분양건축물의 최소분양단위규모 추산액 이상인 자	공동주택을 분양받은 경우에는 그 분양가격을 제외
3순위	동일하거나 유사	등록 함	분양건축물의 최소분양단위규모 추산액에 미달	공동주택을 분양받지 아니한 자
4순위	동일하거나 유사	등록 안함	분양건축물의 최소분양단위규모 추산액에 미달	공동주택을 분양받지 아니한 자
5순위	해당 없음	해당 없음	분양건축물의 최소분양단위규모 추산액 이상인 자	공동주택을 분양받지 않은 자
6순위	해당 없음	해당 없음	분양건축물의 최소분양단위규모 추산액 이상인 자	공동주택을 분양받은 자

30) 시·도조례에 따라 7순위로 그 밖에 분양을 희망하는 토지등소유자 규정도 있음

〈표 4-23〉 소규모재건축사업 부대시설 및 복리시설 소유자 주택 공급 가능 조건

적용 기준	하나의 주택 공급 가능
새로운 부대시설 또는 복리시설을 건설하지 아니하는 경우 기존 부대시설 또는 복리시설의 가액	분양주택 중 최소분양단위 규모의 추산액에 정관등으로 정하는 비율[32]을 곱한 가액보다 큰 경우
기존 부대시설 또는 복리시설의 가액에서 새로 공급받는 부대시설 또는 복리시설의 추산액을 뺀 금액	분양주택 중 최소분양단위 규모의 추산액에 정관등으로 정하는 비율을 곱한 가액보다 큰 경우
새로 건설한 부대시설 또는 복리시설 중 최소분양단위규모의 추산액	분양주택 중 최소분양단위규모의 추산액보다 큰 경우

〈표 4-24〉 시·도조례에 따른 분양신청 기준 예시[33]

서울특별시	부산광역시
권리가액에 해당하는 분양주택가액의 주택을 분양	권리가액에 가장 근접한 분양주택가액의 주택을 분양
권리가액이 2개의 분양주택가액의 사이에 해당하는 경우에는 분양대상자의 신청에 따름	근접한 분양주택가액이 2개인 때에는 분양대상자의 신청내용에 따름
정관 등으로 정하는 경우 권리가액이 많은 순서로 분양 가능	정관 등으로 정하는 경우에는 국민주택규모의 주택은 분양대상자의 권리가액이 많은 액수 순으로 분양 가능
	국민주택규모를 초과하는 주택은 해당 주택의 총 건설세대수의 100분의 50 이하가 분양대상자에게 분양될 경우에는 규모별 100분의 50까지 분양대상자에게 권리가액이 많은 액수 순으로 분양 가능
동일규모의 주택분양에 경합이 있는 경우에는 권리가액이 많은 순으로 분양	동일규모 주택 분양 시 경합이 있는 경우에는 권리가액이 많은 액수 순으로 분양
권리가액이 동일한 경우에는 공개추첨	권리가액이 동일한 경우에는 공개추첨
주택의 동·층 및 호의 결정은 주택규모별 공개추첨	주택의 동·층·호 등의 위치 결정은 주택규모별 공개추첨

31) 인가·허가 또는 신고 등을 포함

32) 정관등으로 정하는 비율이 없는 경우에는 1

33) 서울특별시의 경우 가로주택정비사업 및 소규모재건축사업의 관리처분방법이며 부산광역시의 경우는 가로주택정비사업의 분양신청 기준임

〈표 4-25〉 시·도조례에 따른 가로주택정비사업 분양대상자 산정 기준 비교

<table>
<tr><th>구분</th><th>서울특별시</th><th>부산광역시</th></tr>
<tr><td>무허가
건축물</td><td>종전의 건축물 중 주택(주거용으로 사용하고 있는 특정무허가건축물 중 조합정관 등에서 정한 건축물을 포함)을 소유한 자</td><td>종전 건축물 중 주택
(기존무허가건축물로서 사실상 주거용으로 사용되고 있는 건축물을 포함)을 소유한 자</td></tr>
<tr><td>종전
토지면적</td><td>분양신청자가 소유하고 있는 종전토지의 총면적이 90제곱미터 이상인 자</td><td>규정 없음</td></tr>
<tr><td rowspan="2">권리가액</td><td>분양신청자가 소유하고 있는 권리가액이 분양용 최소규모 공동주택 1가구의 추산액 이상인 자</td><td>분양신청자가 소유하고 있는 권리가액이 분양용 최소규모 공동주택 1가구의 추산액 이상인 자</td></tr>
<tr><td>분양신청자가 동일한 세대인 경우의 권리가액은 세대원 전원의 가액을 합산하여 산정 가능</td><td>규정 없음</td></tr>
<tr><td rowspan="3">종전
토지면적
및
권리가액
산정 시
미포함
경우</td><td>「건축법」에 따른 하나의 대지범위 안에 속하는 토지가 여러 필지인 경우 권리산정기준일 후에 그 토지의 일부를 취득하였거나 공유지분으로 취득한 토지</td><td rowspan="3">관련 규정 없음</td></tr>
<tr><td>하나의 건축물이 하나의 대지범위 안에 속하는 토지를 점유하고 있는 경우로서 권리산정기준일 후 그 건축물과 분리하여 취득한 토지</td></tr>
<tr><td>1필지의 토지를 권리산정기준일 후 분할하여 취득하거나 공유로 취득한 토지</td></tr>
</table>

실무 Tip

세입자 손실 보상 규정

- 재개발의 경우 세입자도 영업손실보상, 이사비와 주거이전비를 받을 수 있음
- 다만, 재건축 구역 내의 세입자들은 영업보상, 이주정착비, 이사비 등을 받을 수 없음
- 「빈집 및 소규모주택 정비에 관한 특례법」에서는 취약주택정비사업을 제외하고는 세입자에 대한 손실보상규정, 이사비, 주거이전비 등에 대한 규정이 없음

〈표 4-26〉 여러 명의 분양신청자를 1인의 분양대상자로 보는 경우

구분	서울특별시	부산광역시
다세대 주택	단독주택 또는 다가구주택을 권리산정기준일 후 다세대주택으로 전환한 경우	단독주택 또는 다가구주택이 권리산정기준일 후 다세대 주택으로 전환된 경우
단일 세대	여러 명의 분양신청자가 1세대에 속하는 경우	여러 명의 분양신청자가 하나의 세대인 경우
	규정 없음	세대주와 동일한 세대별 주민등록표상에 등재되어 있지 아니한 세대주의 배우자 및 배우자와 동일한 세대를 이루고 있는 세대원을 포함
공유 소유	1주택 또는 1필지의 토지를 여러 명이 소유하고 있는 경우[34]	1주택 또는 1필지의 토지를 여러 명이 소유하고 있는 경우
	권리산정기준일 이전부터 공유로 소유한 토지의 지분이 90m² 이상인자는 예외	권리산정기준일 이전에 공유지분으로 소유한 토지의 지분면적이 60m² 이상인 자는 예외
	권리가액이 분양용 최소규모 공동주택 1가구의 추산액 이상에 해당하는 경우 예외	규정 없음
필지 분할	1필지의 토지를 권리산정기준일 후 여러 개의 필지로 분할한 경우	권리산정기준일 이후에 1필지의 토지를 수개의 필지로 분할한 경우
토지와 건축물 분리 소유	하나의 대지범위 안에 속하는 동일인 소유의 토지와 주택을 건축물 준공 이후 토지와 건축물로 각각 분리하여 소유하는 경우	하나의 대지 범위에 속하는 동일인 소유의 토지와 주택을 조합설립인가일 후 토지와 주택으로 각각 분리하여 소유한 경우
	권리산정기준일 이전부터 소유한 토지의 면적이 90제곱미터 이상인 자 예외	규정 없음
신축	권리산정기준일 후 나대지에 건축물을 새로이 건축하거나 기존 건축물을 철거하고 다세대주택, 그 밖에 공동주택을 건축하여 토지등소유자가 증가되는 경우	규정없음

(4) 재산 또는 권리의 평가

1. 「감정평가 및 감정평가사에 관한 법률」에 따른 2인 이상의 감정평가업자가 평가한 금액을 산술평균하여 산정
   - 시장·군수등이 1인 이상의 감정평가업자를 선정·계약

34) 2명 이상이 하나의 토지를 공유한 경우로서 "시·도조례로 정하여 주택을 공급할 수 있는 경우"란 「건축법」 제정(1962. 1. 20) 이전에 가구별로 독립된 주거의 형태로 건축물이 건축되어 있고 가구별로 지분등기가 되어 있는 토지로서 정관 등에서 가구별 지분 등기된 토지에 대하여 주택 공급을 정한 경우

– 조합총회의 의결로 1인 이상의 감정평가업자를 선정·계약
– 관리처분계획을 변경·중지 또는 폐지하려는 경우 분양예정 대상인 대지 또는 건축물의 추산액과 종전의 토지 또는 건축물의 가격은 사업시행자 및 토지등소유자 전원이 합의하여 산정 가능

2. 감정평가업자 선정 세부 평가기준
– 시장·군수등이 감정평가업자를 선정·계약하는 경우
– 감정평가업자의 업무수행능력 및 업무수행실적
– 소속 감정평가사의 수
– 업무 중첩도 및 기존평가참여도
– 법규 준수 등 이행도
– 감정평가수수료의 적정성
– 감정평가계획의 적정성
– 감정평가 수행의 성실도
– 객관적이고 투명한 절차에 따라 선정

3. 감정평가업자의 선정·계약
– 감정평가를 하려는 경우 시장·군수등에게 감정평가업자의 선정·계약을 요청
– 한국감정평가사협회에 감정평가업자 추천을 의뢰하여 추천받은 자 선정 가능[35)]
– 감정평가에 필요한 비용을 미리 예치
– 시장·군수등은 감정평가가 끝난 경우 예치된 금액에서 감정평가 비용을 직접 지불한 후 나머지 비용을 사업시행자와 정산

4. 감정평가업자 선정 제외
–「감정평가법」에 따른 업무정지처분 기간이 만료된 날부터 6개월이 경과되지 아니한 자
–「감정평가법」에 따른 과징금 또는 과태료 부과 처분을 받은 날부터 6개월이 경과되지 아니한 자
–「공익사업을 위한 토지 등의 취득 및 보상에 관한 법률」,「감정평가법」에 따른 벌금형 이상의 선고를 받고 1년이 경과되지 아니한 자

35) 부산광역시의 경우 한국감정평가사협회에 추천을 의뢰

[6] 사업시행계획인가에 따른 처분

(1) 처분의 기준

1. 사업의 시행으로 조성된 대지 및 건축물을 사업시행계획인가에 따라 처분 또는 관리
2. 사업의 시행으로 건설된 건축물을 인가된 관리처분계획에 따라 토지등소유자에게 공급

(2) 주택의 공급

1. 주택의 공급을 위하여 사업시행자가 정하여야 할 사항
   - 입주자 모집 조건 및 방법
   - 입주자 모집 절차
   - 입주금(계약금·중도금 및 잔금)의 납부 방법·시기·절차
   - 주택공급 방법·절차
2. 시장·군수등의 승인을 받아 따로 정할 수 있음
   -「주택법」 제54조 준용 가능

(3) 보류지

1. 보류지의 지정
   - 조합원 분양신청을 받은 후 잔여분이 있는 경우
   - 정관등 또는 사업시행계획으로 정하는 목적을 위하여 그 잔여분을 보류지(건축물을 포함)로 정함
2. 조합원 또는 일반인에게 분양 가능
   - 분양공고와 분양신청절차 등은 -「주택법」 제54조 준용

(4) 공공지원민간임대주택의 인수

1. 미 공급 공공지원민간임대주택의 인수
   - 국토교통부장관, 시장·군수등 또는 토지주택공사등이 매입
   - 준공인가 및 공사완료의 고시일까지 공급대상자에게 미 공급 될 때 인수
2. 인수가격 및 절차

– 인수가격은 해당 임대주택의 건축비와 부속토지의 가격을 합한 금액
– 인수계약 체결을 위한 사전협의, 인수계약의 체결, 인수대금의 지급방법 등은 인수자가 따로 정함

(5) 임대주택의 건설

1. 임차인의 자격
   – 조합설립인가일 3개월 전부터 건축심의 결과를 통지받은 날까지 계속하여 해당 사업시행구역에 거주하는 세입자
   – 조합설립인가일 현재 해당 사업시행구역에 주택이 건설될 토지 또는 철거예정인 건축물을 소유한 사람으로서 주택분양에 관한 권리를 포기한 사람
   – 도시·군계획사업으로 주거지를 상실하여 이주하게 되는 사람으로서 시장·군수등이 인정하는 사람
2. 입주자 선정방법 및 공급절차
   – 시·도조례로 정함
3. 입주자 모집공고의 내용 및 절차, 공급신청·계약조건, 임대보증금 및 임대료 등
   –「민간임대주택에 관한 특별법」,「공공주택 특별법」의 관련규정에 따름

(6) 일반분양

1. 조합원 분양 및 보류지, 임대주택 등에 공급하고 남은 주택 일반분양
2. 일반분양에 따른 주택의 공급 방법·절차
   –「주택법」 제54조 준용
3. 매도청구로 인한 법원의 승소판결 확정 전 입주자 모집

- 법원의 승소판결을 받은 후 입주예정자에게 피해가 없도록 손실보상금을 공탁하고 분양예정인 건축물을 담보한 경우에는 입주자 모집 가능
   – 단, 준공인가 신청 전까지 해당 주택건설 대지의 소유권 확보 조건

4-4 사업시행을 위한 조치

[1] 매도청구

(1) 서면 촉구

1. 조합설립 또는 사업시행자의 지정에 동의할 것인지 여부를 회답할 것을 서면으로 촉구
   - 건축심의에 따른 심의 결과를 받은 날부터 30일 이내
   - 조합설립에 동의하지 아니한 자
   - 시장·군수등, 토지주택공사등 또는 지정개발자 지정에 동의하지 아니한 자

(2) 회답

1. 촉구를 받은 날부터 60일 이내에 회답
   - 60일 이내에 회답하지 아니한 토지등소유자는 조합설립 또는 사업시행자의 지정에 동의하지 아니하겠다는 뜻을 회답한 것으로 봄

(3) 매도청구

1. 회답기간이 만료된 때부터 60일 이내에 매도청구소송 제기
2. 매도청구 대상
   - 조합설립 또는 사업시행자 지정에 동의하지 아니하겠다는 뜻을 회답한 토지등소유사
   - 건축물 또는 토지만 소유한 자의 건축물 또는 토지의 소유권과 그 밖의 권리

[2] 분양신청을 하지 아니한 자 등에 대한 조치

(1) 손실보상에 관한 협의

1. 사업시행계획이 인가·고시된 날부터 90일 이내 협의
   - 토지, 건축물 또는 그 밖의 권리의 손실보상에 관한 협의
   - 사업시행자는 분양신청기간 종료일부터 협의 시작 가능

2. 손실보상 협의대상
   - 분양신청을 하지 아니한 자
   - 분양신청기간 종료 이전에 분양신청을 철회한 자
   - 인가된 관리처분계획에 따라 분양대상에서 제외된 자

(2) 수용재결 신청 및 매도청구소송 제기

1. 협의가 성립되지 않은 경우에는 그 기간의 만료일 다음 날부터 60일 이내
2. 지연에 따른 이자 지급
   - 협의기간 만료일 다음날 60일 이후 수용재결 신청 및 매도청구소송 제기의 경우
   - 해당 토지등소유자에게 지연일수(遲延日數)에 따른 이자 지급

〈표 4-27〉 지연일수에 따른 이율

지연일수	이율
6개월 이내	5%
6개월 초과 12개월 이내	10%
12개월을 초과	15%

[3] 건축물의 사용·수익의 중지 및 철거

(1) 종전의 토지 또는 건축물의 사용·수익 중지

1. 종전의 토지 또는 건축물의 소유자·지상권자·전세권자·임차권자 등 권리자
2. 사용·수익 중지 기간
   - 사업시행계획이 인가 시 부터 이전고시 일까지
3. 예외 사항
   - 사업시행자의 동의를 받은 경우
   - 「공익사업을 위한 토지 등의 취득 및 보상에 관한 법률」에 따른 손실보상이 완료되지 않은 경우

(2) 기존 건축물의 철거

1. 사업시행계획인가를 받은 후 철거

2. 사업시행계획인가 전 철거 가능 요건
   -「재난 및 안전관리 기본법」, 「주택법」, 「건축법」 등 관계 법령에서 정하는 기존 건축물의 붕괴 등 안전사고의 우려가 있는 경우
   - 폐공가(廢公家)의 밀집으로 범죄발생의 우려가 있는 경우
   - 기존 건축물 소유자의 동의 및 시장·군수등의 허가
   - 건축물의 철거는 토지등소유자로서의 권리·의무에 영향을 주지 아니함
3. 건축물의 철거 제한 시기
   - 일출 전과 일몰 후
   - 호우, 대설, 폭풍해일, 지진해일, 태풍, 강풍, 풍랑, 한파 등으로 해당 지역에 중대한 재해발생이 예상되어 기상청장이 「기상법」 제13조에 따라 특보를 발표한 때
   -「재난 및 안전관리 기본법」 제3조에 따른 재난이 발생한 때
     시장·군수등이 인정하는 시기

[4] 지상권 등 계약의 해지

(1) 지상권·전세권 또는 임차권의 계약의 해지

1. 전세금·보증금, 그 밖의 계약상의 금전의 반환청구권의 행사

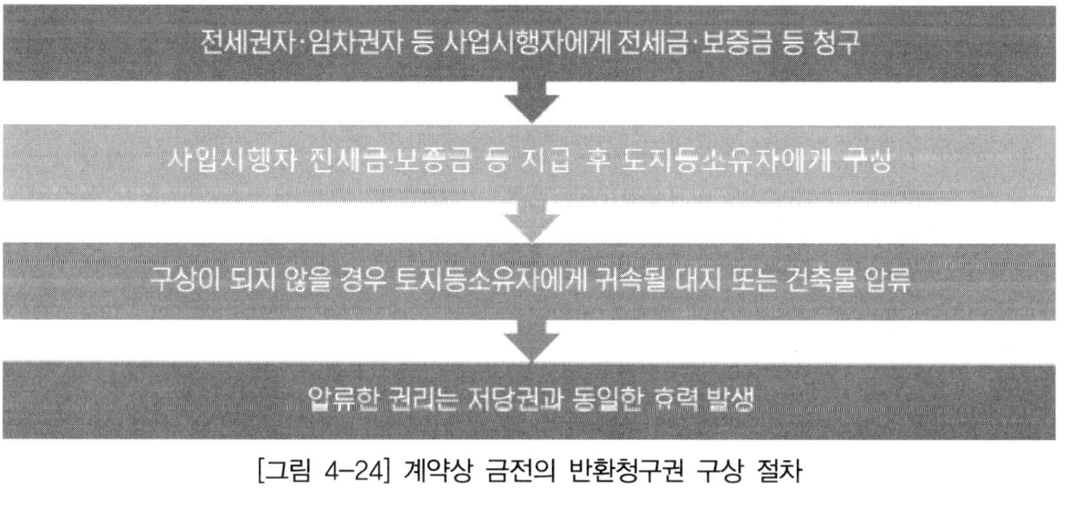

[그림 4-24] 계약상 금전의 반환청구권 구상 절차

(2) 계약기간의 효력 상실

1. 지상권·전세권 설정계약 또는 임대차계약의 계약기간 효력 상실 시기
   - 사업시행계획인가를 받은 때
   - 「민법」에 따른 존속기간을 약정한 지상권(30년, 15년, 5년 등) 및 존속기간을 약정하지 않은 지상권
   - 「주택임대차보호법」에 따른 임대차기간(2년)
   - 「상가건물 임대차보호법」에 따른 임대차기간(1년)

실무 Tip

교육환경평가서가 교육환경보호위원회의 심의에서 승인 안 될시 사업시행계획인가 불가

- 교육환경평가서의 승인
  ① 교육환경에 미치는 영향에 관한 평가서를 관할 교육감에게 제출하고 승인을 받아야 함
  ② 교육환경평가서를 제출받은 날부터 5일 이내에 교육환경보호원 또는 교육환경보호 지정기관에 교육환경평가서의 검토를 요청
  ③ 교육환경보호원 또는 교육환경보호 지정기관은 검토를 요청받은 날부터 20일 이내에 교육감에게 검토의견을 제출.
  ④ 교육감은 교육환경평가서를 제출받은 날부터 45일 이내에 승인 여부를 결정하고 평가서작성자에게 결과를 통보
- 교육환경평가서 승인결과에 관한 이의신청 등
  승인결과에 대한 이의가 있는 경우 승인결과를 통보 받은 날부터 30일 이내에 교육감에게 이의를 신청 가능
- 교육환경보호구역의 설정
  교육감은 학교경계 또는 학교설립예정지 경계로부터 직선거리 200미터의 범위 안의 지역을 교육환경보호구역으로 설정·고시
- 교육환경평가서의 제출
  「도시 및 주거환경정비법」 에 따른 사업시행계획인가 신청 예정일 60일 전
  「건축법 시행령」 에 따른 건축허가 신청 예정일 60일 전
  → 소규모주택정비사업은 건축법상의 건축허가를 의제하므로 60일 전 제출

4-5 공사완료에 따른 조치

[1] 준공인가 및 공사완료 고시

(1) 준공인가

1. 소규모주택정비사업 공사를 완료한 때 준공인가 신청
   - 시장·군수등의 준공인가를 받아야 함
   - 시장·군수등이 직접 시행하는 경우 제외
2. 준공검사 실시
   - 지체 없이 실시
   - 효율적인 준공검사를 위하여 필요한 때에는 관계 행정기관·공공기관·연구기관, 그 밖의 전문기관 또는 단체에 준공검사의 실시 의뢰 가능
3. 지방자치단체의 공보에 고시
   - 준공검사를 실시한 결과 소규모주택정비사업이 인가받은 사업시행계획대로 완료되었다고 인정되는 때
   - 준공인가 후 해당 지방자치단체의 공보에 고시

(2) 공사완료

1. 지방자치단체의 공보에 고시
   - 시장·군수등이 직접 시행하는 소규모주택정비사업에 관한 공사가 완료된 때

(3) 건축물의 사용허가

1. 입주예정자가 완공된 건축물을 사용할 수 있도록 사업시행자에게 허가
   - 준공인가를 하기 전 완공된 건축물이 사용에 지장이 없는 경우
   - 시장·군수등이 사업시행자인 경우에는 허가를 받지 아니하고 가능
2. 준공인가 전 사용에 지장이 없는 적합한 기준
   - 완공된 건축물에 전기·수도·난방 및 상하수도 시설 등이 갖추어져 있어 건축물의 사용에 지장이 없을 것
   - 완공된 건축물이 인가받은 사업시행계획에 적합할 것
   - 공사에 따른 차량통행·소음·분진 등의 위해로부터 입주자의 안전이 확보될 것

■ 빈집 및 소규모주택 정비에 관한 특례법 시행규칙[별지 제7호서식]

준공인가신청서

※ 색상이 어두운 란은 신청인이 작성하지 않고, [ ]에는 해당되는 곳에 √ 표를 합니다. (앞쪽)

접수번호	접수일시	처리기간 15일

사업구분	[ ] 빈집정비사업 [ ] 자율주택정비사업 [ ] 가로주택정비사업 [ ] 소규모재건축사업			인가번호(년-월-일)
사업시행자	명 칭		등록번호	
	대 표 자		주 소	
설 계 자	명 칭		등록번호	
	대 표 자		주 소	
공사감리자	명 칭		등록번호	
	대 표 자		주 소	
	상주감리자		보유자격	
시 공 자	명 칭		등록번호	
	대 표 자		주 소	
사업위치				
공사착공일	년 월 일		공사완료일	년 월 일
건축물 개요	주 용 도		주요구조	
	세 대 수		층 수	지상( )층/지하( )층

「빈집 및 소규모주택 정비에 관한 특례법」 제14조제1항, 제39조제1항 및 같은 법 시행규칙 제7조제1항에 따라 위와 같이 준공인가를 신청합니다.

년 월 일

신청인 (서명 또는 인)

특별자치시장 · 특별자치도지사
시장 · 군수 · 구청장 귀하

첨부서류	1. 건축물, 정비기반시설 및 공동이용시설 등의 설치내역서 2. 건축물 및 시설의 사용가능여부 및 안정성 등에 관한 공사감리자의 의견서 또는 공사감독자의 확인서	수수료 없 음

210mm × 297mm[백상지(80g/㎡) 또는 중질지(80g/㎡)]

[그림 4-25] 준공인가신청서 36)

36) 「빈집 및 소규모주택 정비에 관한 특례법 시행규칙」 [별지 제7호서식]

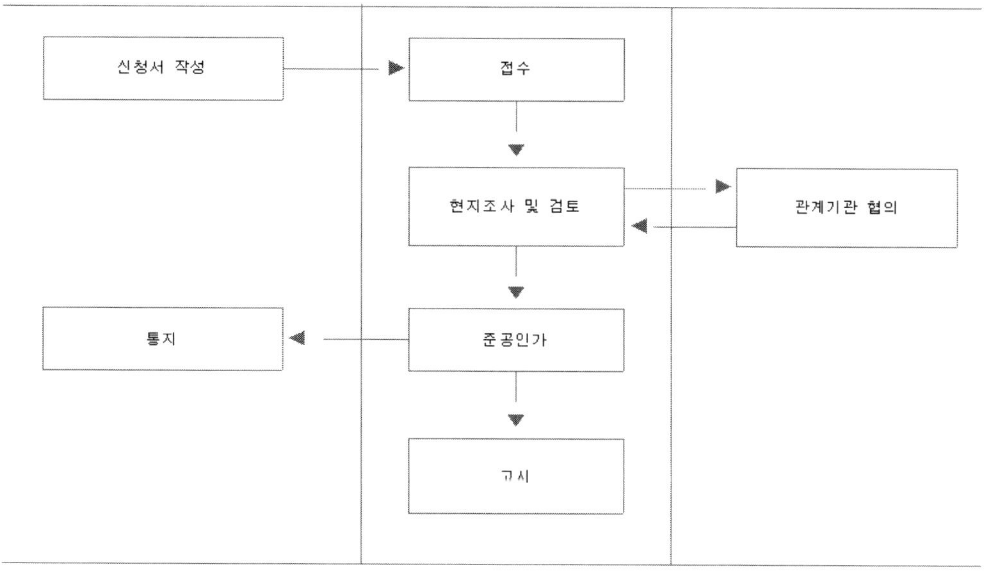

[그림 4-26] 준공인가 신청 절차

[2] 이전고시 및 권리변동의 제한

(1) 이전고시

1. 대지 또는 건축물의 소유권 이전
   - 준공인가 및 공사완료에 따른 고시가 있은 때
   - 지체 없이 대지확정측량을 하고 토지의 분할절차 시행
   - 관리처분계획에서 정한 사항을 분양받을 자에게 통지
2. 부분 완공된 대지 또는 건축물별의 소유권 이전
   - 소규모주택정비사업의 효율적인 추진을 위하여 필요한 경우
   - 완공된 부분은 준공인가를 받아 이전 가능
3. 해당 지방자치단체의 공보에 고시
   - 고시 후 시장·군수등에게 보고
   - 대지 또는 건축물을 분양받을 자는 고시가 있은 날의 다음 날에 그 대지 또는 건축물의 소유권을 취득
4. 등기촉탁
   - 이전고시가 있은 때에는 지체 없이 대지 및 건축물에 관한 등기를 지방법원 또는 등기소에 촉탁 또는 신청

〈표 4-28〉 소규모주택정비 등기규칙

구분	세부내용	비고
대위등기 신청 가능	부동산표시의 변경이나 경정의 등기 등기명의인표시의 변경이나 경정의 등기	등기원인 또는 등기목적이 동일하지 아니한 경우라도 동일한 신청정보로 일괄하여 신청 가능
	소유권보존등기 상속으로 인한 소유권이전등기	
이전고시에 따른 등기신청	종전 토지에 관한 말소등기	
	사업시행으로 축조된 건축시설과 조성된 대지에 관한 소유권보존등기	
	종전 건물과 토지에 관한 지상권, 전세권, 임차권, 저당권, 가등기, 환매특약이나 권리소멸의 약정, 처분제한의 등기로서 분양받은 건축시설과 대지에 존속하게 되는 등기	
동시신청	1개의 건축시설 및 그 대지인 토지	1개의 단위
	1필의 토지 위에 수개의 건축시설이 있는 경우	그 건축시설 전부와 그 대지를 1개의 단위
	수필의 토지를 공동대지로 하여 그 위에 수개의 건축시설이 있는 경우	그 건축시설 및 대지전부를 1개 단위
부분신청	공사의 완공 부분만에 관하여 이전고시를 한 때	건물에 관한 등기신청은 그 부분만에 관하여 가능
종전토지에 관한 등기신청	1개의 단위를 이루는 토지에 포함되는 종전 토지에 관한 말소등기를 신청할 때 동일한 신청정보로 일괄하여 하여야 함	소규모주택정비사업시행으로 인하여 등기를 신청한다는 뜻을 신청정보의 내용으로 제공
종전토지에 관한 등기	종전 토지의 등기기록 중 표제부에 소규모주택정비사업시행으로 인하여 말소한 뜻을 기록하고 부동산의 표시에 관한 사항을 말소하는 표시를 하고 그 등기기록을 폐쇄	

〈표 4-29〉 소규모주택정비 소유권보존 등 등기규칙

구분	세부내용	비고
건축시설에 관한 등기신청	건축시설에 관한 소유권보존등기 및 담보권등에 관한 권리의 등기를 신청할 때	건축시설(구분건물인 경우에는 1동의 건물에 속하는 구분건물 전부)에 관하여 동일한 신청정보로 일괄하여 신청
	건축시설별로 소유권보존등기, 담보권등에 관한 권리의 등기의 순서로 등기사항을 제공 하여야 한다.	동일한 건축시설에 관한 권리를 목적으로 하는 2개 이상의 담보권 등에 관한 권리의 등기에 있어서는 등기할 순서에 따라 등기사항을 제공
제공하여야 할 신청정보의 내용	구분소유자의 대지소유권에 대한 공유지분 비율	
	담보권등에 관한 권리와 그 목적인 권리의 표시	구분건물의 경우에 는 담보권등에 관한 권리가 해당 구분소유자의 대지소유권에 대한 공유지분에도 존속하는지 여부의 표시
	소규모주택정비사업시행으로 인하여 등기를 신청한다는 뜻	등기관은 표제부(구분건물의 경우에는 1동의 건물의 표제부)에 한 등기의 끝부분에 소규모주택정비사업시행으로 인하여 등기하였다는 뜻을 기록
담보권 등에 관한 권리의 등기	건축시설 또는 대지에 이전고시를 받은 자보다 선순위의 가등기 또는 처분제한의 등기가 존속하는 때	그 선순위의 가등기 또는 처분제한의 목적이 된 소유권등기 명의인의 소유권보존등기, 그 선순위의 가등기 또는 처분제한의 등기, 이전고시를 받은 자 명의의 소유권이전등기의 순서로 등기사항을 제공
대지에 관한 등기신청	대지에 관한 소유권보존등기 및 담보권등에 관한 권리의 등기를 신청할 때	1필의 토지에 관하여 동일한 신청정보로 일괄하여 하여야 한다.
	소유권보존등기, 담보권등에 관한 권리의 등기의 순서로 등기사항을 제공	동일한 토지에 관한 권리를 목적으로 하는 2개 이상의 담보권등에 관한 권리의 등기에 있어서는 등기할 순서에 따라 등기사항을 제공
제공하여야 할 신청정보의 내용	담보권등에 관한 권리와 그 목적인 권리의 표시	등기사항이 전유부분에 관한 것과 동일한 때에는 토지등기기록에는 기록하지 않음
	소규모주택정비사업시행으로 인하여 등기를 신청한다는 뜻	등기관은 표제부에 한 등기의 끝부분에 소규모주택정비사업시행으로 인하여 등기하였다는 뜻을 기록

(2) 권리변동의 제한

1. 이전고시가 있은 날부터 대지 및 건축물에 관한 등기가 있을 때까지는 저당권 등의 다른 등기 불가

[3] 청산금

(1) 청산금의 정의

1. 대지 또는 건축물을 분양받은 자가 종전에 소유하고 있던 토지 또는 건축물의 가격과 분양받은 대지 또는 건축물의 가격 사이에 발생한 차액
   - 이전고시 후 청산금을 분양받은 자로부터 징수하거나 분양받은 자에게 지급
2. 분할징수 및 분할지급
   - 정관등에서 분할징수 및 분할지급을 정하고 있는 경우
   - 총회의 의결을 거쳐 따로 정한 경우
   - 사업시행계획인가 후부터 이전고시가 있은 날까지 일정기간별로 분할징수하거나 분할지급 가능

(2) 청산금의 압류

1. 저당권의 행사
   - 사업시행구역에 있는 토지 또는 건축물에 저당권을 설정한 권리자
   - 저당권이 설정된 토지 또는 건축물의 소유자에게 청산금을 지급하기 전에 압류절차를 거쳐 저당권 행사 가능

실무 Tip

– 비례율 산정 공식

$$비례율(\%) = \frac{종후자산평가금액 - 총사업비}{종전자산평가금액} \times 100$$

※ 분양신청 시 종전자산평가 금액에 추정 비례율을 곱함

– 분양 시 추정비례율은 사업시행계획(변경)인가 시 확정하고 청산 시 최종 정산

건축심의

건축심의
- 건축물의 높이·층수·용적률, 가로구역 요건을 충족하는지 여부, 정비기반시설 및 공동이용시설의 설치계획 등 지방건축위원회의 심의를 거쳐야 함
- 조합 총회에서 조합원 과반수의 찬성 의결
- 정비사업비가 10/100 이상 늘어나는 경우 조합원 2/3 이상 찬성 의결

통합심의
- 건축심의와 도시·군관리계획 및 개발행위 관련 사항의 심의가 필요한 경우 통합하여 심의

↓

조합원분양

조합원 종전자산평가 및 종후자산평가
- 건축심의 결과 통지 받은 날부터 후 90일 이내에 통지

조합원 분양신청
- 건축심의 결과 통지 받은 날부터 90일 이내에 일간신문 공고
- 분양신청기간 - 30일 이상 60일 이내 (20일 이내에서 1회 연장가능)
- 분양 미신청자 및 분양신청철회자, 분양대상에서 제외된 자
  → 분양신청기간 종료일부터 사업시행계획인가 고시일 90일 이내에 손실보상 협의
- 협의성립 불발 시 - 60일 이내에 수용재결 신청 또는 매도청구소송 제기

↓

사업시행 계획인가

관리처분계획을 포함한 사업시행계획의 수립
- 토지이용계획, 정비기반시설 및 공동이용시설의 설치계획, 주민이주대책, 범죄예방대책, 임대주택 건설계획, 폐기물의 처리계획, 정비사업비 등
- 조합 총회에서 조합원 과반수의 찬성 의결 (총회 개최일부터 30일 전에 통지)
- 조합원의 분양신청 결과를 기초로 관리처분계획 수립

사업시행계획인가의 고시
- 사업시행계획서 제출 후 60일 이내 인가여부 결정
- 사업시행계획인가시 14일 이상 공람 및 지방자치단체 공보에 고시

↓

이주 및 철거

가로주택정비사업
- 주택도시보증공사 사업비 및 이주비 대출
- 소규모주택 정비사업자금 보증을 통한 도시재생기금 융자
- 총 사업비의 50% (공적임대주택 공급 시 70%) 내 연 1.5% (변동금리) 융자
- 조합원 동·호수 추첨 및 관리처분계획 최종 확정 후 조합원 분양계약 체결
- HUG 총 사업비 융자 범위 내에서 이주비 대출 (종전자산가격의 50% 이내)

소규모주택정비사업
- 시공사의 연대보증으로 금융기관 PF 대출
- 조합원 동·호수 추첨 및 관리처분계획 최종 확정 후 조합원 분양계약 체결

※ 가로주택정비사업과 소규모주택정비사업은 재개발 사업과 달리 세입자의 주거 및 이주대책, 손실보상에 관한 규정이 별도로 없음

[그림 4-27] 소규모주택정비사업의 주요 절차

실무 Tip

「지방세특례제한법」 제74조 도시개발사업 등에 대한 감면

④「도시 및 주거환경정비법」 제2조제2호가목에 따른 주거환경개선사업의 시행에 따라 취득하는 주택에 대해서는 다음 각 호의 구분에 따라 취득세를 2022년 12월 31일까지 감면한다.

1. 주거환경개선사업의 시행자가 주거환경개선사업의 대지조성을 위하여 취득하는 주택에 대해서는 취득세의 100분의 75를 경감한다.
2. 주거환경개선사업의 시행자가「도시 및 주거환경정비법」 제74조에 따라 해당 사업의 시행으로 취득하는 체비지 또는 보류지에 대해서는 취득세의 100분의 75를 경감한다.
3. 「도시 및 주거환경정비법」에 따른 주거환경개선사업의 정비구역지정 고시일 현재 부동산의 소유자가 같은 법 제23조제1항제1호에 따라 스스로 개량하는 방법으로 취득하는 주택 또는 같은 항 제4호에 따른 주거환경개선사업의 시행으로 취득하는 전용면적 85제곱미터 이하의 주택에 대해서는 취득세를 면제한다.

⑤ 재개발사업의 시행에 따라 취득하는 부동산에 대해서는 다음 각 호의 구분에 따라 취득세를 2022년 12월 31일까지 경감한다.

1. 재개발사업의 시행자가 재개발사업의 대지 조성을 위하여 취득하는 부동산에 대해서는 취득세의 100분의 50을 경감한다.
2. 재개발사업의 시행자가「도시 및 주거환경정비법」 제74조에 따른 해당 사업의 관리처분계획에 따라 취득하는 주택에 대해서는 취득세의 100분의 50을 경감한다.
3. 「도시 및 주거환경정비법」에 따른 재개발사업의 정비구역지정 고시일 현재 부동산의 소유자가 재개발사업의 시행으로 주택을 취득함으로써 대통령령으로 정하는 1가구 1주택이 되는 경우에는 다음 각 목에서 정하는 바에 따라 취득세를 경감한다.
   가. 전용면적 60제곱미터 이하의 주택을 취득하는 경우에는 취득세의 100분의 75를 경감한다.
   나. 전용면적 60제곱미터 초과 85제곱미터 이하의 주택을 취득하는 경우에는 취득세의 100분의 50을 경감한다.

가로주택정비사업 등 소규모주택정비사업을 통해 취득하는 주택에 대한 취득세 등의 감면을 위한 지방세특례제한법의 개정이 요구됨

Chapter 5

소규모주택정비사업의 활성화를 위한 지원

5-1 특례법에 따른 특례
5-2 소규모주택정비 기금지원

5-1 특례법에 따른 특례

[1] 비용의 부담 및 정비기반시설의 설치 등

(1) 비용부담의 원칙 및 비용의 조달

1. 정비사업비는 원칙적으로 사업시행자가 부담
2. 시장·군수등의 비용의 전부 또는 일부 부담
   - 도시·군계획시설 중 도로, 공용주차장, 광장, 공원, 녹지, 공공공지, 상하수도, 공동구, 하천 등의 주요 정비기반시설 건설에 드는 비용의 전부 또는 일부를 부담
   - 시·도조례로 정하는 공동이용시설 건설에 드는 비용의 전부 또는 일부를 부담
   - 임시거주시설 건설에 드는 비용의 전부 또는 일부를 부담

〈표 5-1〉 시·도조례로 정하는 공동이용시설 예시

서울특별시	부산광역시
관리사무소, 경비실, 보안·방범·소방시설 등 마을의 안전 및 공동이용관리를 위해 필요한 시설	관리사무소, 경비실, 보안·방범·소방시설 등 마을의 안전 및 공동이용관리를 위해 필요한 시설
주민운동시설, 도서관 등 주민공동체 활동을 위한 복리시설	주민운동시설, 휴게시설, 도서관 등 주민공동체 활동을 위한 복리시설
쓰레기수거 및 처리시설 등 마을의 환경개선을 위해 필요한 시설	쓰레기수거 및 처리시설, 재활용품 수거시설 등 마을의 환경개선을 위하여 필요한 시설
주·야간보호서비스를 제공하는 재가노인복지시설과 장애인복지시설	
공동택배함, 공동텃밭, 자전거 보관대 등 주민이 공동으로 사용하는 시설	
「서울특별시 마을공동체 만들기 지원 등에 관한 조례」에 따른 마을배움터, 마을활력소 등 마을공동체시설	마을공동구판장, 마을공동작업소 등 주민소득원 개발 및 지역활성화를 위해 필요한 시설

2. 토지등소유자로부터 정비사업비와 소규모주택정비사업의 시행과정에서 발생한 수입의 차액을 부과금으로 부과·징수
   - 부과금의 납부를 태만히 한 경우 부과·징수

(2) 정비기반시설의 설치 및 임시거주시설의 공급

1. 정비기반시설 또는 공동이용시설의 확충이 필요하다고 인정하는 경우
   - 시장·군수등은 직접 설치
   - 사업시행자에게 설치 요구
2. 사업시행자가 새로이 정비기반시설을 설치하거나 기존의 정비기반시설에 대체하는 정비기반시설을 설치한 경우
   - 종래의 정비기반시설은 사업시행자에게 무상으로 귀속
   - 새로이 설치된 정비기반시설은 그 시설을 관리할 국가 또는 지방자치단체에 무상으로 귀속
3. 시장·군수등 또는 토지주택공사등이 소규모주택정비사업을 시행하는 경우
   - 철거되는 주택의 소유자 또는 세입자(실제 거주자로 한정)가 임시로 거주할 수 있도록 공공임대주택을 임시거주시설로 사용하도록 우선적으로 공급 가능
   - 임시거주시설의 공급은 사업시행계획인가를 신청한 후(시장·군수등의 경우 사업시행계획서를 작성한 후) 가능
   - 임시거주시설을 우선 공급받을 수 있는 자는 소유자 또는 세입자가 세대주이면서 해당 세대의 월평균소득이 전년도 도시근로자 가구당 월평균소득의 70퍼센트 이하일 것
   - 임시거주시설은 철거되는 주택의 세입자로서 주택을 소유하지 아니한 자와 철거되는 주택의 소유자로서 해당 주택 외의 주택을 소유하지 아니한 자 순으로 공급

[2] 사업 활성화를 위한 지원

(1) 융자 및 융자의 알선

1. 지방자치단체는 빈집정비사업 또는 소규모주택정비사업에 드는 비용의 일부를 보조 또는 출자·융자하거나 융자를 알선

(2) 공동이용시설 사용료 등의 감면

1. 사업시행구역 내 공동이용시설에 대한 사용 허가 또는 대부를 하는 경우 사용료 또는 대부료를 감면 가능

- 마을공동체 활성화 등 공동이용시설 설치 목적에 부합하는 경우
- 주거환경을 개선하고 주거생활의 질을 높이는 활동인 경우
- 그 밖에 구청장이 주민들을 위하여 필요하다고 인정하는 경우

2. 공동이용시설의 사용료를 감면할 수 있는 대상은 공익 달성을 위해 지역주민 주도로 구성된 주민공동체

(3) 정비구역의 행위제한에 관한 특례

1. 주거환경개선사업을 시행하는 정비구역에서 빈집정비사업 또는 소규모주택정비사업 시행 가능

(4) 건축규제완화 등에 관한 특례

1. 자율주택정비사업, 가로주택정비사업 또는 취약주택정비사업의 시행으로 건설하는 건축물에 대하여 지방건축위원회의 심의를 거쳐 기준을 완화 가능

〈표 5-2〉 건축법에 따른 건축규제 완화 기준

건축규제 내용	완화 기준
「건축법」 제42조에 따른 대지의 조경기준	2분의 1 범위
「건축법」 제55조에 따른 건폐율의 산정기준 (경사지에 위치한 가로구역으로 한정)	건축면적에서 주차장 면적을 제외
「건축법」 제58조에 따른 대지 안의 공지기준	2분의 1 범위
「건축법」 제60조에 따른 건축물의 높이 제한	2분의 1 범위
「건축법」 제61조에 따른 건축물의 높이 제한 (7층 이하의 건축물로 한정)	2분의 1 범위

- 「주택법」 제35조제1항제4호에 따른 복리시설 중 어린이놀이터 설치기준 : 실외에 설치하는 경우 인접대지경계선과 주택단지 안의 도로 및 주차장으로부터 3미터 이상의 거리를 두고 설치할 것의 적용배제
- 「주택법」 제35조제1항제4호에 따른 복리시설의 설치기준 : 설치대상 복리시설(어린이놀이터는 제외)의 면적의 합계 범위에서 필요한 복리시설 설치 가능
- 「주택건설기준 등에 관한 규정」 제6조제2항제2호에 따른 단지안의 시설 설치기준

: 폭 6미터 이상인 일반도로에 연접하여 주택을 제1종 근린생활시설과 복합건축물로 건설 가능

2. 정비기반시설, 공동이용시설, 주민공동시설 등 설치 시 시·도조례가 정하는 바에 따라 용적률 특례 적용

〈표 5-3〉 시설 설치에 따른 용적률의 특례

구분	적용범위	특례 기준
정비기반시설	해당 지역에 적용되는 용적률의 200퍼센트 이하의 범위	당 시설의 면적이 해당 사업시행구역의 전체 면적에서 차지하는 비율
공동이용시설	해당 지역에 적용되는 용적률에 해당 시설의 용적률을 더한 범위	해당 시설의 건축 연면적이 해당 사업시행구역의 전체 건축 연면적에서 차지하는 비율
주민공동시설	해당 지역에 적용되는 용적률에 해당 시설의 용적률을 더한 범위	해당 시설의 건축 연면적이 해당 사업시행구역의 전체 건축 연면적에서 차지하는 비율

3. 주민공동시설
   - 경로당, 어린이놀이터, 어린이집, 주민운동시설, 도서실(작은도서관 포함), 주민교육시설(비영리의 공동주택의 거주자를 위한 교육장소), 청소년 수련시설, 독서실, 주민휴게시설, 입주자집회소, 공용취사장, 공용세탁실, 공공주택의 단지 내에 설치하는 사회복지시설, 사업계획승인권자가 인정하는 시설
   - 에서 을 기준으로 시·도조례가 정하는 바에 따라 산정
4. 주차장 설치 기준 완화 조건
   - 해당 건축물에 설치하여야 하는 부설주차장의 주차단위구획 총수의 100분의 30 미만일 것
   - 해당 부지의 경계선으로부터 부설주차장의 경계선까지의 직선거리 300미터 이내 또는 도보거리 600미터 이내일 것
   - 해당 시설물이 있는 동·리 및 그 시설물과의 통행 여건이 편리하다고 인정되는 인접 동·리에 위치할 것
   - 노상주차장 및 노외주차장을 사용할 수 있는 권리를 확보하는 경우 그에 상응하는 범위에서 주차장 설치기준을 완화
   - 주차장의 설치에 드는 비용을 시장 또는 구청장에게 납부하는 것으로 노상 및 노외주차장의 사용권을 확보 가능

(5) 임대주택 건설에 따른 특례

1. 공공임대주택 및 공공지원민간임대주택 건설 시 관계 법령에 따른 용적률의 상한까지 건축 가능
   - 건축물의 전체 연면적 대비 임대주택 연면적의 비율 또는 전체 세대수 대비 임대주택 세대수의 비율이 20퍼센트 이상의 범위에서 시·도조례로 정하는 비율 이상
   - 임대주택을 국토교통부장관, 시·도지사, 시장·군수등, 토지주택공사등 또는 주택도시기금이 총지분의 100분의 50을 초과하여 출자한 부동산투자회사에 공급
   - 사업시행자는 공공임대주택을 건설하거나 임대주택을 공급하는 경우 건축설계가 확정되기 전에 미리 세대면적, 세대수 등 임대주택에 관한 사항을 협의한 후 사업시행계획서에 반영
2. 임대주택의 인수가격
   - 건축비와 부속토지의 가격을 합한 금액을 기초로 산정
   - 사업여건 등을 감안하여 사업시행자와 인수자 간 협의로써 조정 가능
3. 임대주택의 공급에 대한 우선순위
   - 시·도지사
   - 시장·군수 또는 자치구의 구청장
   - 토지주택공사등
   - 주택도시기금이 총지분의 100분의 50을 초과하여 출자한 부동산투자회사
4. 임대주택을 다세대주택이나 다가구주택으로 건설하는 경우
   - 주차장 설치기준에 관하여 세대당 주차대수 0.6대 이상을 적용
   - 세대당 주거전용면적이 30제곱미터 미만인 경우에는 0.5대 이상을 적용
5. 사업시행계획서를 작성하기 전까지 국토교통부장관에게 인수자 지정을 요청
   - 국토교통부장관은 인수자 지정 요청을 받은 경우에는 30일 이내에 인수자를 지정
   - 시·도지사에게 통보
   - 시·도지사는 지체 없이 시장·군수등에게 통보
   - 인수자와 임대주택의 공급에 관하여 협의

5-2 소규모주택정비 기금지원

[1] 소규모주택 정비사업자금 대출보증

(1) 보증대상

1. 빈집정비사업, 자율주택정비사업, 소규모재건축사업 및 가로주택정비사업의 이주비, 부담금, 사업비 대출계약
   - 소규모주택정비조합원 이주비대출보증, 소규모주택정비조합원 부담금대출보증, 소규모주택정비 사업비대출보증
2. 보증채권자
   - 「은행법」에 의한 금융기관, 산업은행, 기업은행, 농협, 수협 등
   - 「보험업법」에 의한 보험회사, 「자본시장과 금융투자사업법에 관한 법률」에 따른 증권회사
   - 「농업협동조합법」에 따른 농협조합(중앙회 포함)
   - 「수산업협동조합법」에 따른 수협조합(중앙회 포함)
   - 「새마을금고법」에 따른 새마을금고(중앙회 포함)
   - 「신용협동조합법」에 따른 신협조합(중앙회 포함)
   - 「자본시장과 금융투자업에 관한 법률」에 따른 집합투자기구
   - 주택도시기금법에 따른 기금수탁 또는 재수탁기관
   - 상기 기관으로부터 정비사업금융 대출채권을 양수한 자 등
3. 보증채무자
   - 보증채권자로부터 정비사업자금대출을 받는 차주(민법상 성년자에 한함)

[그림 5-1] 소규모주택정비사업 보증 상품개요

(2) 보증조건

1. 보증금액
   - 이주비대출원금, 부담금대출원금, 사업비대출원금
2. 보증기간
   - 보증서발급일로부터 대출원금 상환 기일까지

보증이용절차

01 보증취급신청	조합이 조합원을 대신하여 일괄신청 - 이주비 부담금대출보증
02 보증취급심사	사업안정성, 사업성, 시공자 사업수행능력 등 평가
03 보증신청 보증채무 약정 (사업약정)	보증신청 보증채무약정 - 이주비 . 부담금대출보증은 조합원이 직접 작성
04 담보평가 및 취득	근저당설정비용 : 회사부담 * 조합원부담 : 국민주택채권매입비용
05 보증서발급	이주비 부담금대출보증 : 조합원별 사업비대출보증 : 분할 보증

[그림 5-2] 소규모주택정비사업 보증 이용절차

보증취급 신청서류	보증별 신청서류
1. (소규모주택)정비사업자금대출보증 취급신청서 2. (조합) 법인등기부등본(보증취급 신청일 기준 최근 3개월 이내 발급분) 3. (조합) 사업자등록증 사본 4. 조합설립인가서 사본 5. 조합이 확인한 조합원 명부(주소 및 연락처 포함) 6. 조합정관 사본 (소규모주택 정비사업의 경우, 자치약관 및 구성원 명부 포함한 주민합의서로 대체 가능) 7. 사업시행인가서(사업시행계획서 포함) 사본 8. 사업비대출보증을 통한 자금차입, 이율 및 그 상환방법에 대한 총회의결서 사본(사업비대출보증에 한함) 9. 관리처분계획인가서(관리처분계획서 포함) 사본 (소규모주택 정비사업의 경우 생략) 10. 사업수지 및 현금흐름분석표(사업비대출보증에 한함) 11. 공사도급계약서 사본 12. 예정공정표(감리자가 확인한 공정표를 말하며, 착공 시 받을 수 있음) 13. 조합의 국세 · 지방세 완납 또는 유예 증명서 14. 그 밖에 심사에 필요한 서류(소규모주택 정비 사업의 경우, 미분양주택 매입확약서 등)	**이주비대출보증** 1. 조합원이주비대출보증신청서 2. 보증채무약정서 3. 확약서 4. 근저당권 설정계약서 등 **부담금대출보증** 1. 조합원부담금대출보증신청서 2. 보증채무약정서 3. 확약서 4. 질권 설정계약서 등 **사업비대출보증** 1. 조합사업비대출보증신청서 2. 보증채무약정서 3. 사업약정서

[그림 5-3] 소규모주택정비사업 보증 제출서류

[2] 자율주택정비사업의 융자

(1) 초기사업비

1. 융자대상
   - 토지등소유자, 공동시행자
   - 단독 10호, 다세대주택 20호 미만 대상
2. 이율 및 기간, 상환방법
   - 연 1.5%(변동금리)
   - 주민합의체신고 이후부터 해당 사업장 사업비 대출일까지
   - 최초 융자실행일로부터 3년 이내에서 연장 가능
   - 만기일시상환(중도상환수수료 없음)
3. 용도 및 한도
   - 주민합의체 신고 이후부터 사업시행계획인가 이전까지의 사업비
   - 운영비, 용역비 등
   - 총 사업비의 5%

(2) 본사업비

1. 융자용도
   - 사업시행계획인가 이후 준공에 소요되는 사업비(초기사업비 포함, 선순위물권해지비, 공사비, 이주비 등)

     ※주거 공공시행자가 아닌 경우 이주비는 임차보증금을 제외한 월 차임 및 이사 관련 부대비용에 한함

[그림 5-4] 자율주택정비사업 본사업비 융자상품 개요

2. 이율 및 상환방법
   - 연 1.5%(변동금리)
   - 만기일시상환(중도상환수수료 없음)
3. 융자한도 및 기간

〈표 5-4〉 자율주택정비사업 본사업비 융자한도

구분	시행자	융자한도
공적임대주택 공급 시 (건축연면적 도는 전체 세대수 20%이상 공급 시)	공공시행자	총 사업비의 90%
	공공 외 시행자	총 사업비의 70%
그 외		총 사업비의 50%

〈표 5-5〉 자율주택정비사업 본사업비 융자기간

구분	융자기간
공적임대주택 공급 시 (연면적의 20%이상)	준공 후 6개월까지 (융자 실행일로부터 10년 이내에서 2년 단위 연장 가능)
그 외	준공 후 6개월까지 (융자 실행일로부터 5년 이내에서 1년 단위 연장 가능)

(3) 제출서류

1. 융자신청서 및 사업계획서
2. 종전자산의 권리확인을 위한 서류
3. 주민합의체신고서 사본
4. 융자를 통한 자금차입, 이율 및 그 상환방법에 대한 의결 사항을 포함한 주민합의서 사본(차주가 공공시행자인 경우 생략 가능)
5. 사업시행계획인가서 사본(사업비 융자신청에 한함)
6. 토지등소유자의 국세·지방세 완납 또는 유예 증명서
7. 행정처분사실확인서, 제재처분확인서, 부실벌점내역확인서
8. 그 밖에 기타 심사에 필요한 서류
   - 공공차주(지자체, 공공기관, 지방공기업)의 경우 2~4호, 6호 서류 생략 가능

[3] 가로주택정비사업의 융자

(1) 초기사업비

1. 융자대상
   - 조합, 공동시행자, 공공시행자 등
   - 단독 10호, 공동주택 20호 이상
2. 이율 및 기간, 상환방법
   - 연 1.5%(변동금리)
   - 조합설립인가 이후부터 해당사업장 사업비 대출일까지
   - 최초 융자실행일로부터 3년 이내에서 연장가능
   - 만기일시상환(중도상환수수료 없음)
3. 용도 및 한도
   - 조합설립인가 이후 사업시행계획인가 이전까지의 사업비(조합운영비, 용역비, 총회비용 등)
   - 총 사업비의 5%(15억원 한도)

(2) 본사업비

1. 융자용도 및 한도
   - 사업시행계획인가 이후 준공에 소요되는 사업비
   - 초기사업비 상환 자금, 공사비, 이주비, 금융비용 등

〈표 5-6〉 가로주택정비사업 본사업비 융자한도

구분	시행자	융자한도
공적임대주택 공급 시 (건축연면적 노는 선제 세대수 20%이상 공급 시)	공공시행자	총 사업비의 90%
	공공 외 시행자	총 사업비의 70%
그 외		총 사업비의 50%

2. 융자이율 및 기간
   - 연 1.5%(변동금리)
   - 만기일시상환(중도상환수수료 없음)

- 사업시행계획인가 이후부터 준공 후 6개월까지
- 이주비를 제외한 융자금액은 최초 융자실행일로부터 5년 이내에서 1년 단위로 연장 가능

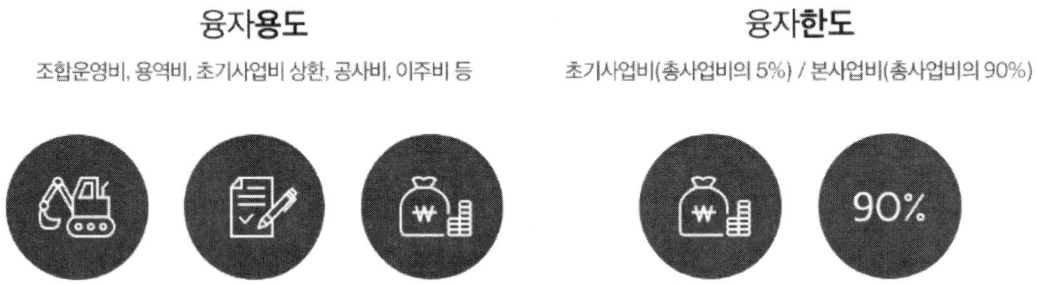

[그림 5-5] 가로주택정비사업 본사업비 융자상품 개요

이용절차

단계	내용
융자신청	융자신청 서류 제출
예비심사	예비심사 통과시 예비승인
융자심사	공공성, 사업성, 실현가능성 등 심사
심사발표	융자 승인 및 통지 혹은 융자거절
융자약정	융자약정서 작성
담보취득	근저당권 설정
융자실행	융자금 지급

[그림 5-6] 자율주택정비사업 및 가주택정비사업 융자상품 이용절차

(3) 제출서류

1. 융자신청서 및 사업계획서
2. 종전자산의 권리확인을 위한 서류

3. 조합 법인등기부등본
   - 융자신청일 기준 최근 3개월 이내 발급분
4. 조합 사업자등록증 사본
5. 조합이 확인한 조합원 명부
   - 주소 및 연락처 포함
6. 조합정관 사본
7. 사업시행계획인가서 사본
   - 사업비 융자신청에 한함
8. 융자를 통한 자금차입, 이율 및 그 상환방법에 대한 총회의결서 사본
   - 차주가 공공시행자인 경우 생략 가능
9. 조합의 국세·지방세 완납 또는 유예 증명서
10. 행정처분사실확인서, 제재처분확인서, 부실벌점내역확인서
11. 그 밖에 기타 심사에 필요한 서류
   - 공공차주(지자체, 공공기관, 지방공기업)의 경우 2~6호, 8·9호 서류 생략가능

실무 Tip

보증료 산정식

- 보증료 = 보증금액 × 보증료율 × 보증기간에 해당하는 일수/365
- 주택도시보증공사(HUG)의 심사등급별 보증료율(연)

상품명	이주비	부담금	사업비				
			1등급	2등급	3등급	4등급	5등급
정비사업자금대출보증	0.35%	0.17%	0.427%	0.512%	0.568%	0.766%	0.858%
소규모주택 정비사업자금대출보증	0.35%	0.17%	0.449%	0.538%	0.597%	0.805%	0.901%

- 소규모주택정비사업의 특성상 일반 정비사업보다 사업성이 낮음
- 연대보증을 하는 시공자의 신용 등급 등이 일반 정비사업보다 낮음
- 소규모주택정비사업이 일반 정비사업보다 정비사업자금대출보증료율이 높음
- 사업비 보증을 받기 위해서는 융자신청 전에 보증료를 선납하여야 함
- 실무에서는 초기사업비의 경우 정비사업전문관리업자로부터 본사업비의 경우 시공자로부터 자금을 대여 받아 보증료를 납부하고 융자 후 상환함

Chapter 6

소규모주택정비사업의 공공참여

6-1 LH참여형 가로주택정비사업
6-2 가로주택정비사업의 공공시행

6-1 LH참여형 가로주택정비사업

[1] LH참여형 가로주택정비사업의 사업구조

(1) 공신력으로 견실한 사업관리 및 신용보강 혜택

1. LH가 공동사업시행자로 참여
   - 조합설립 이후 조합원 과반수 동의 필요
   - 시공품질을 확보하고 재원조달 등으로 공신력 있는 사업을 추진 가능

(2) 미분양주택 매입으로 사업 리스크 저감

1. LH는 미분양주택의 일정비율을 매입하여 공공임대주택으로 활용
   - 주택시장의 유동성에 따른 사업 리스크를 완화

(3) 공공임대주택 공급으로 사업성 및 분양성 개선

1. 공공임대주택을 일정면적이상 공급 시 법정상한 용적률까지 건설가능
   - 비선호 평면에 계획하여 분양성 향상 및 젊은 계층 입주를 도모
   - 전체연면적 및 세대수의 20%이상 공급 시 법정상한 용적률 적용 가능

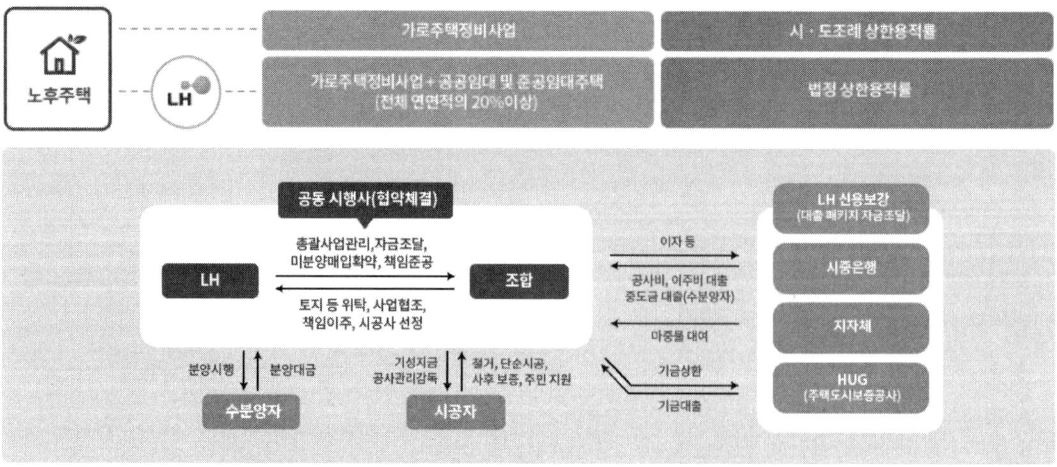

[그림 6-1] LH참여형 가로주택정비사업 사업구조

자료 : LH한국토지주택공사 홈페이지(https://www.lh.or.kr)

[2] LH참여형 가로주택정비사업의 확대방안

(1) 소생활권 계획

1. 지자체와 협력하여 국가재정지원사업과 도시정비사업의 정비계획에 가로주택정비사업을 반영한 소생활권 계획 추진

(2) 사업모델 개발

1. 사업성 개선, 사업방식 다양화, 도시관리 및 도시공간구조 등에 대응한 가로주택 정비사업 모델 개발

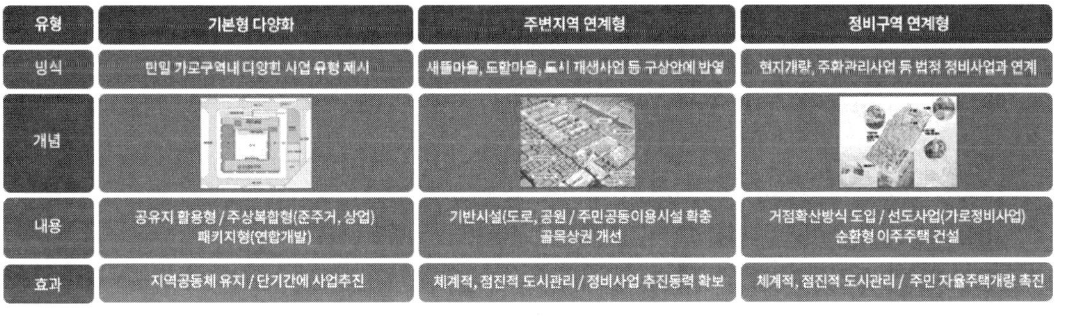

[그림 6-2] LH가 참여한 다양한 사업방식의 개발

자료 : LH한국토지주택공사 홈페이지(https://www.lh.or.kr)

2. 근린형 생활권 계획 수반 가로주택정비사업 개발

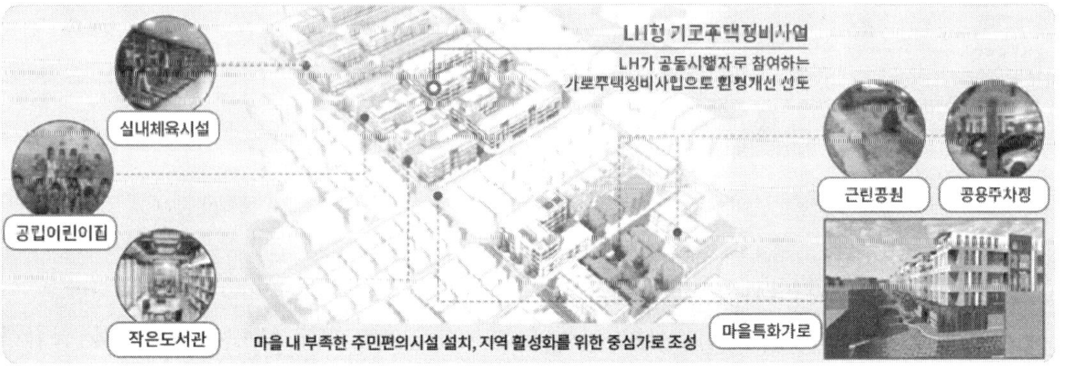

[그림 6-3] 근린형 생활권 계획 수반 가로주택정비사업 예시

자료 : LH한국토지주택공사 홈페이지(https://www.lh.or.kr)

(3) 도시재생뉴딜의 공공거점 역할

1. 개발 기본구상
   - 거점사업 및 공공임대주택확보, 기반시설 확충, 생활편익시설 설치, 주민자력개발, 프로그램운영

[그림 6-4] 공공거점 역할을 위한 기본구상 범례

자료 : LH한국토지주택공사 홈페이지(https://www.lh.or.kr)

2. 사업추진 프로세스
   - LH참여형 가로주택저입사업 등은 뉴딜사업초기에 임대주택, 편의시설을 공급하는 공공거점 역할

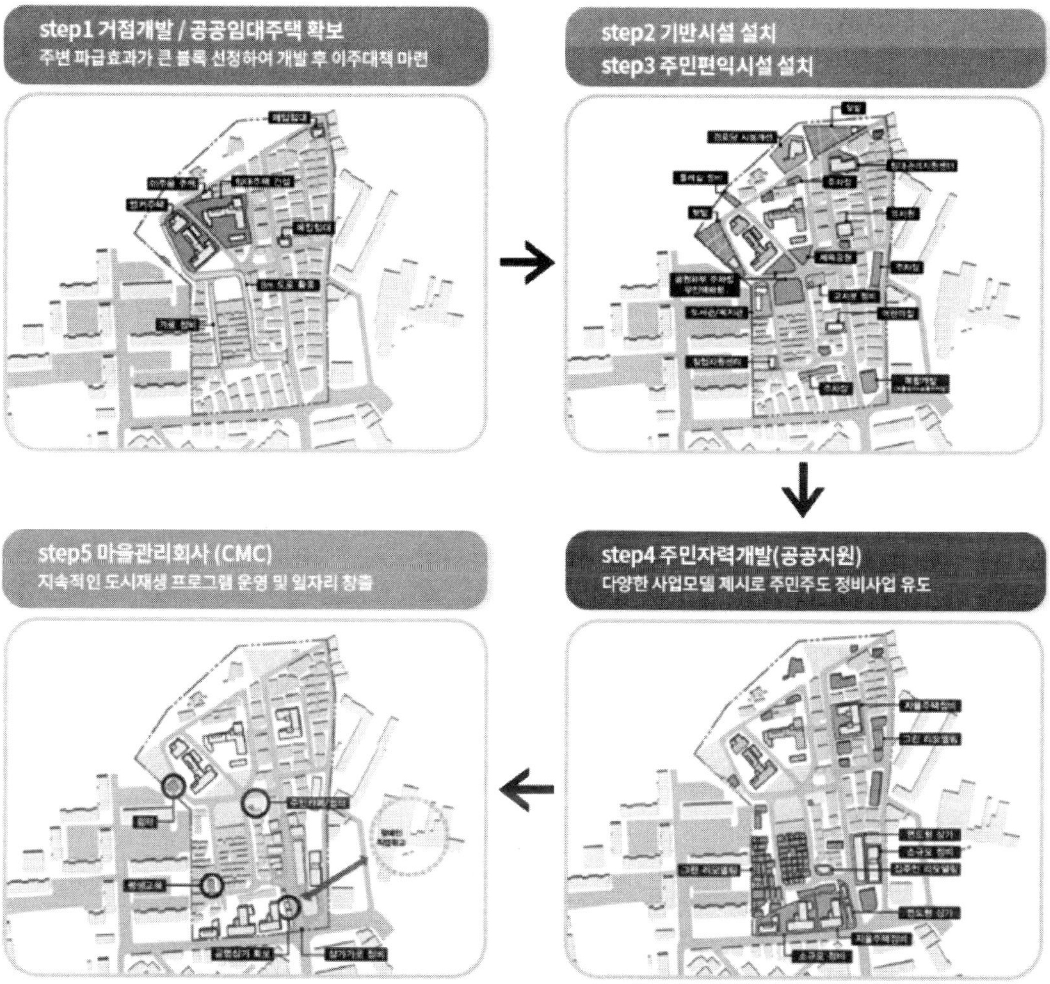

[그림 6-5] 공공거점 역할 사업추진 프로세스

자료 : LH한국토지주택공사 홈페이지(https://www.lh.or.kr)

[3] LH참여형 가로주택정비사업 사례

(1) 인천석정 가로주택정비사업

1. 제1호 LH참여형 가로주택 정비사업
   - '17년 조합설립인가 취득
     '18년 설계안 확정
   - '19년 시공사 선정 및 사업시행계획 인가로 행정절차 2년 만에 마무리
   - '19년 11월 19일 착공

2. 인천석정지구
   - 대부분의 주택 노후화, 다수의 빈집 방치
   - 주민들의 생활안전을 위협하는 등 정비 사업이 시급했던 지역
   - 복잡한 권리관계와 높은 주민 부담금
   - 어려운 행정절차 등의 사유로 수차례 사업추진이 무산된 지역
3. 사업개요
   - 행복주택 108호 포함 총 293호 규모 주거지 조성
   - 공사금액 334억, 한신공영(주) 시공
   - 일반분양은 '20년 5월, 입주는 '22년 2월 계획
   - '마을흔적남기기' 용역을 통해 철거와 개발로 인한 공동체 단절을 최소화
   - 새로운 주거공간에 과거의 생활문화 유산을 보존하기 위한 노력을 병행

[그림 6-6] 인천석정 가로주택정비사업 조감도

(2) LH 참여형 가로주택정비사업의 확대

1. 전국적으로 15개 가로주택정비사업에 참여 중
   - 기존 주민의 재정착 지원을 위해 조합원 중 무주택자·세입자 등에는 LH 임대주택을 우선 공급하는 등 다양한 이주대책을 마련

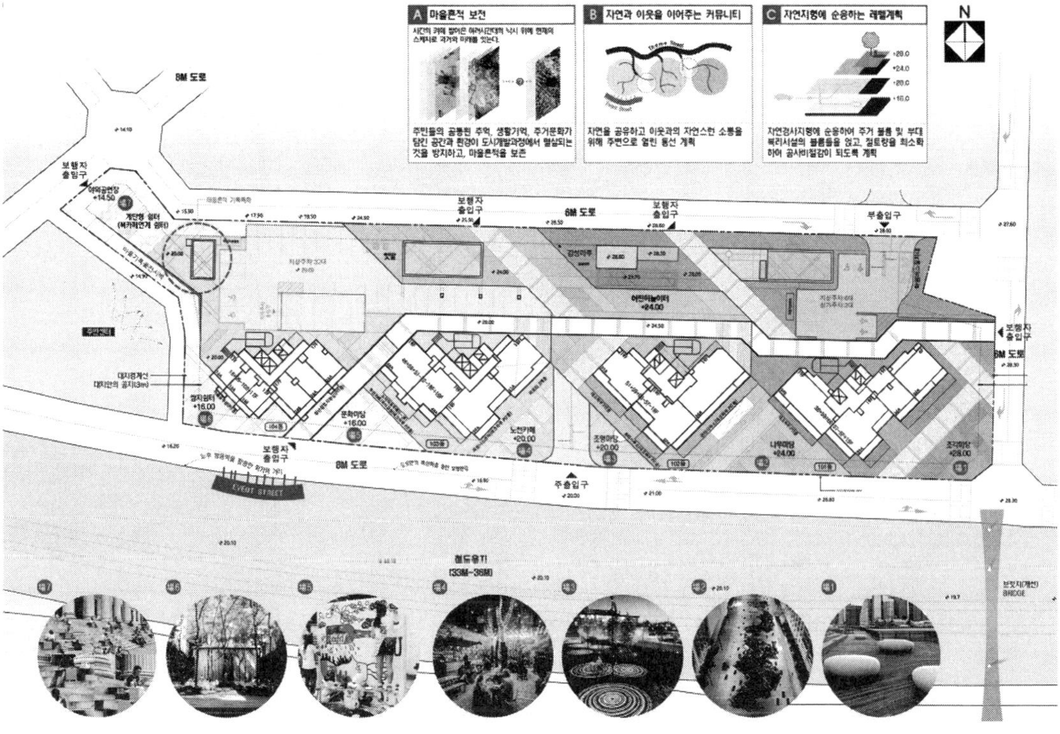

[그림 6-7] 인천석정 가로주택정비사업 마을흔적남기기 계획안

- 취약계층·대학생을 위한 주거지원도 추진

2. 2020년 6~7개 가로주택정비사업 착공 예정
   - 대구 동인시영 LH참여형 가로주택정비사업 관리처분계획 수립 중

[그림 6-8] 대구동인시영 가로주택정비사업 조감도

- 인천만수1 가로주택정비사업, 인천숭의2 가로주택정비사업, 부천여월 가로주택정비사업, 부천원종 가로주택정비사업, 인천용현1 가로주택정비사업 등이 시공자 선정을 하였거나 시공자 선정 중
- 대구방촌 가로주택정비사업, 대구대명 가로주택정비사업 등 활발 추진 중

[그림 6-9] 인천만수1 가로주택정비사업 조감도

[그림 6-10] 인천만수1 가로주택정비사업 조감도

6-2 가로주택정비사업의 공공시행

[1] 공공시행자방식 가로주택정비사업

(1) 공공시행자방식의 사업모델 개발 필요성

1. 소규모주택정비 활성화를 위한 공공지원 강화
   - 임대주택 건설특례, 공동이용시설의 용적률 완화특례, 주차기준 완화특례
   - 공공이 시행하고 공적임대주택 공급 시 HUG 사업비 90% 지원
2. 저층주거지 재생을 위한 공공의 역할 요구 증대
   - 저소득층 주민들의 노후주택 정비에 한계
   - 공공디벨로퍼의 선도적 역할과 다각적 지원이 필요
3. 공공시행자방식의 사업모델 필요성
   - 사업성 확보 어려운 지방의 중소도시와 쇠퇴지역에서는 공공시행자 방식이 적정
   - 현재 추진사례가 없으나 제도개선을 통해 사업모델 개발이 절실

(2) 공공시행자방식의 사업방안

1. 공공시행자방식의 사업모델 개발을 위한 연구
   - 사업성 확보를 위해 확정지분제, 환지방식 등 다각적인 검토 필요
   - 정부의 생활SOC 3개년 계획 등과 연계하여 복합개발 방식 등 연구 필요
   - LH참여형 가로주택정비사업의 경험을 통한 LH 등을 주체로 하는 사업모델 개발
2. 사업 활성화를 위한 제도개선
   - 「빈집 및 소규모주택 정비에 관한 특례법」 개정을 통한 공공시행자방식의 혁신적인 사업절차 간소화
   - 도시재생사업과의 연계를 통한 기금지원 확대
   - 공공디벨로퍼의 역할을 주도적으로 수행하기 위한 외부 전문가와의 협업

Chapter 7

소규모주택정비사업의 추진현황 및 사례

7-1 자율주택정비사업 추진현황 및 사례

7-2 가로주택정비사업 추진현황 및 사례

7-3 소규모재건축사업 추진현황 및 사례

7-1 자율주택정비사업 추진현황 및 사례

[1] 자율주택정비사업 추진현황

(1) 한국감정원 통합지원센터

1. 자율주택정비사업의 사업신청이 200건[37]에 달하며 전국적으로 확산
   - 사업초기 주로 수도권 위주에서 최근 부산, 대전 등 지방 도시로 확산
   - 부산에서는 주거·상업·공업지역 전체로 사업구역을 완화함에 따라 30여건 신청
   - 대전은 도시재생뉴딜지역을 중심으로 6건 착공, 1건 준공 후 인근지역으로 급속 확산.
2. 전국적 확산이 가속화될 전망
   - 연립주택도 사업대상으로 포함
   - 도시재생활성화지역으로 지정된 농어촌지역도 포함
   - 빈집을 철거한 나대지(사업면적의 50% 이하)에서도 사업이 가능
3. 한국감정원은 자율주택정비사업 통합지원센터
   - 전문성이 부족한 주민들이 사업을 원활하게 추진할 수 있도록 상담·접수
   - 사업성분석에서 주민합의체 구성, 준공까지 원스톱 서비스를 제공
   - 전국 30개 지역에서 찾아가는 설명회를 개최

[2] 자율주택정비사업 사례

(1) 전국 최초 자율주택정비사업 주민합의체[38]

1. 당산동 주민합의체
   - 서울시 영등포구 당산동 3개 필지(428m^2)의 주민
   - 주민들은 『자율주택정비사업 통합지원센터』의 초기사업성 분석을 지원받아 한 달여 만에 주민합의체 구성
   - 자기토지에 자율적으로 주택을 신축하는 방식인 자율형 사업방식

37) 한국감정원 발표, 2019년 8월 기준임
38) 국토교통부 발표, 2020년 1월 말 현재 주민합의체 85개 구성, 착공 19개, 준공 7개

2. 사업 현황

- 3개동 5층 규모의 주택 18호와 근린생활시설 9호 신축
- 주민합의체는 주택도시기금의 초기사업비 저리융자(연1.5%)를 통해 총사업비 55억 원의 50% 수준인 27억1천만 원 지원 받음
- 2018년 9월 착공, 2019년 4월 준공

[그림 7-1] 당산동 자율주택정비사업 착공 전과 착공 후 사진

[그림 7-2] 당산동 자율주택정비사업 준공 후 사진

(2) 빈집을 활용한 자율주택정비사업

1. 제기동 주민합의체
   - 서울시 동대문구 제기동 135-100번지 일대 17개 필지
   - 총 토지등소유자 8인
   - 2019년 6월 주민합의체 신고
   - 2020년 1월 사업시행인가
   - 2020년 2월 철거 및 착공
   - 빈집 17개동 30호 철거
   - 8개동 총 66호(근린생활시설 9호)의 신규 주택 건축
2. 도시재생뉴딜사업지에서 시행
   - 2019년도에 우리동네살리기에 선정
   - 서울시 동대문구 제기동 136 일대
   - 54,865m^2의 면적, 총사업비 260.9억 원
   - 사업기간 : 2020년 1월 ~ 2022년 12월(3년간)
   - 사업명 "재기(再起)하라! 고대앞 마을"
   - 집수리 지원사업(담장 조성 등, 10억원), 커뮤니티시설 조성(55억원), 주차구역확보 및 정비(8억원), 무인택배함 설치(2억원), 공동체활성화(14억원) 등

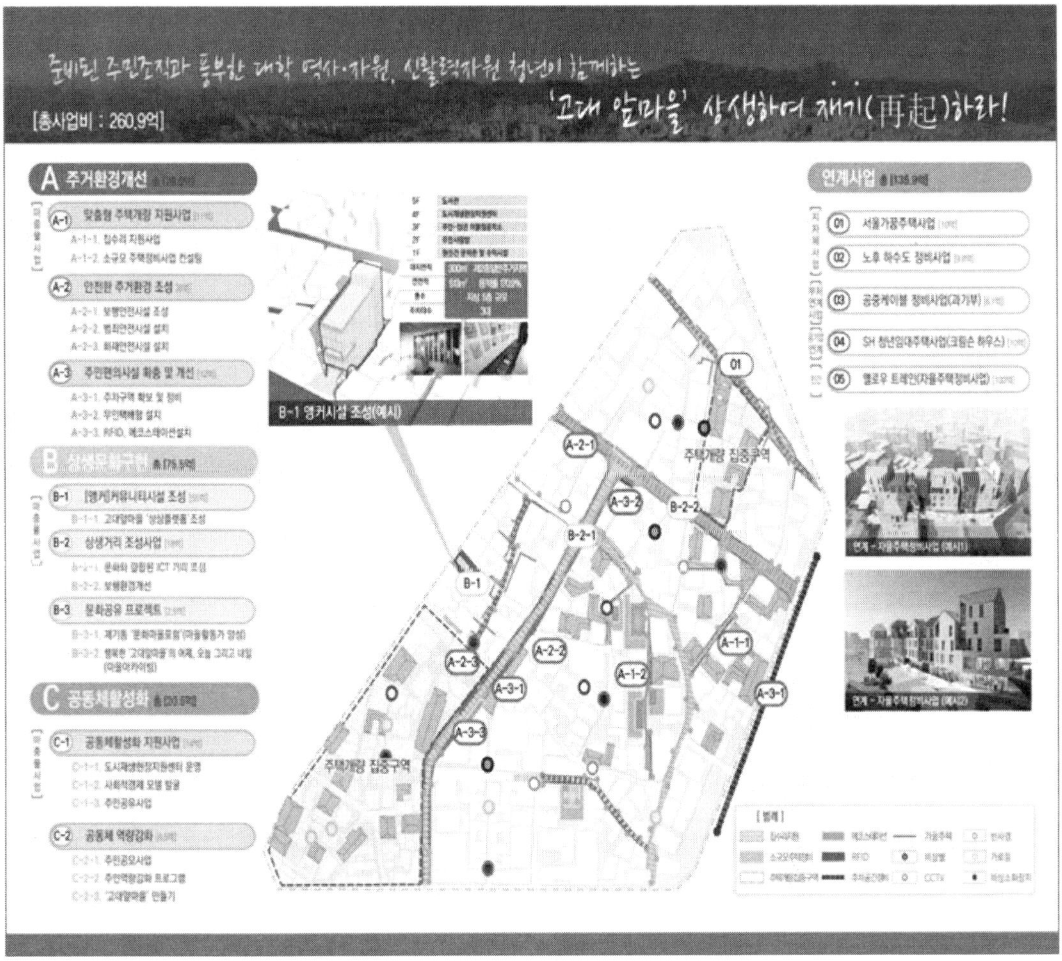

[그림 7-3] 재기하라! 고대앞 마을 사업총괄도

3. 사업특징
   - 전 세대를 장기일반민간임대주택으로 공급
   - 세입자들은 최장 8년간, 임대료 증액 연 5% 이내로 서민들의 주거복지에도 기여
   - 저층부에는 공동이용시설(작은 도서관 등)도 설치 입주민들에게 살기 좋은 주거 환경을 제공할 계획
   - 자율주택정비사업지 인근에 뉴딜사업비로 주차구역확보 사업, 무인택배함 설치, 골목길 개선 사업 등 생활SOC를 확충
4. 사업지원
   - 총사업비 160억 수준

- 주택도시기금 융자를 통해 총 사업비의 50%(최대 90%)까지 연이율 1.5%로 융자(전체 세대수 또는 연면적의 20% 이상을 공적임대주택으로 공급 시 20%p 상향, 공공시행자 참여 시 20%p 추가 상향
- 빈집정비사업이 활성화될 수 있도록 빈집을 연계하여 자율주택정비사업을 추진하는 경우에는 주택도시기금 융자 이율을 현행 1.5%에서 1.2%로 0.3%p 인하할 예정
- 자율주택정비사업이 지자체 근린 재생형 활성화계획에 반영되는 경우 지방건축위를 거쳐 건축특례 적용(건축물 높이제한, 대지 조경 등 완화)
- 공공과 민간이 협력하여 낙후된 노후 주거지가 가시적으로 개선되는 효과를 체감할 수 있을 것으로 기대 됨

[그림 7-4] 제기동 자율주택정비사업 사업 전과 사업 후

7-2 가로주택정비사업 추진현황 및 사례

[1] 가로주택정비사업 추진현황

(1) 가로주택정비사업조합

1. 가로주택정비사업 조합 현황
   - '16년까지 15개 → '17년 47개 → '18년 64개 → '19년 111개로 증가[39)]
   - 서울특별시의 경우 55개 조합이 설립되어 있고 48개 구역에서 가로주택정비사업 추진을 위한 주민의견을 수렴 중에 있음

39) 국토교통부 자료 인용

2. 가로주택정비사업조합 증가 예상
   - 국토교통부의 가로주택정비사업 활성화 방안에 따라 제도 개선 확대
   - 공공성 요건 충족 시 가로주택정비사업의 사업시행면적 확대
   - 공공임대주택 공급 시 층수제한도 완화
   - 서울특별시 제2종일반주거지역 내의 경우 7층에서 최대 15층으로 완화
   - 이주비 융자금액을 종전자산 또는 권역별 평균전세가격의 70%까지 지원(3억 원 한도, 연 1.5% 이율)하여 종전 자산 평가액이 과소한 토지등소유자에게도 현실적인 이주비를 지원 계획

[2] 가로주택정비사업 사례

[그림 7-5] 동도연립 가로주택정비사업 사업 전과 사업 후

(1) 전국 최초 가로주택정비사업

1. 동도연립 가로주택정비사업[40)]
   - 전국 최초 가로주택정비사업 완료 사례
   - 기존거주자 66세대
   - 2015년 9월 조합설립 인가, 2016년 6월 사업시행계획인가, 2016년 11월 착공, 2017년 11월 준공
   - 총 사업비 150억 원

---

40) 양윤호(2019), "정비사업에 영향을 미치는 주택시장 및 도시 특성 분석", 영산대학교 대학원 박사학위 논문. pp.96-97. 참조하여 정리

- 조합원 부담금 가구당 평균 6,500만원
- 66세대 모두 조합원으로 참여 후 재 입주함으로써 원주민 재정착률 100%
- 자산가치 상승폭도 2배 수준임

〈표 7-1〉 동도연립가로주택정비사업 사업개요

사업의 명칭	동도연립 가로주택정비사업			
구역 위치	서울시 강동구 천호동 320번지			
시행 기간	사업시행인가일(2016. 6. 17)로부터 19개월			
건축 계획	대지면적	3,332.5m²	연면적	9,167.95m²
	건폐율	42.62%	건축물 층수	지하 1층, 지상 7층
	용적률	199.97%	용도	공동주택, 부대복리시설
주택의 규모	아파트 1개동 96세대 (46형~56형)			

(2) 부산광역시 가로주택정비사업

1. 거제동 가로주택정비사업[41]
   - 2016년 11월 17일 부산 최초 가로주택정비사업조합 설립 인가
   - 거제1재개발정비구역에서 제척된 지역
   - 노후불량건축물이 전체 건축물의 94%
   - 빈집 및 폐가 밀집구역으로 부산의 대표적 도심 한복판 주거환경 취약지역
   - 사업초기 「부산광역시 도시 및 주거환경정비조례」에서 제2종일반주거지역에서 가로주택정비사업으로 건축하는 건축물의 층수를 15층으로 제한하여 4개동 15층으로 계획함
   - 2018년 7월 11일 「부산광역시 빈집 및 소규모주택 정비 조례」에서 가로주택정비사업으로 건축하는 건축물의 층수에 제한규정을 삭제함으로써 2개동 27층으로 계획을 변경하여 건축심의 완료
   - 2019년 11월 조합원분양신청 완료
   - 2020년 5월 현재 사업시행계획인가 예정

41) 거제동 가로주택정비사업조합의 정비사업전문관리업자인 ㈜스마트도시정비에서 자료 제공

〈표 7-2〉 거제동 가로주택정비사업 사업개요[42]

사업의 명칭	거제동 가로주택정비사업			
구역 위치	부산광역시 연제구 거제동 43번지 일원			
용도 지역/지구	제2종 일반주거지역			
건축 계획	대지면적	8,521m^2	연면적	32,098.9732m^2
	건폐율	18.45%	건축물 층수	지하 2층, 지상 27층
	용적률	240.20%	용도	공동주택, 부대복리시설
주택의 규모	아파트 2개동 192세대 (84A, 84B, 59 TYPE)			

[그림 7-6] 거제동 가로주택정비사업 조감도

2. 동성하이타운 가로주택정비사업[43]

- 2020년 3월 26일 가로주택정비사업조합 설립 인가
- 가로구역의 면적이 1만제곱미터를 초과하여 조합설립이 불가하였으나 2020년 2

42) 사업시행계획인가 신청 기준임

43) 정비사업전문관리업자인 ㈜스마트도시정비에서 자료 제공

월 5일 「부산광역시 빈집 및 소규모주택 정비 조례」의 개정을 통해 가로구역의 면적이 1만3천제곱미터로 확대됨에 따라 조합설립이 가능해짐

- 도시계획시설인 시장으로 준주거지역임
- 기존 아파트 84세대 및 상가 222호실
- 「도시·군계획시설의 결정·구조 및 설치기준에 관한 규칙」에 따른 도시계획시설과 비도시계획시설의 입체적 도시·군계획시설결정을 통한 사업시행

〈표 7-3〉 동성하이타운 가로주택정비사업 조합설립인가 당시 사업개요

사업의 명칭	거제동 가로주택정비사업			
구역 위치	부산광역시 남구 대연동 1756-9			
용도 지역/지구	준주거지역(시장)			
건축 계획	대지면적	6,337.7m^2	연면적	47,460.4917m^2
	건폐율	57.64%	건축물 층수	지하 4층, 지상 35층
	용적률	478.15%	용도	공동주택, 판매시설 등
주택의 규모	아파트 2개동 268세대 (84, 67A, 67B, 59 TYPE)			

(3) 대구광역시 가로주택정비사업

[그림 7-7] 대구 반월당 행복마을 가로주택정비사업과 수성동1가 가로주택정비사업

7-3 소규모재건축사업 추진현황 및 사례

[1] 소규모재건축사업 추진현황

(1) 소규모재건축조합

1. 지역별로 산발적으로 조합 설립
   - 사업성이 높은 상업지역 및 준주거지역 중심으로 조합설립
   - 서울특별시의 경우 2020년 3월 현재 45곳의 소규모재건축 사업관련 절차가 진행
   - 부산광역시의 경우 2020년 5월 현재 11곳이 조합설립인가[44]
2. 가로구역 내의 소규모재건축사업의 경우 가로주택정비사업으로 진행
   - 주택도시보증공사의 소규모재건축사업에 대한 융자 상품 부재

[2] 소규모재건축사업 사례

(1) 서울특별시

1. 공성아파트 소규모재건축사업
   - 지하 2층~지상 19층, 1개동, 78가구 규모의 아파트건설, 신동아건설(주) 수주
   - 공사비는 약 174억 원, 공사 기간은 착공 후 24개월, 입주는 2023년 예정

[그림 7-8] 서울 동대문구 제기동 892-65번지 일대 공성아파트 소규모재건축사업

44) 부산광역시 정비사업 통합홈페이지

(2) 부산광역시

1. 새연산아파트 소규모재건축사업
   - 지하 3층, 지상 38층 아파트 333세대, 지상26층 오피스텔 178실 규모로 추진
   - 공사비는 약 954억 원, 공사 기간은 착공 후 34개월, 코오롱글로벌(주) 수주

[그림 7-9] 부산 연제구 연산동 새연산아파트 소규모재건축사업

2. 양정산호맨션 소규모재건축사업
   - 지하 3층, 지상 29층, 아파트 383세대, 오피스텔 51실 규모로 추진
   - 확정지분제 방식, ㈜동원개발이 시공자로 선정 됨

[그림 7-10] 부산 부산진구 양정동 산호맨션 소규모재건축사업

실무 Tip

소규모재건축사업 지방자치단체 지원 사례

- 부산광역시에서는 부산에 본사를 둔 건설사가 소규모재건축사업의 시공자가 될 경우, 이주비 대출 이자의 일부를 지원하는 이차보전금 지원사업을 실시
- 지원사업을 통해 지역건설업체 참여를 유도해 지역건설산업 활성화에 도움

소규모재건축사업 이주비 이자차액 보전 세부지원기준(안)

구 분	소규모재건축사업 이주비 이자차액 보전 세부지원 내용
법적근거	○ 도시 및 주거환경정비법 제126조 제3항 제7호
지원목적	○ 빈집 및 소규모주택 정비에 관한 특례법에 의한 소규모재건축사업 시행구역 내 기존 건축물 철거로 인하여 이주하는 조합원 또는 주민합의체 구성원(이하 "조합원등" 이라 한다)에게 임시거주 주택마련에 소요되는 이주비를 우리시와 협약한 금융기관에 대출시 대출이자 중 일부를 우리시에서 지원하므로 조합원등의 이자부담을 경감하기 위한 것임.
지원대상	○ 사업시행계획인가 후 소규모재건축사업 시행으로 인해 실제 이주를 하는 경우로서 조합 또는 주민합의체(이하 "조합등"이라 한다)를 통해 일괄 대출신청을 하는 조합원등. 단, 순환용 임대주택에 입주하는 조합원등, 이주 후 소유권이 변경되는 경우 및 청산 대상 조합원등은 제외되며, 부산지역에 본사를 둔 건설사가 시공자인 경우로 한정함.
대출은행	○ 부산은행(타 은행 대출 불가)
보전한도액	○ 세대당 4천만원 이내 × 1.0% 예) 연이자율 4%일 경우(조합등 3.0%, 우리시 1.0% 부담) ※ 금리상승에 따른 이자증가분은 조합등(조합원등)에서 부담
보전기간	○ 사업완료(준공) 후 2개월까지(보전한도 최대 4년) ○ 보전기간 연장 불가
지원방식	○ 대출신청시기 : 사업시행계획인가 후 ○ 대출금수령 : 신청 조합원등 각 은행 계좌에 이체(조합등에서 일괄 수령불가)
참고사항	○ 본 대출은 정비기금으로 대출해 주는 것이 아니라, 이자차액 1.0% 이자부담을 정비기금으로 보전해 주는 것임

참고자료

논문

- 양윤호(2019), "정비사업에 영향을 미치는 주택시장 및 도시 특성 분석", 영산대학교 박사학위 논문.
- 이영란(2018), "소규모주택정비사업 내 소형 임대주택 공급 활성화 방안", 건국대학교 대학원 박사학위 논문.
- 이종혁(2018), "도시재생을 위한 소규모 주택정비 활성화 방안 연구 -건축협정 활성화 방안을 중심으로", 목원대학교 대학원 박사학위 논문.
- 이홍대(2018), "빈집의 발생 원인에 따른 지역별 활용방안에 관한 연구", 공주대학교대학원 박사학위 논문.
- 정대택(2016), "가로주택정비사업의 사업성에 관한 연구 - 시뮬레이션을 통한 실증분석 중심으로", 전주대학교 대학원 박사학위 논문.
- 최호근(2012), "도시정비사업에 있어서 상가세입자의 손실보상에 한 연구", 단국대학교 대학원 박사학위 논문.

단행본 및 학술지 외

- 강미나 외(2017), 『인구감소시대 빈집 문제 분석을 통한 주택정책 방안 연구』, 국토연구원.
- 권혁삼 외(2012), 『소단위 정비사업 모델개발 및 추진방안 연구』, 한국토지주택공사 토지주택연구원.
- 권혁삼 외(2013), "소규모 근린재생을 위한 가로주택정비사업 주거모델 개발", 한국도시설계학회지, 제14권 제6호.
- 권혁삼 외(2016), "주거환경개선사업 구역의 소단위 주택정비 활성화를 위한 주민의견조사 연구", 한국도시설계학회지, 제17권 제1호.
- 권혁삼 외(2017), "가로주택정비사업을 통한 임대주택 공급방안 연구 - 노후 공공매입임대주택을 중심으로", 한국도시설계학회지, 제18권 제1호.
- 권혁삼(2017), 『빈집 및 소규모주택 정비 특례법 제정과 의미』, 한국토지주택공사 토지주택연구원.
- 김시은(2017), 『소규모주택정비를 위한 공공지원모델과 제도개선방안』, SH도시연구원.
- 김현아.서정렬(2016), 『젠트리피케이션』, 커뮤니케이션북스.
- 김현아.서정렬(2017), 『저렴주택』, 커뮤니케이션북스.
- 박용숙(2017), "저출산 및 초고령화 사회에 대한 대응방안으로서 빈집 및 소규모주택 정비에 관한 소고", 강원법학 52.
- 박진경.권혁삼(2019), "커뮤니티 재생을 위한 빈집밀집구역의 실태조사와 재생방안 연구", 한국도시설계학회지 제20권 제5호
- 박진경.권혁삼(2020), "영국의 빈집정비 정책 및 사례 연구", 한국도시설계학회지 제21권 제1호

- 서수정·임강륜(2012), 『가로주택 정비사업 적용을 위한 제도방안』, 건축도시공간연구소"
- 서수정·임강륜(2013), 『소규모 주거지 정비, 가로주택정비사업으로』, 건축도시공간연구소
- 이다예(2019), 『민관협력을 통한 빈집 관리 및 활용 사례 연구』, 국토연구원
- 이동훈(2017), "일본의 빈집문제 대응체계에 관한 고찰", 한국도시설계학회지 제18권 제1호
- 이재우(2013), "영국의 빈집 정비·활용 체계와 수단 고찰", 대한국토·도시계획학회지 제48권 제4호
- 장남종.성수연(2018), 『마을재생 위한 서울시 빈집의 실태와 관리방안』, 서울연구원
- 최진도(2019), 『홍콩과 일본사례를 통해 살펴본 도시정비사업의 공공관리 확대방안』, 국토연구원

관련 법률 및 자치법규 등

- 「감정평가 및 감정평가사에 관합 법률」
- 「건축물의 에너지절약설계기준」
- 「건축법」
- 「공공기간의 운영에 관한 법률」
- 「공공주택 특별법」
- 「공공지원민간임대주택 등에 관한 업무처리지침」
- 「공익사업을 위한 토지 등의 취득 및 보상에 관한 법률」
- 「교육환경 보호에 관한 법률」
- 「교통영향평가지침」
- 「국토의 계획 및 이용에 관한 법률」
- 「기상법」
- 「녹색건축물 조성 지원법」
- 「농어촌정비법」
- 「대도시권 광역교통 관리에 관한 특별법」
- 「도시 및 주거환경정비 등기규칙」
- 「도시 및 주거환경정비법」
- 「도시·군계획시설의 결정·구조 및 설치기준에 관한 규칙」
- 「도시·군관리계획 수립지침」
- 「도시교통정비 촉진법」
- 「도시재생 활성화 및 지원에 관한 특별법」
- 「도시재정비 촉진을 위한 특별법」
- 「물의 재이용 촉진 및 지원에 관한 법률」
- 「민간임대주택에 관한 특별법」
- 「민법」
- 「범죄예방 건축기준 고시」
- 「부동산등기법」
- 「부산광역시 도시 및 주거환경정비 조례」

- 「부산광역시 빈집 및 소규모주택 정비 조례」
- 「빈집 및 소규모주택 정비에 관한 특례법」
- 「사도법」
- 「상가건물 임대차보호법」
- 「서울특별시 도시 및 주거환경정비 조례」
- 「서울특별시 마을공동체 만들기 지원 등에 관한 조례」
- 「서울특별시 빈집 및 소규모주택 정비 조례」
- 「석면안전관리법」
- 「소규모주택정비 등기규칙」
- 「소규모주택정비사업의 시공자 및 정비사업전문관리업자 선정기준」
- 「소방시설공사업법」
- 「수도권정비계획법」
- 「에너지절약형 친환경주택의 건설기준」
- 「재건축초과이익 환수에 관한 법률」
- 「재난 및 안전관리 기본법」
- 「재해영향평가등의 협의 실무지침」
- 「저탄소 녹색성장 기본법」
- 「전자조달의 이용 및 촉진에 관한 법률」
- 「정비사업 계약처리 업무기준」
- 「주차장법」
- 「주택건설기준 등에 관한 규정」
- 「주택공급에 관한 규칙」
- 「주택도시기금법」
- 「주택법」
- 「주택임대차보호법」
- 「지방세특례제한법」
- 「지방자치단체를 당사자로 하는 계약에 관한 법률」
- 「집합건물의 소유 및 관리에 관한 법률」
- 「철도안전법」
- 「한국감정원법」
- 「행복주택의 표준임대보증금 및 표준임대료 등에 관한 기준」

홈페이지

- LH한국토지주택공사 https://www.lh.or.kr/
- LX한국국토정보공사 https://www.lx.or.kr/
- SH서울주택도시공사 https://www.i-sh.co.kr/

- 거제동 가로주택정비사업조합 http://cafe.daum.net/geojegaro/
- 건설경제 http://www.cnews.co.kr/
- 경기도시공사 http://www.gico.or.kr/
- 교육환경정보시스템 https://epss.schoolkeepa.or.kr/
- 국가법령정보센터 http://www.law.go.kr/
- 국가통계포털 http://kosis.kr/
- 국민참여입법센터 https://opinion.lawmaking.go.kr/gcom/
- 국토교통부 http://www.molit.go.kr/
- 국토연구원 http://www.krihs.re.kr/
- 도시재생 종합정보체계 https://www.city.go.kr/
- 도시재생뉴딜 공식블로그 https://blog.naver.com/newdeal4you
- 동성하이타운 가로주택정비사업조합 http://cafe.naver.com/dongsunghitown/
- 부산광역시 정비사업 통합홈페이지 http://dynamice.busan.go.kr/
- 부산도시공사 https://www.bmc.busan.kr/
- 부산도시재생지원센터 http://www.urcb.or.kr/
- 아주경제 https://www.ajunews.com/
- 의안정보시스템 http://likms.assembly.go.kr/bill/
- 인천광역시 미추홀구 http://michu.incheon.kr/
- 인천도시공사 http://www.imcd.co.kr/
- 재개발재건축 클린업시스템 https://cleanup.seoul.go.kr/
- 주택도시보증공사 www.khug.or.kr/
- 한국감정원 http://www.kab.co.kr/
- 한국감정원블로그 https://blog.naver.com/kabblog
- 한국건설산업연구원 http://www.cerik.re.kr/
- 한국교육환경보호원 http://www.schoolkeepa.or.kr/

영산대학교 주택·도시연구소 부동산 연구 시리즈

빈집 및 소규모주택 정비사업의 이해와 실무

초판인쇄 | 2020년 5월 20일
초판발행 | 2020년 5월 25일

저　　자 | 양윤호·서정렬
발 행 인 | 이성범
발 행 처 | 문운당
주　　소 | 서울시 종로구 혜화로5길 16 (명륜1가 45-3)
출판등록 | 1962년 7월 4일 제 1-139
전　　화 | (02)762-6010
팩　　스 | 영업 (02)745-0265 / 편집 (02)762-8758
홈페이지 | http://munundang.co.kr
이 메 일 | 영업 munun2@chol.com
편집 munundang@naver.com

ISBN 979-11-5692-489-0 93530

정가 23,000원

본본 저서는 교육부의 '2019년 대학의 평생교육체제 지원사업' 사업비 및 와이즈유(영산대학교)의 지원으로 수행되었음.